跨越网络的门槛：
社交媒体上的信息扩散

Jumping over the Network Threshold:
Information Diffusion on Social Media

王成军　著

科学出版社
北　京

内 容 简 介

信息扩散是一种普遍存在的传播现象，在人类生活中扮演着重要角色。社交媒体平台及其与公众之间的相互作用，对信息扩散的机制产生了深刻的影响，并带来很多新的、亟须解决的问题。本书聚焦于信息扩散研究领域存在的一个重要困惑：与分析模型的预测相反，实证研究发现大规模扩散罕见且脆弱。限制信息扩散的主要因素是什么？本书从格兰诺维特所提出的门槛模型出发，系统地分析了不同社交媒体上的信息扩散及其瓶颈；在此基础上，逐渐走向注意力流动和计算叙事研究；最后，围绕拉图尔所提出来的"计算中心"概念对计算社会科学的逻辑进行讨论。

本书定位为社会科学专业书籍，适合对新媒体、计算传播学、计算社会科学感兴趣的研究者和学生阅读，对互联网行业的从业者（尤其是产品经理、数据分析师）也有参考价值。

图书在版编目（CIP）数据

跨越网络的门槛：社交媒体上的信息扩散/王成军著. —北京：科学出版社，2022.7

ISBN 978-7-03-072164-8

Ⅰ.①跨… Ⅱ.①王… Ⅲ.①互联网络－传播媒介－研究 Ⅳ.①G206.2

中国版本图书馆 CIP 数据核字（2022）第 072416 号

责任编辑：杨 英 赵 洁/责任校对：贾伟娟
责任印制：吴兆东/封面设计：蓝正设计

科学出版社 出版
北京东黄城根北街 16 号
邮政编码：100717
http://www.sciencep.com
固安县铭成印刷有限公司印刷
科学出版社发行 各地新华书店经销

*

2022 年 7 月第 一 版 开本：720×1000 1/16
2023 年 7 月第三次印刷 印张：15
字数：320 000
定价：98.00 元
（如有印装质量问题，我社负责调换）

序　言

　　信息扩散作为一种普遍存在的现象，在人类生活中扮演着重要角色。伴随着Web 2.0的兴起，信息共享网站（Information Sharing Website，ISW）已经成为互联网信息扩散的新平台。信息共享网站通常以社交网络服务（Social Networking Service，SNS）、信息聚合器（information aggregator）和搜索引擎（search engine）为基础。用户可以使用社交媒体等信息共享网站提交、转发和评论新闻等类型的信息。信息共享已经开始从简单的信息扩散向公众的参与过程转变。信息共享网站的出现及其与公众的相互作用，对信息扩散的机制产生了深刻的影响，并带来了很多新的、亟须解决的问题和困惑。

　　本书要解决的核心问题源于信息扩散研究领域的一个重要困惑：与分析模型（analytical model）的预测结果相反，实证研究者们不断发现大规模扩散实际上是罕见且脆弱的。例如，众多的研究表明信息扩散规模的分布曲线非常陡峭，具有典型的长尾特征，甚至可以使用幂律分布很好地拟合。换言之，信息扩散的规模非常不平均。一方面，绝大多数信息的扩散规模很小，无法从局部社群当中扩散出去，甚至无法在局部社群中引起注意；另一方面，有极少数信息的扩散规模非常大，可以形成全局扩散，占据了大量的公众注意力。究竟是什么因素构成了信息扩散的瓶颈？这成为本书讨论的主要问题。

　　本书认为过高的网络门槛、有限的扩散深度和强烈的爆发现象是限制信息扩散的主要瓶颈。借鉴经典传播理论（如新闻扩散理论）和信息流传播模型（如 ABX 模型），本书将 ABXC 模型扩展到 ABXCT 模型，作为整合和解释关于信息共享网站、网络个体及其之间相互作用的一般性理论框架。ABXCT 模型本质上是一种传播模式图，直接采用图像的形式对复杂的传播过程进行描述。借助这种方式，可以从多层次、多维度对信息扩散的驱动力进行分析，因而可以作为思考的辅助，但传播模式图并非一种理论。尽管此 ABXCT 模型考虑了信息共享网站上信息扩散过程的主要要素，并描绘了用于信息扩散研究的一般概念图，但仍不足以详细描述扩散机制。我们需要一种罗伯特·默顿（Robert Merton）所言之"中层理论"来勾连抽象的理念世界和具体的生活世界。

　　本书从马克·格兰诺维特（Mark Grannovetter）所提出的经典的门槛模型出发，尝试更加系统地研究信息共享网站上的信息扩散。格兰诺维特充满洞见地指出每个人在做出非此即彼的决策时需要跨越个体的门槛（threshold）。本书将 threshold model 统一译为"门槛模型"而非"阈值模型"。我试图建立一种直觉式的理解，而门槛具有更加明确的意象（imagery）或图景（vison）。①门槛是分隔房间内外的边界，跨越门槛意味着"登堂入室"，进入人们起居生活的核心区域。人们往往将社交网络看作是传播渠道，忽视了社交网络也可能是障碍或者说门槛。对个人和群体而言，信息的扩散意味着跨越网络的门槛。只有当行动所能带来的效用超过成本，个体才会行动。邓肯·瓦茨（Duncan Watts）进一步将门槛模型推广到不同类型的随机网络当中，他指出网络的平均度和平均门槛构成了理解全局扩散的关键：当平均度很小的时候，网络支离破碎，信息无法沿着网络连边扩散出去；当平均度很大的时候，每个节点的邻居节点数量比较大，需要跨越的网络门槛也就比较高，因而难以激活并因此束缚了信息的扩散。只有当平均度和平均门槛小于一定临界值的时候，才有可能形成全局扩散。格兰诺维特和瓦茨的工作主要基于分析模型，虽然富有洞见，但缺乏实证数据的支撑。

　　另外一个重要的研究脉络来自新闻扩散研究。第二次世界大战之后，新闻扩散研究首先在社会学研究中出现，进而成为媒介研究的主流。研究者主要在突发的新闻事件发生后，采用问卷调查的方式询问人们主要从哪些媒介渠道获取信息，其中一个重要的成果就是布拉德利·格林伯格（Bradley Greenberg）在 1964 年所提出的 J 形曲线模型，该模型指出新闻扩散规模与人际渠道之间存在非线性关系。然而，受限于突发新闻留给研究者进行周密研究设计的时间很短、受访者往往会忘记接触信息的具体渠道、调查的规模较小等多种原因，新闻扩散研究此后走向衰落。

　　数字媒介的兴起使人类传播过程中留下的"数字指纹"得以保存下来，为研究者提供了对扩散机制进行更深入研究的机会。我们可以观察并收集来自新浪微博、Digg 和 YouTube 等众多社交媒体上的数字足迹，同时捕捉人们的社交网络和信息的转发网络，进而对信息扩散过程中的人际作用的门槛假设进行重构，比较群体把关与人际作用对扩散规模影响力的大小，分析究竟是哪些因素限制了网络信息的扩散。在此基础上，对信息扩散在时间维度上的暂时性假设（temporality hypothesis）进行检验。

　　通过对新浪微博的研究，结合门槛模型和信息扩散的 J 形曲线模型，重构了

---

① 我对意象和图景的理解分别来自霍华德·S. 贝克尔（Howard S. Becker）的《社会学家的窍门》和项飙的论文 "Theory as Vision"。贝克尔介绍了芝加哥学派代表人物赫伯特·布鲁默（Herbert Blumer）关于意象的观点。布鲁默认为研究者通过潜在意象来理解社会现象。按照这种理解，研究者将社会现象建构成为一个完整的故事。当缺乏第一手信息时，就会使用这种潜在的意象来代表社会现实。对社会现象必须有第一手的了解才能获得更好的意象。与之类似，项飙主张理论应该是一种图景。在拉丁文当中的"理论"（theōria）一词的词根 thea- 就是"看"的意思。项飙富有洞见地指出，理论的主要功能是给世界提供一个精确的图景。这种图景包括对现在的概括，但更重要的是预测未来的走向。

人际作用的门槛假设。利用新浪微博上的信息扩散数据，发现人际作用（interpersonal effect）在信息扩散中的门槛假设。[①]新闻扩散的 J 形曲线模型认为：对于与公共利益相关的信息，人际作用对扩散规模具有正向影响；对于仅仅与个人需求相关的信息，人际作用对扩散规模有着负向影响。本书的研究发现人际作用、扩散深度和信息扩散生命周期对于扩散规模存在显著的影响。扩散网络的深度是有限的，同时扩散曲线呈现出强爆发和短生命周期的特征，因此新浪微博上的信息扩散在网络结构上和时间维度上都受到限制。驱动信息扩散所需的人际作用越大，阻挡信息扩散的网络门槛就越高，信息扩散的规模就会越小。要使信息扩散成为病毒式传播，需要打破局部社群的限制，并将信息传播到不同的社区。

对社交新闻网站 Digg[②]的研究主要集中在群体把关（collective gatekeeping）这一崭新的概念。近年来，信息扩散研究者通常强调人际作用对信息共享网站的影响，而普遍忽略了另一个潜在的参与者——信息共享网站的信息聚合器。区别于大众媒体的新闻扩散和个人间的新闻扩散，信息共享网站通过协同过滤进行新闻聚合，实现了一个群体把关的过程。信息共享网站提供了一个理想的社会场景，使得每个人都成为信息扩散的把关人；而个体行为可以通过信息聚合器汇聚为群体行为的结果（例如热门信息榜单），形成影响信息扩散的"乐队花车"，并对更多人产生影响，本书将这种影响称为"群体把关"。通过使用从社交新闻网站（Digg）收集的新闻投票数据，本书比较了人际作用和群体把关对信息扩散的影响。研究发现群体把关是社交新闻网站信息扩散的主要驱动力。信息共享网站本身的性质对信息传播的结果有很大的影响。就社交新闻网站而言，不是社交网络局部的社会影响，而是公众投票驱动的群体把关主导着信息扩散的规模。另外，Digg 网站上新闻扩散曲线也具有强爆发和短生命周期的特点，这意味着在时间上的暂时性同样是限制信息扩散的瓶颈。

为了理解公众注意力的强爆发的源头，本书分析了 YouTube 网站上的视频扩散。除了碎片化和两极化的特征外，已有的研究表明，公众注意力的时间分布也表现出强爆发的特征，因而有必要系统地研究公众注意力的爆发与 YouTube 视频的受欢迎程度（生命周期和扩散规模）之间的关系，以及公众注意力的爆发与人际作用、系统推荐、搜索引擎和移动设备使用之间的关系。在此基础上，正式提出信息扩散在时间上的暂时性假设，并将它作为一个更具普遍性的理论视角。公众注意力是个体注意力在群体层面上的体现，它展示了群体如何在不同的文化产品上进行注意力分配。研究发现：爆发与网络视频的流行呈负相关；爆发与搜索也呈负相关，但与

---

① 本书主要使用"人际作用"一词（而非"社会影响"），以便与新闻扩散研究当中的"人际传播渠道"这一说法保持一致。本书所使用的"人际作用"一词就是指社会影响，或者说是一种基于人际传播渠道的社会影响。

② Digg 的中文翻译为"掘客"或"顶格"。YouTube 则被翻译为"优兔"。Digg 和 YouTube 因缺乏贴切的译名，本书不对它们进行翻译。

系统推荐和移动设备使用呈正相关；与其他类别的视频（如娱乐视频和教育视频）相比，新闻视频的爆发更为强烈，受版权保护的视频则表现出较弱的爆发。综上，时间上的暂时性因素会导致公众注意力的强爆发。与之相反，病毒式传播视频往往寻求持续的、渐进式的进展，而不是大起大落。因此，病毒式传播意味着长期的增长而不是暂时的爆发。如果公众注意力的碎片化意味着赢家通吃，那么公众注意力的暂时性就意味着赢家会随着时间的推移稳步增长。

　　本书的实证研究后半部分将信息扩散研究延伸到网络舆论领域。首先，第七章从舆论的讨论模型出发，归纳了议题、参与者与行动三要素对于网络舆论的驱动作用，基于贝叶斯预测模型分析了推特（Twitter）用户关于"占领华尔街"运动的讨论，研究发现议题、参与者与行动三要素决定了网络舆论的演化过程。其次，信息扩散的参与者内部差异往往比较大。意见领袖在网络中发挥的作用可以采用富人俱乐部模型来进行分析。俗话说"铁打的营盘流水的兵"，虽然兵卒如流水变换，但营盘里面各级"将领"构成的核心团队却较为稳定（Wang et al.，2013）。意见领袖内部的互动更紧密，在信息扩散过程中扮演着更加重要的角色。第八章采用指数随机图模型分析了新浪微博 800 个大 V 用户的信息流动网络。新浪微博大 V 用户构成扩散网络的"核心"，而普通用户倾向于转发核心用户的信息，充当扩散网络中的"叶子"。第九章进一步将研究视角拉回到沉默的螺旋理论以及社会影响的一个重要来源：参考群体。虽然沉默的螺旋理论从创立之初就提出双重意见气候的概念，将参考群体和大众媒体作为两个影响公众舆论的因素。但是，此后的一系列研究却忽略了参考群体的作用。本部分采用多主体模型的方式模拟了参考群体对于舆论演化的影响，结果表明沉默的螺旋的出现依赖于参考群体和大众媒体的力量对比。如果参考群体的影响力比较大，就不一定出现沉默的螺旋现象。

　　综上，本书对信息扩散研究有四个方面的贡献：第一，采用 ABXCT 模型作为一般理论框架，将信息共享网站的出现纳入研究范围，并以系统的方式对多个平台上的信息扩散进行分析；第二，对人际作用的门槛假设进行了拓展并检验；第三，将群体把关人概念化为信息扩散的一种替代动力；第四，对信息扩散中公众注意力的爆发性进行了分析，提出了时间维度上的暂时性假设。总体而言，本书关注网络个体和新型传播技术的传播能力，通过阐述网络信息扩散的驱动力、模式和机制，回应了信息扩散的规模有限性这一困惑。

　　本书是我真正走向学术研究的起点。从 2010 年确定选题到 2014 年完成初稿，再到 2021 年定稿，这本书的写作已经持续了十多年的时间。恰如赖特·米尔斯（Wright Mills）所言，现代社会的个体生活往往是一连串的陷阱。受限于个体在地化的知识，人们往往对社会结构与历史线索的转变习焉不察。传播学如何走计算的道路对于我而言是一个困扰，然而如果想要理解它的内在逻辑就必须站在公共议题的高度。在这十多年的时间里，世界大国之间的技术竞争与博弈变得白热化；在数字媒介方面，智能手机崛起，5G与混合现实技术进入日常生活；从学术研究的趋势来看，计算社会科学已经得到了普遍的认可，大数据和深度学习技术的发展推动了人工智能时代的到来。我的研究兴趣也开始变得更加多元，尤其是从信息扩散到注意力流动、计算叙事的转变。回过头来看，这种转变的内在逻辑早已注定。无论是信息扩散、注意力流动还是神话故事，都是驱动人类社会发展的涓涓细流。

我要感谢我在香港城市大学的老师和朋友，他们在本书写作过程中为我提供了很多帮助。首先要感谢的是我的博士导师祝建华先生。从论文选题到建立理论框架、收集数据、分析数据、论文写作，祝老师为这本书倾注了许多的心力。我对于格林伯格所提出的J形曲线模型的兴趣，也主要来自祝老师所翻译的《大众传播模式论》一书。受到这本书的启发，本书第三章的概念框架也主要采用了模式图的形式进行构建。祝老师曾说年轻人要做到三防：防书、防会、防项目。博士毕业之后一晃七年过去，三戒一个也没守住，敬陪末座，离道远矣。唯一值得宽慰的是做研究的初心未改。另外，还要感谢香港城市大学媒体与传播系其他各位老师，尤其是李金铨、林宛莹、李喜根、蒋莉等。在澳大利亚国立大学访问期间，罗伯特·阿克兰（Robert Ackland）教授也曾对本书相关内容提出修改建议。最后，我想感谢媒体与传播系的其他同学、朋友以及师兄师姐们，尤其是吴令飞、张昕之、刘璟、梁海、陆亨、张伦、秦洁、汪臻真、王天娇、彭泰权、钟智锦、周裕琼等。

2014年秋季博士毕业之后，我来到南京大学新闻传播学院工作。在过去的几年当中，负责筹备组建计算传播学实验中心并开展计算传播学研究与教学。本书在南京大学的写作过程中，同样得到了诸多同事和师友的关心和帮助，包括但不限于段京肃、杜骏飞、巢乃鹏、郑丽勇、张红军、胡翼青。此外，我要感谢秦强、陈志聪、李铁薇、张晓雨、徐绘敏、卢功靖、卢林艳、李媛媛等多位同学，他们帮助我把英文手稿翻译为中文，其中秦强同学还参与了舆论的讨论模型部分。因为多数章节都是基于英文论文进行翻译和重写的，因此对本书的润色和校对耗费了很多时间。在校对书稿的过程中，与杜骏飞老师在宝华山脚下庭院里的一席谈话让我受益匪浅。一方面，应该走出碎片化的经验，努力提出自己的观点。另一方面，要采用模块化的方式"保护"研究时间。数字媒介已经开始入侵私人生活。例如，微信的使用让每个人都面临过度社会化的问题，手机短视频让人陷入肤浅的娱乐化困境。"不成乎名，遁世无闷"。每周消失两天，用志不分地在贫瘠的思想田野中耕耘。努力发出自己的声音、创造崭新的内容，这有助于解决我面临的困境。

本书所涉及的内容仍然属于行动中的科学，而非已经完成的科学。限于本人能力有限，难免存在谬误。本书勘误、代码等内容可在 Gitee 页面[①]或 GitHub 页面[②]查询。欢迎读者在其中的问题页面提问，以便及时回答和勘误再版。我也将在这个页面分享关于本书的更多内容。

本书的出版得到了科学出版社杨英编辑和负责审校的各位编辑的热情帮助。没有她们的耐心与努力，很难快速看到本书的出版，对此一并表示感谢。本书所涉及的研究得到国家社会科学基金青年项目（15CXW017）、国家自然科学基金面上项目（61673070）、江苏省社科基金—基地项目（19JD001）、中央高校基本科研业务费专项资金资助项目（011014370119）、国家社会科学基金重大项目（19ZDA324）等多项基金的资助。本书的出版得到了江苏省优势学科第三期经费的资助。

另外，希望读者注意：阅读本书需要跨越一定的技术门槛。本书的定位并非流行读物或大众读物，而是更注重数据与理论的融合，更适合对新媒体、计算传播学、计算社会科学研究感兴趣的研究者和同学阅读。门槛本质上是一种心理预期，不只是存在于社交网络当中。人们做事情往往一开始野心勃勃，将目标定得太高，因此形成强大的心理压力，在内心当中垒起了一个高高的行为门槛。例如，本书的润色也出现严重的拖稿问题。我想要在两个星期完成一轮润色，结果发现不太可能。这个时候就需要降低预期和行动的门槛。一方面，通过减少每天设定的任务，减轻心理压力，反而有助于持之以恒地付诸行动。另一方面，即使这个过程变得更加漫长，我也希望它可以变得更加有趣。不仅对于读者有趣，对于我自己更要有趣。解决方案是站在巨人的肩膀上，回顾甚至是复制相关的经典研究。这样做有利于同已有的理论和研究进行对话，让我可以打破枯燥的稿件润色工作，把它变得非常有意思，甚至变成自己未来的研究。与此相关，家人对我的包容和帮助是这本书最后可以完成的关键。本书的写作减少了我陪伴父母、妻子还有两个女儿的时间。谨以此书献给我的女儿米粒和米果。

王成军

2021 年 7 月 26 日于南京

---

① 本书 Gitee 页面：https://gitee.com/chengjunwang/thresholdbook.
② 本书 GitHub 页面：https://github.com/chengjun/thresholdbook.

目　　录

序言

理　论　篇

第一章　信息可以像病毒一样扩散吗？ ………………………………… 3
　第一节　信息共享网站的兴起 ……………………………………… 3
　第二节　一个重要困惑 ……………………………………………… 4
　第三节　问题、路径和意义 ………………………………………… 6
　　一、核心问题 ………………………………………………………… 6
　　二、研究路径 ………………………………………………………… 8
　　三、理论价值 ……………………………………………………… 10
第二章　扩散研究：理论和模型 ………………………………………… 13
　第一节　扩散研究的理论 ………………………………………… 13
　　一、两级传播理论 ………………………………………………… 14
　　二、新闻扩散理论 ………………………………………………… 15
　　三、创新扩散理论 ………………………………………………… 17
　　四、巴斯扩散模型 ………………………………………………… 20
　　五、传染病模型 …………………………………………………… 21
　　六、门槛模型 ……………………………………………………… 25
　　七、对扩散理论和扩散模型的总结 ……………………………… 27
　第二节　信息扩散：研究议程 …………………………………… 29
　　一、从线下到线上 ………………………………………………… 29
　　二、从接触到分享 ………………………………………………… 30
　　三、从个人到网络 ………………………………………………… 30
　　四、从信息到注意力 ……………………………………………… 31
　　五、从内容到叙事 ………………………………………………… 32
　第三节　理论是一棵树 …………………………………………… 33
第三章　信息扩散：概念框架 …………………………………………… 36
　第一节　理论框架 ………………………………………………… 36
　　一、信息流的传播模型 …………………………………………… 36

二、信息共享网站 ·· 40

三、信息扩散的传播模型：ABXCT 模型 ·················· 41

第二节　研究思路 ·· 43

实证篇（上）

第四章　微博上的信息扩散：检验人际作用的门槛假设 ··· 47

第一节　简介 ··· 47

第二节　微博上的信息扩散 ··· 48

一、微博与信息扩散 ·· 48

二、微博上的信息扩散机制 ····································· 49

第三节　人际作用的门槛假设 ·· 51

第四节　研究方法 ··· 58

一、数据采集与抽样 ·· 58

二、测量 ·· 58

第五节　研究发现 ··· 62

第六节　结论和讨论 ··· 64

第五章　社交新闻网站上信息扩散：群体把关 ··············· 70

第一节　新闻聚合 ··· 70

第二节　新闻扩散和社交新闻网站 ·································· 71

一、新闻扩散研究 ··· 71

二、社交新闻网站 ··· 72

第三节　群体把关与人际作用 ·· 73

第四节　研究方法 ··· 77

一、数据 ·· 77

二、测量 ·· 78

第五节　研究发现 ··· 79

第六节　结论和讨论 ··· 80

第六章　公众注意力爆发现象的起源：信息扩散的暂时性假设 ··· 84

第一节　简介 ··· 84

第二节　公众的注意力：前因、模式和基本原则 ············· 86

第三节　公众注意力的暂时性假设 ·································· 89

一、公众注意力的爆发和 YouTube 视频的流行度 ······· 92

二、公众注意力的爆发和扩散渠道 ··························· 93

三、公众注意力的爆发和受众的兴趣 ························· 94

　　四、公众注意力的爆发和 YouTube 的视频类别·················94

　第四节　研究方法·················95

　　一、数据和抽样·················95

　　二、测量·················95

　第五节　研究发现·················97

　第六节　结论和讨论·················99

　第七节　延伸：注意力流动网络·················101

　　一、异速生长·················103

　　二、流耗散·················103

　　三、流影响力·················104

　　四、流距离·················106

实证篇（下）

第七章　讨论模型视角下的社交媒体舆论演化·················111

　第一节　简介·················111

　第二节　舆论的讨论模型·················112

　　一、议题·················114

　　二、参与者·················115

　　三、行动·················117

　第三节　研究方法·················118

　　一、贝叶斯预测模型·················118

　　二、数据来源·················119

　第四节　研究发现·················120

　第五节　结论与讨论·················125

　第六节　延伸：计算叙事·················126

　　一、叙事经济学·················126

　　二、叙事的形状·················128

　　三、灰姑娘情结·················132

　　四、通往计算叙事的道路·················133

第八章　信息扩散的"富人俱乐部"效应·················136

　第一节　引言·················136

　第二节　信息扩散的富人俱乐部·················138

　　一、网络结构与社会规范·················139

　　二、流行度与活跃度·················140

三、地理邻近性 ·· 140

四、社会选择与信息扩散 ······································· 141

五、社会影响力与信息扩散 ···································· 141

第三节 研究方法 ··· 142

一、数据 ·· 142

二、指数随机图模型 ·· 142

三、测量 ·· 143

第四节 研究发现 ··· 144

第五节 讨论和结论 ·· 148

第九章 找回失落的参考群体：对"沉默的螺旋"进行多主体建模 ········· 151

第一节 引言 ·· 151

第二节 沉默的螺旋理论 ·· 152

第三节 综合的沉默的螺旋模型 ································· 154

第四节 研究设计 ··· 155

第五节 研究方法 ··· 157

一、多主体建模 ·· 157

二、多主体建模如何实现？ ···································· 157

三、测量 ·· 160

第六节 研究发现 ··· 161

一、大众媒体的影响 ·· 161

二、参考群体影响 ··· 161

三、沉默的螺旋的边界条件 ···································· 162

四、参考群体的规模 ·· 163

五、人群规模 ·· 163

六、沉默的螺旋随时间的演变 ································· 165

第七节 结论与讨论 ·· 165

第十章 结论和讨论 ··· 167

第一节 总结研究发现 ··· 167

一、人际作用 ·· 167

二、群体把关 ·· 169

三、公众注意力的爆发 ··· 169

四、信息扩散的规模有限性 ···································· 170

第二节 贡献与启发 ·· 172

一、信息扩散的 ABXCT 模型 ································· 172

二、人际作用的门槛假设 ······································· 173

三、群体把关 ·· 174

四、扩散驱动力的暂时性假设 ······························· 175

五、在理论和实际方面的启发 ······························· 177

第三节　研究局限 ··· 178

第四节　展望：计算传播学 ······································· 180

第五节　结语：反思计算社会科学 ······························· 188

一、作为新范式的计算社会科学 ··························· 189

二、计算中心的理论框架 ···································· 192

三、数字媒介主导的计算中心 ······························· 194

四、计算社会科学的发展方向 ······························· 196

参考文献 ·· 200

后记：站在沙堆旁边的人 ··· 221

理　论　篇

第一章　信息可以像病毒一样扩散吗?

"思想、产品、信息和行为像病毒一样传播。"

马尔科姆·格拉德威尔(Gladwell，2000)

数字媒介的发展常常给人一种错觉:信息可以像病毒一样扩散到每一个人。信息扩散是随着时间的推移通过某些渠道在社会系统成员之间发生的信息传播。个体通过信息扩散了解外部世界,并对他人产生影响。作为一种基本的传播现象,信息扩散对社会生活有着广泛的影响,如新闻消费(Funkhouser and McCombs，1971;Greenberg，1964a，1964b;Larsen and Hill，1954;Miller，1945)、购买行为(Ivković and Weisbenner，2007)、找工作(Granovetter，1973)、集体行动和政治参与(González-Bailón et al.，2011;Lohmann，1994)。交通网络(尤其是航空网络)成为病毒在全球扩散的主要通道。越来越多的人认为在线社交网络也具有这种神奇的魔力。

本书致力于反驳这种观点。虽然重大的事件可以迅速扩散到绝大多数人,但绝大多数信息并不能成功地扩散出去。本书所有内容主要围绕信息扩散的有限性这一困惑展开。分析抑制信息扩散的瓶颈对于理解网络信息扩散具有更重要的价值。接下来,本章将首先简要介绍网络信息扩散的研究背景并提出一个核心困惑;然后介绍本书的研究目标并提出操作化的研究问题;接下来介绍本书的基本路径;最后简略勾勒本书潜在的理论价值。

第一节　信息共享网站的兴起

随着社交网络和信息聚合服务的兴起,信息共享网站成为互联网上信息传播的新平台。本书将信息共享网站定义为社交媒体当中的一种类型。用户可以在信息共享网站上提交、分享和评论信息。信息与通信技术的演变以及与公众之间的互动,改变了信息扩散的基本机制,这对传播研究具有重要意义。从技术上讲,信息共享网站基于社交网络服务和信息聚合工具,推动信息扩散由大众传播向用户参与过程转变。信息共享网站允许人们通过社交网络传播他们的人际作用。信息共享网站通过人际网络以及其他信息渠道帮助用户快速找到需要的信息(Chowdhury and Landoni，2006),基于信息聚合功能为用户提供流行信息的排行榜（例如新浪微博热搜、推特热门话题）。

自传播学研究肇始，扩散研究就成为一个重要的研究领域（Miller，1945）。产生了丰富的理论脉络和多种理论观点，其中既包括大量的实证研究理论，也有很多经典的分析模型，例如两级传播理论（Katz，1957；Katz and Lazarsfeld，1955）、新闻扩散理论（Greenberg，1964b；Larsen and Hill，1954；Miller，1945）、创新扩散理论（Rogers，1983）、门槛模型（Granovetter，1978；Granovetter and Soong，1983，1986，1988；Valente，1993，1995，1996）、巴斯扩散模型（Bass，1969，2004）、传染病模型（Anderson and May，1992）。

迄今为止，信息扩散已经发展成为社交媒体研究的核心问题之一。它吸引了许多来自不同学科的学者，致力于揭示网络信息扩散中隐藏的人类传播模式和扩散机制。其中最重要的一种扩散机制就是基于社交网络的人际作用。早期的新闻扩散研究受限于数据质量等问题，到了20世纪八九十年代开始走向衰落。互联网的发展复兴了聚焦于扩散机制的扩散研究。除了人际作用之外，还有很多其他影响因素在信息扩散当中发挥着重要作用，如外生影响、个体属性、内容特征以及不同信息之间的关系。识别这些信息扩散的驱动力对理解扩散具有重要的意义。

第二节　一个重要困惑

本书源于一个关于信息扩散的重要困惑：信息可以像病毒一样扩散吗？基于复杂网络（特别是无标度网络）的传染病模型表明信息可以感染系统当中相当大比例的个体（Pastor-Satorras and Vespignani，2001）。具体而言，研究者发现如果网络节点的度（即邻居数量）为长尾分布，传染病模型的门槛就会消失或作用变得非常有限。据此，研究者认为互联网上的信息扩散也可形成全局性的扩散（Pastor-Satorras and Vespignani，2001）。全局性的信息扩散可以"感染"网络当中相当一部分用户。全局性信息扩散的存在表明，在一个很大但有限数量的节点构成的网络当中，超过一个固定比例的节点已经被激活并传递信息。相关的研究进一步鼓励了这种将信息看作病毒的观点。然而，信息真的可以像病毒一样扩散吗？

瓦茨根据分析模型和数值模拟提出，全局信息扩散是复杂系统的一种罕见而脆弱的特性。"一个系统可能会长时间保持稳定，并承受很多外部冲击，然后突然出现一个明显的大型级联"（Watts，2002）。在另一项研究中，瓦茨等提出大型级联或全局性信息扩散的影响力不是由"有影响力"的人驱动的，而是由一定数量易受影响的个体驱动的（Watts and Dodds，2007）。因此，理论模型与社会现实之间存在着张力,但是缺乏实证数据的支撑,分析模型和数值模拟无法终结已有的争论。

为了采用实证研究回答为什么一些热门歌曲比普通歌曲更成功,马修·萨尔加尼克(Matthew Salganik)等设计了名为"音乐实验室"的研究项目,通过构造一个人造的音乐市场来观察 14 341 名实验参与者如何下载音乐。他们发现音乐的质量只是影响它成功的部分因素,当系统中的社会影响(social influence)增加时会带来更大的不平等,同时也会使得音乐的成功变得更加难以预测(Salganik et al.,2006)。因此,要预测哪些信息可以实现病毒式传播相当困难。这再次表明全局级联是复杂系统当中一个很脆弱的现象(Watts,2002)。但是,"音乐实验室"研究项目中的社会影响其实不是对人际作用的直接测量,而是一种基于协同过滤和信息聚合功能的"群体把关"(关于"群体把关"内容的介绍参见本书第五章)。

在现实世界中,大规模的信息扩散虽然存在,但却是罕见且难以预测的。针对全局性信息扩散这一议题,研究者不断发现扩散规模是有限的(Bakshy et al.,2011;Lermanand Ghosh,2010;Leskovec et al.,2006;Sun et al.,2009)。扩散规模的分布通常是一个长尾甚至是无标度的,在双对数坐标系中表现为一条斜率为负值的直线。换句话说,绝大多数信息无法在在线社交网络中达到全局扩散。

信息如何扩散以及如何进行病毒式传播的问题已经引起许多学科的关注,比如传播学(Fu,2012)、市场营销学(Aral et al.,2009;Aral and Walker,2011;Berger and Milkman,2012)、计算机科学(Lerman and Ghosh,2010;Lou and Tang,2013;Steeg et al.,2011;Wu et al,2011)和网络科学(Borge-Holthoefer et al.,2013;Ugander et al.,2012)。然而研究者对于什么决定了信息扩散的成功仍然不清楚(Weng et al.,2013)。大多数扩散模型是基于简单传染(simple contagion)或复杂传染(complex contagion)的假设而构建的。多数研究认为信息传播是简单传染,它假设信息像疾病一样传播,每一次接触都有相同的概率感染一个人,并采用传染病模型进行解释(Pastor-Satorras and Vespignani,2001)。然而,也有研究显示疾病和信息以不同的方式传播。比如复杂传染的观点认为重复曝光可以增加传播的可能性,因而更适合于解释在线信息传播现象(Centola,2010;Romero et al.,2011)。

综上所述,我们对于信息扩散规模的理解仍然非常有限。尽管研究者在过去十年对扩散研究的兴趣日益浓厚,但信息扩散研究似乎被未被消化的事实所阻塞。为什么有的信息可以迅速传遍全网,绝大多数信息却无法传播出去?我们仍然不知道是什么导致了极少数的全局信息扩散(全局级联),也不知道是什么限制了绝大多数信息的扩散。笔者认为仅仅将原因归为人们对信息不感兴趣是远远不够的。因此,分析限制信息扩散的瓶颈成了一个重要而具体的研究问题。

第三节　问题、路径和意义

为了回答网络信息扩散的规模有限性困惑，有必要研究一些有代表性的信息共享网站上的信息扩散，尤其是分析扩散规模与扩散机制之间的关系。需要指出的是，本书主要从研究困惑的角度切入，围绕这一个研究困惑提出操作化的研究问题。以下研究问题是对研究困惑的细化和已有研究的高度浓缩，主要起到提纲挈领的作用，粗略描摹出本书思考的大致方向。在此基础上，以后各章将对已有的文献进行梳理，建立本书的理论框架。然后，结合具体的实证研究对象，提出操作化的研究假设，并结合具体的实证数据对假设进行检验。

一、核心问题

第一，对网络传染病模型的信心建立在一个有力的假设之上，即人与人之间的相互影响可以使得传染病感染众多人（Pastor-Satorras and Vespignani，2001）。本书的出发点，也主要关注这种人际作用对信息扩散的影响。人际作用被定义为人际关系对信息接触和分享的影响。研究目的是评估一个人的信息分享行为在多大程度上受到其在线社交网络中朋友的影响，尤其是重复曝光的作用。重复曝光即对同一信息的多次接触，因此被宽泛地定义为社会强化（social reinforcement）。它有助于改变个体对于信息的态度，并增加信息分享的概率，在创新扩散研究（Valente，1993）、在线健康行为传播的研究（Centola，2010）和推特上的信息扩散研究（Weng et al.，2013）中被广泛使用。

为了量化信息扩散中的人际作用，本书采用格兰诺维特所提出来的门槛模型作为主要理论视角（Granovetter，1978；Granovetter and Soong，1983，1986，1988）。使用网络门槛来量化人际作用的好处在于它能够捕捉重复接触信息的社会强化效果。分析网络门槛与信息扩散规模之间的关系可以检验复杂传染的假设（即重复曝光有助于信息扩散）。

除了研究人际作用的社会强化效果之外，本书还分析了人际作用的非线性特征。在扩散研究文献中，J 形曲线模型是第一个解释人际作用非线性特点的模型（Greenberg，1964b）。在信息扩散研究中，格林伯格发现扩散规模与人际作用之间存在非线性关系，并将其归因于信息的重要性。一般而言，重要信息的流行度或扩散规模大，而不重要信息的流行度或扩散规模小。也就意味着人际作用对扩散规模的影响机制依赖于扩散规模本身的大小。与 J 形曲线模型类似，Onnela 和 Reed-Tsochas 对脸书（Facebook）应用程序的扩散研究表明，有两种不同的社会影响机制（Onnela and Reed-Tsochas，2010）。具体来说，只有当脸书应用程序的流行度超过一个特定阈值之后，社会影响力才对脸书应用程序的扩散起作用；如果这些脸书应用程序的受欢迎程度停留在这个阈值之下，社会影响的作用就消失了。在网络信息扩散当中是否同样存在人际作用的这两种影响机制也是一个很重要的问题。基于上述思考，提出第一个操作化的研究问题：

RQ1：人际作用如何影响信息共享网站上的信息扩散？

第二，信息技术改变人类传播的基本方式，进而改变了人们的日常生活。社交网络服务和信息聚合功能在信息传播中变得越来越重要。它们的影响不仅仅是技术上的，更重要的是信息扩散机制的社会影响。不仅人类个体之间存在互动，人类和信息系统之间也存在互相影响。第一个研究问题 RQ1 主要关注人际作用，它建立在信息共享网站的社交网络服务的基础上。除此之外，信息聚合在信息扩散中也扮演着重要的角色（Lerman and Ghosh，2010）。例如，在推特上流行的推文被汇总到首页边栏，以热门推文的形式呈现；在社交新闻网站 Digg 上，最受欢迎的消息被聚合到其信息聚合页面上。如果说人际作用的作用方向是自下而上的，那么信息聚合的影响则是自上而下的。接下来，应该弄清楚信息聚合的影响，然后在信息扩散的框架内对其进行概念化。据此，提出第二个操作化的研究问题。

RQ2：信息聚合如何影响信息共享网站上的信息扩散？

第三，思考信息扩散的另外一个角度是公众注意力的流动，尤其是注意力的爆发。公众注意力的爆发描述了公众注意力突然而剧烈的变化情况（增长或下降）。相关研究表明，网络信息扩散也具有公众注意力爆发的特征（Crane and Sornette，2008）。网络信息扩散的爆发突出了信息传播的时间维度。本书关注信息扩散的时间模式以及它们对扩散规模的影响。S 形曲线被广泛应用于描述累积扩散曲线（Rogers，2003）。除了经典 S 形扩散曲线之外，还有三个例外的情况：①不完全扩散，即信息无法达到 100% 的人口；②快速扩散，即比普通 S 形扩散的速度更快，通常由发起人在初始阶段刺激；③缓慢扩散，早期扩散比正常的 S 形扩散慢（Chaffee，1975）。然而，由于对扩散曲线的传统分类方法主要基于累积扩散曲线，它们往往忽略了日常扩散模式的波动，特别是公众注意力爆发所反映的信息扩散在时间上的暂时性。

从信息扩散的时间模式（尤其是爆发现象）出发，思考信息扩散在时间上的暂时性（temporality）或许可以较好地解释为什么网络信息扩散的规模如此有限。"暂时性"一词强调了信息扩散的两个方面：首先是信息扩散不同驱动力的暂时性，它主要考虑驱动注意力分配的前因（即决定性因素）的持续时间。其次，暂时性强调了信息扩散的持续性，即信息是否能够在时间维度上持续不断地"感染"公众，因而需要考察扩散曲线的形状。驱动力的时间性决定了公众对具体媒介产品兴趣的上升和下降。例如，根据先前的研究，扩散的爆发减缓了扩散过程（Karsai et al.，2011）；信息扩散的暂时性在实践中可以通过扩散曲线的爆发现象来表示和刻画。因此，提出以下关于信息扩散的暂时性的研究问题：

RQ3：信息扩散中的爆发现象如何影响信息在信息共享网站上的扩散？爆发现象的起源是什么？

二、研究路径

综上，本书聚焦于网络信息扩散中的规模有限性困惑，即为什么很少出现全局扩散的问题。为了更好地回答这一核心困惑，本书将分析人际作用和信息聚合对信息扩散的影响，讨论信息扩散规模和在时间维度上的暂时性，并探讨潜在的扩散机制。本书实证篇（上）旨在对三种信息共享网站的信息传播进行三个研究：微博（以新浪微博为例）、社交新闻网站（以 Digg 为例）、视频分享网站（以 YouTube 为例）。相应地，将对三种信息扩散的数据集进行系统的收集和分析。此外，还将在实证篇（下）进一步讨论以意见领袖为代表的富人俱乐部的作用、参考群体的影响、舆论演化的讨论模型。

本书共有十个章节，具体内容组成见图 1-1。根据章节组成，本书可以分为理论篇和实证篇两大部分。第一、二、三章为本书的理论部分，第一章介绍了研究背景和研究目的；第二章回顾了关于信息扩散的大量文献；在相关文献的基础上，第三章提出了关于信息扩散的概念框架。第四章到第九章为本书的实证篇，又可以分为上、下两篇，第四、五、六章为实证篇（上），主要关注信息扩散；第七、八、九章为实证篇（下），主要关注舆论演化。

实证篇（上）将分别对三种信息共享网站（微博、社交新闻网站、视频分享网站）进行分析。对三种信息共享网站的网络信息传播进行研究是为了揭示扩散机制的多样性、尽量避免错把部分当作整体、增强结论的可推广性。第四章主要关注的是微博上的信息扩散，使用从新浪微博收集的数据来检验人际作用的门槛假设。第五章主要集中在社交新闻网站上的新闻扩散，着重比较了人际作用和群体把关这两种不同的机制对新闻扩散的影响。第四章和第五章所发现的信息扩散中的强爆发现象表明信息扩散在时间维度上存在暂时性特征。因此，第六章正式提出了信息扩散的暂时性假设，并通过测量 YouTube 视频扩散的爆发起源来进行检验。第六章还将分析视角从信息扩散转移到注意力流动，提出构建注意力流动网络的基本思路，介绍了异速生长现象以及各种注意力流动网络的测量方式。

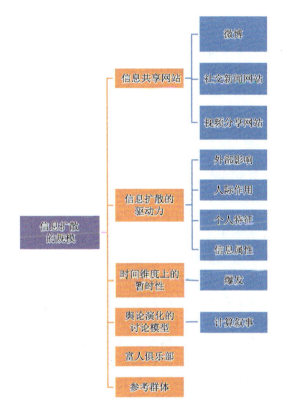

图 1-1　本书的结构

　　实证篇（下）将分别对舆论演化的讨论模型、富人俱乐部（如意见领袖）、参考群体进行分析。第七章从讨论模型的角度分析了推特上关于"占领华尔街"运动的舆论演化过程，重点分析了舆论的参与者、议题及其行动对于舆论演化的推动作用。人类创造的故事（例如神话）不仅具有社会功能和偏见，也具有特定的几何形状。因此，第七章在讨论部分提出"计算叙事"（computational narrative）这一新的研究视角，对从信息扩散和注意力流动走向计算叙事的基本逻辑进行了介绍。基于大规模的叙事数据和深度学习方法，现在，研究者已经可以更好地刻画叙事的语义空间，捕捉叙事的几何形状如何随着时间展开。这不仅可以让人们更好地"透视"叙事的几何，也可以让人们更好地理解叙事的社会功能和隐藏的偏见。

　　第八章将研究视角聚焦于新浪微博社交网络中的大 V 群体，从富人俱乐部这一角度进行概念化和分析。现代社会当中的公众依然面临着重要的挑战，主要是因为他们缺乏资源、缺乏能力、容易被说服、容易被精英影响、容易陷入多数人暴力（Price，1992）。互联网的发展为公众赋能，使得公众具有更强的信息搜索、甄别和使用能力，可以更好地参与到信息扩散和舆论演化过程当中。换言之，互联网帮助公众获得了更多的资源和能力，具有了更强的媒介素养。然而，数字媒介的发展同样使得精英的影响变得更加直接。"铁打的营盘流水的兵。"与围绕议题聚集的公众不同，精英往往发挥着中流砥柱的作用，是社会影响力的来源。然而，精英往往在信息扩散中具有更强的内部互动，形成了一种典型的"富人俱乐部"现象。第八章将使用指数随机图模型对精英在信息扩散当中的互动机制进行分析。

第九章采用多主体模型分析了重新引入参考群体后沉默的螺旋效果存在的边界条件。沉默的螺旋是多数人暴力的一种形式。多数人暴力是以多数人名义行使的无限权力。这种现象之所以存在，与个人如何让渡个人权力紧密相关。以沉默的螺旋为例，当个人主要通过大众媒体感知舆论气候的时候，很容易错误地将媒体意见当作多数人的意见。因此，个体会误以为自己意见为少数人意见，进而选择沉默。如果多数人都采用这种行为模式，经过一段时间的迭代，整个社会就会陷入沉默。社交媒体的发展正在提供打破这种类型的多数人暴力的方法。基于社交媒体，个体可以更好地感知其参考群体的意见。媒体意见和参考群体的意见可能存在不一致的情况。这一方面会带来认知紧张，另一方面也可能通过提供多样化的信息打破沉默的螺旋。第九章将会通过计算机仿真的形式建立一个多主体模型，纳入参考群体和大众媒体两种意见气候，并分析其舆论演化结果。

最后，第十章中将讨论关于信息扩散的实证研究的总体结果，并总结研究发现在理论上的可推广性、意义和局限性。本书采用了计算传播学的研究路径：围绕重要的传播学问题，基于已有的理论和文献建立理论框架，系统地收集大规模的人类传播行为数据，通过计算机科学的算法对人类行为进行测量并分析其行为模式，采用统计模型对背后的社会机制进行建模，以便更好地理解关于人类传播行为的困惑。最重要的发现在于社会网络不仅会推动信息扩散，也会抑制信息扩散[①]。因此，本书还对计算传播学的发展进行了展望，并从布鲁诺·拉图尔（Bruno Latour）提出的"计算中心"的逻辑对计算社会科学的逻辑进行了反思（Latour，1987）。

三、理论价值

本书的目标之一是建立一个理论框架以便更好地理解信息扩散研究的基本图

---

① 这当然不是说所有的信息扩散都注定会失败。事实上，有一部分信息，虽然比例很小，可以实现全局扩散。理解这两种类别的信息扩散之间的差异可以帮助信息更好地扩散。

景。因此，本书采用图形化的传播模式来梳理网络信息扩散的总体研究逻辑，主要借鉴了信息流动的经典传播模型（如 5W 模型、ABX 模型、Westley 和 MacLean 模型）。经典的传播模型从 5W 模型（Lasswell，1948）开始，将传播的过程定义为"谁说的，说了什么，对谁说的，通过什么渠道，产生什么效果"五个部分。Newcomb（1953）通过讨论信息源（用 A 或 B 表示）、信息接收者（用 A 或 B 表示）和信息本身（用 X 表示）之间的关系，将之扩展为一个动态过程，即 ABX 模型。此后，Westley 和 MacLean（1957）又在此基础上添加了信息通道（用 C 表示）来扩展这个模型。随着 Web 2.0 以及网络传播等新型通信技术的兴起，网络信息扩散的驱动力也越来越多。随着网络社会特别是社交媒体的出现，信息源、媒体和受众的社会角色也在逐渐变化。

首先，受众之间相互联系，成为网络化的个体（networked individual）。其次，网络化的个体和社会组织的社交媒体账号可以同时作为信息接收者和信息源，模糊了信息源和信息接收者之间的差异。最后，信息共享网站上的社交网络服务和信息聚合功能创造了两种不同的信息渠道。此外，不同于传统模型的静态形式，这种新型传播模式需要关注信息扩散的时间维度（用 T 表示）。因此，本书将沿着这一基本思路对已有传播模型进行拓展，并将这个新模型命名为 ABXCT 模型。

本书旨在从门槛模型的角度分析人际作用。在线社交网络的兴起凸显了人际关系在传播网络中的重要性。网络信息扩散的最重要特征是传播网络当中的节点的相互依赖。这种相互依赖性对于信息扩散而言主要表现为人际作用。关于人际作用的最基本的假设是，一个人的信息共享行为取决于其他人的信息共享行为。基于二元决策成本效益最大化的假设，门槛模型认为个体的行为决策取决于他或她所在的局部社交网络（ego network，或者译为"个体中心网"）被激活的程度。可以采用门槛模型来捕捉这种人际作用，一个人的网络门槛衡量了当他或她做出行为决策时，其局部社交网络被激活的程度。本书采用网络门槛来测量人际作用，并将之与信息扩散规模联系起来，尝试将人际作用的门槛假设理论化。

网络信息扩散的一个新特征来自信息共享网站的信息聚合功能。对于本书而言，一个核心问题就是概念化信息聚合过程。信息聚合基于信息系统的协同过滤功能。本书将协同信息过滤和其后的信息聚合过程概念化为"群体把关"。群体把关使得公众偏好的信息被聚合在一起，这有可能变革网络信息扩散的机制。本书将从信息级联理论的角度研究社交新闻网站 Digg 上的新闻扩散过程，并比较群体把关与人际作用的影响。

此外，本书将着重分析信息扩散在时间维度上的一个重要特征，即各种不同信息共享网站（如微博、社交新闻网站、视频分享网站）上的注意力爆发现象。基于公众注意力爆发与扩散规模之间的关系，本书强调识别和理解注意力爆发的重要性，提出信息扩散在时间维度上的暂时性假设，致力于从信息扩散驱动力的时间特征中找出爆发的起源。

总体而言，本书有望帮助人们理解信息扩散的门槛，扩充关于信息扩散机制和一般性原则的知识。在数字时代，信息扩散在很大程度上影响着人们的日常生活。本书的理论概括有助于解释甚至预测信息扩散的受欢迎程度，而研究发现则可能用来快速、广泛和可持续地传播信息。综合起来，这些探索和分析有助于理解信息扩散的规模有限性困惑。

第二章　扩散研究：理论和模型

"我们的知识来自内心的两个基本来源，其中第一个是感受表象的能力（对印象的接受性），第二个是通过这些表象来认识一个对象的能力（概念的自发性）；通过第一个来源，一个对象被给予我们，通过第二个来源，对象在与那个（作为内心的单纯规定的）表象的关系中被思维。所以直观和概念构成我们一切知识的要素，以至于概念没有以某种方式与之相应的直观、或直观没有概念，都不能产生知识。"

伊曼努尔·康德（2004）

　　自柏拉图创立理念论以来，人类对理念世界追寻的脚步就从未停歇。然而，遗憾的是人类在生活世界中的行为是如此生动具体，远非理念那么简单。从微博上的新闻转发到抽象的概念信息扩散之间隔着一个抽象的阶梯。如果沿着这一阶梯爬得太高，就进入了宏大理论的迷雾当中。例如，可以将信息扩散理解为更为抽象的"流"（flow）或者"互动"（interaction），甚至是曼纽尔·卡斯特尔（Manuel Castells）所言之网络社会的"传播力"（communication power）（Castells，2007，2009）。如果沿着这一阶梯爬得太低，就仍然处于滚滚红尘之中，使得人们观察世界的视野过于狭窄，难以同更广阔的研究脉络进行对话。社会科学的发展一度或沉迷于玄奥的宏大理论，或局限于抽象的实证主义，引发米尔斯的反思和批判（Mills，1959）。默顿提出发展"中层理论"的思路，沿用至今（Merton，1949）。

　　幸运的是关于信息扩散的研究已经积累了大量中层理论。其中，具有开创性的理论和模型有很多，例如两级传播理论（Katz，1957；Katz and Lazarsfeld，1955）、新闻扩散理论（Greenberg，1964b；Larsen and Hill，1954；Miller，1945）、创新扩散理论（Rogers，1983）、门槛模型（Granovetter，1978；Granovetter and Soong，1983，1986，1988；Valente，1993，1995，1996）、巴斯扩散模型（Bass，1969，2004）、传染病模型（Anderson and May，1992）。本章首先回顾了信息扩散的相关理论观点，在此基础上，对网络信息扩散的研究议程进行讨论。

第一节　扩散研究的理论

　　埃弗雷特·罗杰斯（Everett Rogers）总结了采用扩散研究方法的领域，包括教育学、人类学、公共卫生学、市场学、地理学、社会学（早期社会学、农村社会学和一般社会学）、政治学、传播学（Rogers，2003）。传播学领域的扩散研究主要涉及三个理论，包括两级传播理论、新闻扩散理论、创新扩散理论。值得一提的是，这些理论相互之间也有关联。例如，罗杰斯使用创新扩散理论来整合信息流动研究（information-flow research）非常成功，以至于信息流动理论现在也被称为信息扩散理论（Baran and Davis，2011）。除了扩散理论之外，还有一些发展得更加完善的扩散模型。例如门槛模型、巴斯扩散模型和传染病模型已经被广泛地应用于经济学、社会学、医学和物理学。基于这些扩散模型的发现有助于搭建信息扩散研究的概念框架。接下来，将回顾与以下问题相关的扩散理论和模型：第一，这些理论的假设是什么？第二，扩散的驱动力是什么？第三，形成扩散过程的基本原理是什么？

一、两级传播理论

在媒介研究早期，以"魔弹论"为代表的观点认为媒介对人类生活具有巨大的影响。在此背景下，保罗·拉扎斯菲尔德（Paul Lazarsfeld）开始对大众媒体社会中的信息流动进行研究。拉扎斯菲尔德等发现缺乏证据表明媒体在直接影响选民方面发挥了重要作用；相反，这些选民更有可能直接受到意见领袖的影响（Lazarsfeld and Franzen，1945）。信息首先从大众媒体流到意见领袖，然后再从意见领袖流向他们的追随者，这一理论发现被称为两级传播理论①（图 2-1）。

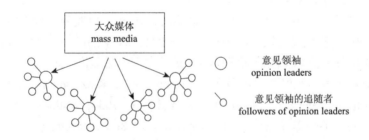

图 2-1　两级传播理论模型（Katz，1957）

基于初步发现，拉扎斯菲尔德认为意见领袖扮演着"把关人"的角色，起到了连接媒体和大众的"桥梁"作用。为了实证检验这个观点，拉扎斯菲尔德等用滚雪球抽样方法在迪凯特市（Decatur）开展社会调查。八年后，他们基于在迪凯

---

① 对于两级传播更好的翻译或许是两步流动理论（two-step flow theory）。

特市收集的调查数据发表了专著《人际影响》（*Personal Influence*），并在这本书中正式提出了两级传播理论。

两级传播理论认为大众媒体社会中的个体并非孤立存在的，这些个体间存在相互联系。但是个体在传递和接收信息方面并不平等。意见领袖以及其他活跃用户更加关注媒体信息，并将从媒体获取的信息传递给其他人。不同于传播的刺激反应模型，两级传播理论认为大众媒体并非在社会真空中运行。大众传媒必须与其他驱动信息扩散的因素（例如其他信息来源、权力、知识）竞争，或通过其他影响因素发挥作用。此后，媒介效果和人际影响哪一个作用更大的问题成为扩散研究（尤其是新闻扩散研究）的核心。

二、新闻扩散理论

信息扩散的另一个重要研究方向关注一类特定的信息——新闻。新闻扩散是新闻从新闻源扩散到受众的过程。作为对新闻扩散的首次研究，米勒在 1945 年的研究确立了评估各种传播渠道影响的传统（Miller，1945）。米勒针对罗斯福总统的死亡事件在 143 名肯特州立大学大学生当中的新闻扩散进行研究，结果发现85%的学生通过口口相传得知消息。此后，经典的新闻扩散研究聚焦于分析扩散渠道、累积扩散曲线和影响新闻扩散的因素，致力于比较媒介作用和人际作用（Larsen and Hill，1954）。

作为一种普遍存在的社会知识，新闻主要通过大众传播媒介和人际渠道渗透到人们的生活中。从时间维度来讲，新闻扩散是知晓新闻的人数随时间的累积增加的过程；从个人角度来讲，新闻扩散关注个人何时以及如何了解到新闻事件；从社会结构的角度看，新闻扩散受到社会网络、机构类型、社会规范等因素的影响。新闻扩散既受到行动者个体的影响，又受到社会结构的影响，并且行动者与社会结构之间存在相互作用。

第一，新闻扩散也是公众注意力的流动过程。新闻扩散受到个体需求和动机的影响。从知识社会学的角度来看，新闻是一种社会知识，新闻扩散是受众学习社会知识的一个过程。个体对新闻的接触导致了新闻知晓度（news awareness）的形成。在新闻扩散过程中，有两个基本因素肯定会影响新闻扩散的规模：一是个人有限的注意力（Kahneman，1973），另一种是选择性的注意力分配（Treisman and Fearnley，1969；Treisman，1964）。

第二，社会结构也塑造了扩散过程。新闻扩散的 J 形曲线模型显示，新闻知晓度和人际渠道的百分比之间存在非线性关系（DeFleur，1987；Greenberg，1964b）。格林伯格就扩散程度和媒体差异研究了 18 个新闻事件（Greenberg，1964b），发现新闻扩散的规模和人际传播渠道所占比例（即人际作用）的关系可以被描述为一个 J 形曲线（图 2-2a）：人们通过人际传播渠道了解重要新闻，通过大众媒体了解其他相对不重要的新闻。如果调换图 2-2a 中的 x 轴和 y 轴，就会发现人际作用与扩散规模二者之间实际是一个 C 型曲线关系（图 2-2b）。此外，其他形式的人际传播也会影响新闻扩散的规模。例如，人际讨论可以促进新闻扩散。新闻扩散研究存在一个隐含的假设，即新闻不会随着扩散而改变，改变的是受众对于新闻的认知（Im et al.，2011）。相比之下，互联网时代的新闻扩散已经开始打破这一假设。例如，人们可以通过在线评论的形式修改原始新闻，即人际讨论或对话可以增加新闻的内容深度（Budd et al.，1966）。那些通过人际传播获取信息的人更有可能和更多的人交流（Greenberg，1964b；Larsen and Hill，1954），这种社会互动可以进一步拓展信息扩散的规模。

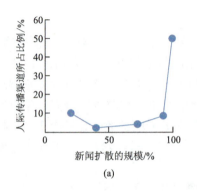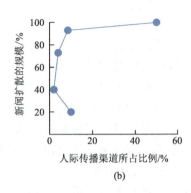

(a)   (b)

图 2-2　新闻扩散的 J 形曲线模型（Greenberg，1964a）

第三，新闻扩散研究还关注物理空间（如家庭、工作地点）和社会时间（如一天当中的时间、日常生活秩序）对个体新闻接触的影响（Budd et al.，1966）。存在一些特定的时间和空间有利于新闻的接触。例如，人们可能会在早晚通勤的公共交通工具上读报纸。也有一些特定的时空结构限制新闻的接触。例如，下午工作时间在公司中忙碌的人们，往往无暇关注新闻事件。综上，区分工作时间、休息时间、通勤时间、工作地点、家庭地点对于分析媒介使用和信息扩散具有重要意义。此外，公共讨论和新闻分享行为如何在时间和空间两个方面促进传播过程，也值得更多关注。

第四，大多数新闻扩散研究是案例研究，新闻的属性没有被充分地分析。正如 1954 年以来的许多研究表明，应该研究不同类型的新闻在不同的社会和阶层当中的传播，以揭示社会内部的价值结构（Larsen and Hill，1954）。在数字媒介时代，这一点变得更加重要。根据知沟理论和数码鸿沟的相关理论，不同社会阶层的人接触媒体的能力不一样，使用媒体的能力也存在差异，这必然会影响到信息在社会网络当中的扩散。贫穷不仅可能限制人们的想象力（Mani et al.，2013），也会影响人们的注意力。

如果从米勒 1945 年发表的研究开始算起，新闻扩散的研究是早期传播学研究的一个热点（图 2-3），新闻扩散研究也应该是传播学领域最早的扩散研究。新闻扩散领域的研究成果已被纳入信息流动理论（Baran and Davis，2011）。新闻扩散研究于 20 世纪 40 年代开始发端，在 20 世纪 60～80 年代迅速增长，但在 20 世纪 90 年代受方法和理论框架的限制走向衰落，直到 20 世纪 90 年代末期才因为互联网信息扩散的发展而重新复兴。新闻扩散的研究一直因为很少产生理论成果而受到批评，并且大部分的理论贡献也存在争议（DeFleur，1987）。例如，尽管新闻扩散研究广泛涉及扩散渠道的影响，但人际传播是否是新闻扩散的重要渠道一直是悬而未决的问题（DeFleur，1987）。

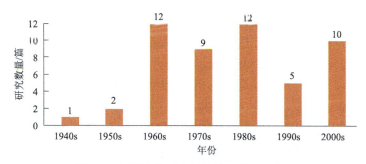

图 2-3　新闻扩散研究的增长、衰退和复兴

为了扩大研究的范围和丰富此类研究，罗杰斯建议今后的研究从传统范式转向理论驱动的领域，并认为互联网新闻扩散研究充满前景（Rogers，2000）。随着新闻扩散在社交媒体中的蓬勃发展，已经有越来越多的研究开始涉及互联网上的新闻扩散。尤其是以微博为代表的社交媒体发展起来之后，包括新闻扩散在内的信息扩散研究出现了爆发式的增长。在特朗普当选美国总统之后，美国社会乃至全世界对于假新闻扩散问题的关注更达到了前所未有的高度。

三、创新扩散理论

创新扩散理论着重于观念、实践、产品、技术和服务等创新在社会系统中随着时间的推移而扩散的过程。罗杰斯对创新扩散的定义主要涉及四个核心概念，分别是创新、传播渠道、时间和社会系统，基于这四个概念，罗杰斯将创新扩散定义为一个社会过程，即创新随着时间推移在社会系统成员之间通过某些渠道传播（Rogers，2003）。

第一，创新本身的特性将会影响扩散速度。罗杰斯在他的名作《创新的扩散》（*Diffusion of Innovations*）一书中总结了创新的五种属性：相对优势（relative advantage）、相容性（compatibility）、复杂性（complexity）、可测试性（trialability）、可观察性（observability）。考虑到创新属性的重要性，修改或改变创新特征对用户采纳创新有重要影响。

第二，传播渠道是信息从信源流向个体的渠道。与传统的新闻扩散研究类似，创新扩散研究也十分重视传播渠道，尤其关注媒体渠道与人际渠道的相对重要性。毫无疑问，媒介作为一种传播渠道在创新扩散中起着重要作用；除了媒介渠道，另外一种常见的传播渠道是人际渠道。例如，同伴的态度和行为会影响个体的采纳，这种影响往往被称为社会影响或人际作用；另外一种竞争性的解释来自同质性理论或社会选择理论。同质性（homophily）是指个体之间在某些属性上的相似程度。俗语云"具有相似羽毛的鸟儿一起飞"。同质性理论认为具有相似属性的人往往会有相似的行为表现（Rogers and Bhowmik，1970）。基于因果推断的考虑，有必要对传播过程中的媒介作用、社会影响和同质性进行区分（Aral et al.，2009）。

第三，时间维度是影响创新扩散过程的另外一个重要因素。创新扩散是一个在时间中逐渐展开的过程。这是因为个体在接纳创新的过程中一般需要经过五个步骤：获取知识、说服、决策、实施和确认（Rogers，2003）。为了降低采纳创新的不确定性，个体会在创新扩散过程的各个阶段寻求信息，获得关于创新的知识。此后，个体需要根据掌握的知识来说服自己、做出决策并转化为行为。根据人们采纳创新的先后顺序，可以将采纳者分为五类（Rogers，2003）：创新者（innovator）、早期采纳者（early adopter）、早期多数群体（early majority）、后期多数群体（late majority）、滞后者（laggard）。

创新的扩散过程可以采用钟形曲线或 S 形曲线来表达（Rogers，2003）。一方面，如果观察创新的新增采纳率随时间变化的情况，就会得到一个符合正态分布的钟形曲线。另一方面，如果观察累积采纳率随时间变化的情况，就会看到 S 形的采纳曲线（Ryan and Gross，1943）。两种扩散曲线都展现出创新扩散在时间维度具有较强的模式。一开始的时候创新的采纳比较慢，只有少数创新者参加；当早期采纳者加入之后曲线开始起飞；当早期多数群体加入之后，曲线快速上升；当后期多数群体开始加入之后，曲线上升速度变慢；当滞后者加入后，曲线开始变得平缓并趋于饱和。虽然 S 形曲线在创新扩散理论中占据了主导地位，但也需要注意其局限性。S 曲线往往用来描述特定的创新和社会系统，并不适用于所有的创新扩散。例如，它只适用于成功创新的案例，在这种案例中创新可以扩散到大多数潜在的采纳者。

第四，扩散发生在一个社会系统中，因而社会结构、社会规范和社会制度制约着扩散过程。正因为存在社会结构因素，人的行为变得更加稳定甚至可以预测。一方面，社会结构因素会影响个体的决策；另一方面，决策主体既包括个体，也包括集体等。采纳创新的决策不仅可以由个人做出，还可以由团体或集体做出（Rogers，2003）。罗杰斯据此将创新决策分为三类：可选创新决策、集体创新决策和权威创新决策（Rogers，2003）。可选创新决策是由一个独立于系统其他成员的个体做出的决策，公众可以选择接受或拒绝；集体创新决策是由系统成员一致协商做出的决策；权威创新决策是由社会系统中的一组精英做出的决策。

扩散研究中的因果机制可以采用"科尔曼之舟"（Coleman，1990）进行理解。社会学家詹姆斯·科尔曼（James Coleman）认识到直接从宏观层面的变化解释宏观社会后果并不能令人满意。例如，宏观的新教改革如何影响资本主义的兴起？这种宏观层面的关联并非真实的因果路径。科尔曼将社会现象分为宏观结构和微观行动两个层面，宏观结构需要通过影响微观行动者才能发挥作用。具体而言，可以分为三个阶段：第一，微观行动者生活在具体的社会情境之中，宏观社会结构会对微观行动者造成约束，这被称为情境机制，例如新教的教义塑造了微观行动者的价值观；第二，微观行动者的欲望和信念会对其行为造成影响，这被称为行动形成机制，例如新教徒的价值观影响其经济行为；第三，微观行动者的行为带来宏观的社会后果，这被称为变革机制，例如新教徒的经济行为带来资本主义的兴起。创新扩散和信息扩散也可以采用这三种机制进行理解。宏观的社会变革（例如技术变革、新闻事件）可以引发宏观层面的扩散结果，然而这样一个扩散过程是以微观行动者作为中介形成的。从理性选择的角度来分析，宏观结构的变化约束了微观行动者的效用计算，而微观行动者的效用推动了他们的行为改变，最终形成宏观上的扩散结果。略有不同的是，本书强调微观行动者之间也会发生相互影响。

创新扩散研究本身取得了巨大的成功。这当然是因为创新对社会发展具有重要意义，也与这个领域的推动者罗杰斯本人关系密切。罗杰斯对于学术研究具有很好的品位，从他选择创新的扩散作为研究议题就可以窥见端倪。创新扩散研究很快就可以采纳传播网络分析方法。事实上，早期的传播网络分析不少来自创新扩散研究。罗杰斯就与他人合著了《传播网络》（*Communication Networks*）一书（Rogers and Kincaid，1981）。顺其自然地，创新扩散也成为传播学中较早关注门槛模型的研究领域（Valente，1993，1995，1996）。除此之外，罗杰斯的写作清晰晓畅，尤其擅长使用简单的词语和句子写作。被艰涩的文字折磨很久的读者读到他的书会立刻如沐春风。也许更重要的是，罗杰斯对于传播学具有浓厚的兴趣和认同感，这从他写作的《传播学史：一种传记式的方法》（*A History of Communication Study：A Biographical Approach*）一书中可以看到更多线索（Rogers，1997）。

四、巴斯扩散模型

自从 1969 年弗兰克·M. 巴斯（Frank M. Bass）提出巴斯扩散模型（Bass diffusion model）以来，市场营销文献当中的扩散研究数量迅速增长。受创新扩散理论的启发，巴斯扩散模型假定扩散是由两种机制推动的：创新性和模仿性（Bass，1969）。创新采纳者自发使用产品，随后跟随者会模仿早期采纳者并使用产品。因此巴斯模型中有两个参数：创新系数和模仿系数。其中，尚未采纳者的采纳可能性和已采纳者数量呈线性相关。虽然巴斯在 1969 年写作的论文中使用了"模仿"这个词来描述互动对采纳的影响，但模仿系数可以用来表达口头传播、人际传播、学习和社会传染，甚至是个体内部的影响因素（Bass，2004）。

在巴斯模型中，M 代表潜在市场。作为产品购买者的最终数量，M 是常数。将商品销售的时间按照一定的时间间隔（通常是一年）排序，使用 t 来表示。

（1）从采纳比例的角度来说，在 t 时采纳的比例可表示为 $f(t)$；在 t 时及之前采纳的比例表示为 $F(t)$。

（2）从采纳数量的角度来说，在 t 时采纳的数量可表示为 $a(t)$；在 t 时及之前已采纳的数量表示为 $A(t)$。

巴斯从风险率（hazard rate）的概念出发构建模型。风险率被定义为尚未采纳的人在 t 时刻采纳所占的比例。可以使用 $h(t)$ 表示 t 时的风险率。已知 t 时采纳的比例或概率为 $f(t)$，t 时未采用产品的比例为 $1-F(t)$。因此，根据条件概率的定义，$h(t)$ 可以表示为

$$h(t) = f(t) / (1 - F(t))$$

那些尚未采纳者采纳的可能性和已采纳者呈线性相关（Bass，1969）。考虑到巴斯模型的创新系数 p 和模仿系数 q，在 t 时采用产品的概率可以表示为

$$f = p + qF(t)$$

使用这两个方程，求解巴斯扩散模型的微分方程，得到 $F(t)$ 作为 t、p、q 函数的解析式

$$F(t) = \frac{1 - e^{-(p+q)t}}{1 + \dfrac{q}{p} e^{-(p+q)t}}$$

如果模仿系数 q 大于创新系数 p，则累积增长曲线的增长率会快速上升到峰值后下降，这是典型的 S 形扩散曲线（Bass，2004）。作为 S 形扩散曲线中的一种，巴斯扩散模型是一种特殊的伽马或偏移冈珀茨分布（gamma/shifted Gompertz distribution）。巴斯扩散模型有两个特例：①当模仿参数 q 为零时，模型简化为指数函数；②当创新参数 p 为零时，模型简化为逻辑斯谛函数（logistic function）。

巴斯扩散模型最重要的贡献在于提供了扩散研究所需的数学公式。基于这些假设，巴斯构建了潜在市场中已经被采用的部分与创新和模仿之间的数学关系。通过求解微分方程，巴斯成功地得到了累积增长函数。巴斯扩散模型的另一个重要贡献是预测每个时期的采纳者总数。在数学公式的基础上，通过拟合巴斯扩散模型来确定参数 p 和 q 的取值，可以很方便地预测未来某个时间采纳者的数量。但是，这样的预测是针对整个市场而非个别市场的。

五、传染病模型

传染病模型是研究信息扩散的另一个思想根源。第一个已知的传染病学数学模型是丹尼尔·伯努利（Daniel Bernoulli）在 1760 年提出的，当时他为了根除天花而研究了死亡率（Bernoulli，1760）。然而，直到 20 世纪初传染病学的确定性模型（deterministic model）才出现。罗斯在 1911 年建立了传染病的微分方程模型（Ross，1911）。此后，Kermack 和 McKendarick 在 1927 年发现了传染病扩散的阈值，他们认为感染的密度必须超过一个临界值才能使传染病暴发（Kermack and McKendarick，1927）。

数学模型有助于厘清传染病扩散研究的假设、变量和参数，引出重要概念（例如门槛、再生数），便于检验理论猜想并预测未来的传染病传播情况（Hethcote，2009）。虽然传染病模型是对现实的简化，有助于理解社会现实中的扩散现象，例如疾病传播、网络信息传播、新技术或行为的采纳。为了更好地理解传染病模型，接下来简要回顾一下基本的传染病模型：SI、SIR、SIS 及其在网络中的应用。

SI 模型是最简单的传染病模型。在 SI 模型中，SI 传染过程只有两个阶段：易感和感染。使用 S 来表示易感人群的比例，使用 I 表示感染人群的比例。假设初始状态下的感染人群的比例是 X_0，易感人群的比例是 S_0。β 表示传递速率（transmission rate），它表示易感人群和感染人群之间的相遇并发生传染的概率。

考虑一个没有出生、死亡或迁移的"封闭人口"，假设人群是均匀混合的（例如，易感个体在地理区域均匀分布，并且感染的概率对所有人一致），产生了 βSI 作为传染病传递项（Lewis，2011）。因此，SI 模型的微分方程可以表达为

$$\frac{dS}{dt} = -\beta SI$$

$$\frac{dI}{dt} = \beta SI$$

假设系统中的个体都是易感者或感染者，$I + S = 1$。因此，上述方程可以转化为

$$\frac{dI}{dt} = \beta I(1 - I)$$

求解这个微分方程，可以得到随时间变化的累积增长曲线

$$I[t] = \frac{x_0 e^{\beta t}}{1 - x_0 + x_0 e^{\beta t}}$$

有趣的是，这是一个以 S 形曲线为特征的逻辑斯谛增长曲线（图 2-4）[①]。图中的两条曲线显示了处于易感染和感染状态的人群比例随时间的变化曲线。图 2-4 对应的模型参数是 $\beta = 1.424\,7$，$S_0 = 1-10^{-6}$，$x_0 = 10^{-6}$。被感染人数的曲线在感染初期增长缓慢，此后经历指数增长阶段，最后随着易感者数量的减少而饱和。因此，这个模型可以用来模拟经典的创新扩散。

SI 模型假设被感染的人将一直具有传染性，这对许多疾病传播来说是不现实的。因为就多数疾病而言，免疫系统会与疾病作斗争，人们感染一定时间后就会恢复。可以使用 R 表示康复状态，使用 γ 表示移除率或康复率。通常研究者对 $1/\gamma$ 更感兴趣，因为它决定了平均感染时间。当考虑感染者的康复状态时，就可以将 SI 模型拓展为 SIR 模型。

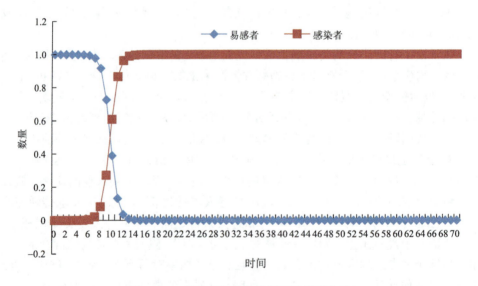

图 2-4　SI 传染病模型的逻辑斯谛增长曲线

SIR 模型的动力学过程分为两个阶段。在第一阶段，易受感染的个体会被与之接触的感染者感染。类似于 SI 模型，β 是个体间的传递速率；第二阶段，受感染个体以平均速率 γ 恢复。假定基本传染病率是恒定的，简单的 SIR 模型（没有出生、死亡或迁移）的微分方程是

---

① 传染病模型的绘图代码见本书 GitHub 代码仓库：https://github.com/chengjun/thresholdbook.

$$\frac{\mathrm{d}S}{\mathrm{d}t} = -\beta \mathrm{SI}$$

$$\frac{\mathrm{d}I}{\mathrm{d}t} = \beta \mathrm{SI} - \gamma I$$

$$\frac{\mathrm{d}R}{\mathrm{d}t} = \gamma I$$

然而，上述微分方程不存在解析解。在实践当中，研究人员可以采用数值的方法对 SIR 模型进行估计。如图 2-5 所示，三条曲线显示了随着时间的推移处于易感、感染和恢复状态的人口比例。该图所对应的模型参数是 $\beta = 1.424\,7$，$\gamma = 0.142\,86$，$I_0 = 1-10^{-6}$，$x_0 = 10^{-6}$。

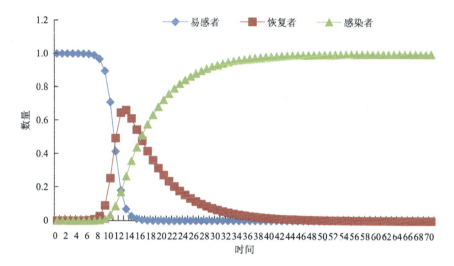

图 2-5 SIR 传染病模型

对 SI 模型的另一个扩展是允许再次感染。如果受感染的人在康复后对这些疾病没有免疫力，就可能多次被感染。最能体现这一特征的模型是 SIS 模型。它只有两种状态：易感者 S 和受感染者 I，受感染者恢复后仍然可以一定的概率再次被感染。SIS 传染病模型的微分方程是

$$\frac{\mathrm{d}S}{\mathrm{d}t} = \gamma I - \beta \mathrm{SI}$$

$$\frac{\mathrm{d}I}{\mathrm{d}t} = \beta \mathrm{SI} - \gamma I$$

考虑到 $S + I = 1$，微分方程存在解析解

$$I[t] = \left(1 - \frac{\gamma}{\beta}\right) \frac{C\mathrm{e}^{(\beta-\gamma)t}}{1 + C\mathrm{e}^{(\beta-\gamma)t}}$$

其中，C 是积分常数，$C = \dfrac{\beta x_0}{\beta - \gamma - \beta x_0}$。如图 2-6 所示，两条曲线显示了在不同时间处于易感染和感染状态的人群的比例。其中模型的参数 $\beta = 1.424\ 7$，$\gamma = 0.142\ 86$，$I_0 = 1 - 10^{-6}$，$x_0 = 10^{-6}$。

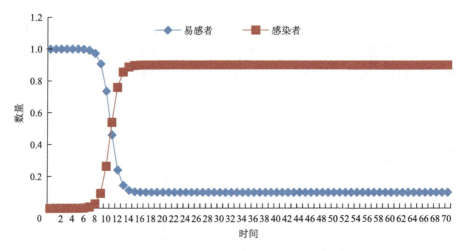

图 2-6　SIS 传染病模型

SIR 模型中存在传染病扩散的门槛现象，是传染病模型的另一个重要贡献。SIR 模型的门槛描述了是什么因素决定了传染病的扩散或失败。作为分析 SIR 模型门槛的第一步，可以将 SIR 的微分方程 $\dfrac{\mathrm{d}I}{\mathrm{d}t} = \beta \mathrm{SI} - \gamma I$ 改写为

$$\frac{\mathrm{d}I}{\mathrm{d}t} = (\beta S - \gamma)I$$

如果 $\mathrm{d}I/\mathrm{d}t$ 小于 0，感染很快就会停止；只有 $\mathrm{d}I/\mathrm{d}t$ 大于 0，传染才能继续扩散。因此，作为边界条件，$(\beta S - \gamma)$ 应大于 0。也就是说 S 应大于 γ / β，这便是门槛现象（Kermack and McKendarick，1927）。如果易感者的初始比例 $S(0)$ 小于 γ / β，感染者将无法在人群中传染。因此，γ / β 被定义为基本再生率（basic reproductive ratio）或基本再生数（basic reproductive number）R_0。R_0 衡量了一个被感染者平均能感染多少人。如果 R_0 小于 1，疾病就很难扩散出去；R_0 的数值越大，疾病的传染性就越强。

总结一下，一个平均传染时间为 $1/\gamma$ 和传递速率为 β 的传染病，其基本再生率 R_0 由 γ / β 决定。在一个封闭的群体当中，对于基本再生率为 R_0 的感染病来说，只有当易感者所占的比例大于 $1/\gamma$ 的时候，传染病才可以传播开来（Keeling and Rohani，2011）。

上一节主要关注传染病的确定性模型。尽管确定性模型有许多优点，但也有不少局限。例如，确定性模型很难将现实的社会网络包括在内，很难与感染时间的实际概率分布结合起来，很难评估传染病暴发的可能性。因此，研究者开始尝试使用随机传染病模拟（如随机微分方程、马尔可夫链蒙特卡罗和多主体建模）等方法来弥补这一缺陷。

网络传染病模型（network epidemic model）也被用来研究广泛存在、快速传播的现象，例如计算机病毒的暴发。网络传染病通常情况下是由相邻节点通过一个或多个连接触发的。网络传染病模型考虑了网络的拓扑结构以及感染率、死亡率和状态转换。这一系列的研究与以下问题相关：在什么条件下，最初的暴发会蔓延到一个大的群体？最终被感染的人口比例是多少？免疫策略的效果如何？

Pastor-Satorras 等使用 SIS 模型和平均场方法研究复杂网络中传染病的传播（Pastor-Satorras and Vespignani，2001）。他们的研究结果表明在指数网络（例如随机网络、小世界网络）中普遍存在一个传染门槛。低于这个门槛，传染病不会传染；然而在各种无标度网络中传染门槛消失了，这意味着无标度网络很容易出现全局扩散。现实世界当中的各种网络，度分布往往非常不均匀，具有典型的长尾现象。万维网、电力网、演员共现网络等各种形式的网络可以被认为是无标度网络（Barabási and Albert，1999）。因此，网络科学家倾向于认为网络信息可以扩散到一个相当大比例的人群中去。换言之，全局扩散将会在互联网中普遍存在。类似的研究发现增强了人们对全局扩散的信心。

六、门槛模型

门槛模型使得传统的扩散研究转向扩散网络，为扩散研究提供了重要的理论资源。门槛已被用来研究集体行为的人际作用，例如，居住隔离（Granovetter and Soong，1988；Schelling，1971）、沉默的螺旋（Glynn and Park，1997；Granovetter and Soong，1988；Krassa，1988）、消费者需求（Granovetter and Soong，1986）和创新扩散（Valente，1996）。

可以通过一个集体行为的例子来解释格兰诺维特所提出的门槛模型。假设一个社会系统由 10 个人组成，它们各自的门槛分别为 0、1、1、4、4、4、5、7、8和 9。门槛是 0 的人在不被他人影响的情况下就主动参与集体行为，成了第一个行动者。第一个行动者之后，第二个和第三个门槛为 1 的人跟着第一个人自发地参与活动。此时，共有三人参与集体行为。考虑到其他人的门槛最小值是 4，因而没有人会继续参与这项活动，因而，社会系统在 3 人被"感染"后，扩散停止。

门槛的重要性在于它决定了扩散曲线的形状。社会系统中不同个体的门槛不同。创新者通常有很低的门槛，这使得他们在开始时就参与了扩散。强烈反对创新的人通常有很高的门槛，只有当很多人都参与扩散后他们才有可能参与。门槛的分布将会影响信息在社会系统当中的扩散。如果门槛是正态分布的，则累积扩散曲线应该是 S 形的。如果门槛的分布曲线左右不对称，就是偏态分布。当均值大于众数的时候称为正偏态（右偏分布），此时该系统的平均门槛比较小，扩散会较早开始，扩散规模会相对较大；当均值小于众数的时候称为负偏态（左偏分布），此时该系统的平均门槛比较大，扩散较晚开始，扩散规模也会相对较小。

　　门槛模型假定个体行为取决于已经参与该行为的人所占的比例（Granovetter，1978；Granovetter and Soong，1983，1986，1988）。个人门槛是指个人做出决定前，已经参与该行为的人所占的比例。门槛数值在 0 和 1 的范围内。门槛较低的人往往比那些门槛较高的人更早地参与。门槛可以用来捕捉人际作用的影响。基于成本效用最大化的假设，门槛涉及个体行为与其他行为相适应的程度。Coleman 等（1966）对新药物在医生之间的扩散进行了研究。Valente 采用门槛模型重新分析 Coleman 等收集的药物扩散数据（Valente，1993，1995）。每个医生对医疗创新的抗拒构成了个体的门槛。随着采纳者数量的增加，个体的门槛逐渐被人际作用所克服。根据人类行为门槛模型的效用—成本假设，当驱动力大于等于行为成本或阻力时，个体开始采取行动。基于门槛与创新采纳之间的关系，创新扩散的学者总结认为，如果人际网络中有更多的其他个体已采用创新，那么该个体采用创新的可能性会随之增大（Rogers and Kincaid，1981；Valente，1995）。

　　门槛有一种极端情况——"零门槛"（Valente，1995）。顾名思义，零门槛的取值为零，门槛为零的人在不受他人影响的情况下参与集体行为。这种现象在群体把关的社交新闻网站当中较为普遍。零门槛意味着除了人际作用外，还有其他重要的影响。因此，可以使用零门槛来捕捉扩散过程中的非人际作用。根据零门槛，可以计算有多少人未受人际网络影响。根据扩散的连续性，可以将扩散分为连锁反应式扩散（滚雪球式）和非连锁反应式扩散。连锁反应式扩散的发生是因为推动扩散的机制比较单一，主要是人际作用，同时也需要网络具有较好的连通性。个体的网络互联性与个体的创新能力具有正相关关系。除了人际作用外，外部影响在扩散过程中也发挥着重要作用，往往会产生非连锁反应式扩散。例如，Burt（1987）认为结构对等性（如两个人在网络结构中占据相同的位置）而非社会影响决定了对创新的采纳。外部影响（如媒体影响）和人际作用结合在一起可以更好地解释新药的采纳（Valente，1995）。

　　门槛与临界质量（critical mass）存在明确的区别。门槛是指个人的临界点，临界质量是社会系统、群体和子群体的临界点。临界质量是指社会系统中有足够多的个体采用创新，从而使创新的扩散具有可持续性。门槛模型和临界质量理论的联系在于二者都假设个体之间存在相互依赖（interdependence），即一个人的行为既会影响他人的行为，也会受到他人行为的影响。人们的某些行为不仅会带来利益，也可能存在风险。人类行为的结果具有不确定性。依赖他人的选择做出个人决定，可以减少这种不确定性（Valente，1995）。当早期扩散者的行为对后期扩散者产生影响时，就会产生基于时间顺序的相互依赖（sequential interdependence）。以电话、互联网和智能手机的普及为例，后期采纳者的加入可以给早期采纳者带来利益，并产生互惠的相互依赖（reciprocal interdependence）。互惠的相互依赖有助于促进现有采纳者的持续使用，因为新使用者的加入将会使得现有采纳者联系到更多的人（Markus，1987）。现在看来这种互惠的相互依赖并非没有弊端。以微信为例，更多的联系人不仅会进一步挤压个体的私人时间，而且也会不停打断核心工作并产生恶性循环，破坏生活和工作的平衡。

测量门槛的方法主要有两种（Granovetter，1978；Granovetter and Soong，1983，1986，1988）。第一种方法是观察一个人的行为如何随着另一个人而改变（Granovetter and Soong，1988）。Valente（1996）使用这种方法研究了创新的扩散。第二种方法是直接询问受访者。Noelle-Neumann（1974，1993）用这种方法来测量公众的表达意愿。这两种方法各有利弊。第一种方法是基于行为数据的观察方法，在传统的研究当中无法大规模进行，往往基于小规模的社会网络数据进行分析；第二种方法是提问的方法，这种方法的问题在于可靠性不足，不仅因为它的有效性无法检验，更重要的是受访者往往会忘记或记错很多事情。在这项研究中，本书采用第一种方法，结合自我中心网络的信息来计算信息扩散中的门槛。数字媒介作为一直在线的信息系统，详尽地记录了所有用户的行为历史，使得大规模追踪并分析个体的网络门槛成为可能（Salganik，2019）。

七、对扩散理论和扩散模型的总结

综上，本章简要回顾了过去 60 多年中出现的主要扩散理论和模型。此外，本书试图总结和阐述信息扩散的核心概念，寻找信息扩散研究新的出发点。表 2-1 和表 2-2 简要地比较了这些主要的扩散理论和模型。

表 2-1　扩散理论的比较

扩散理论	学科	驱动力	模式/功能	启示与意义	局限性
两级传播理论	传播学	人际作用 vs. 媒介作用	两级传播理论	网络扩散	过度简化、线性、以信息源头为主导
新闻扩散理论	传播学	人际作用 vs. 媒介作用	J 形曲线	内容的重要性	缺乏完善研究设计、分析案例有限
创新扩散理论	传播学	个体属性、制度特征、创新特征和扩散过程	S 形曲线	创新者的类别	线性、以信息源头为主导、低估了媒介的力量

表 2-2 扩散模型的比较

扩散模型	学科	驱动力	模式/功能	启示与意义	限制性
巴斯扩散模型	市场营销学	创新 vs. 模仿	巴斯扩散微分方程	数学建模	对市场规模有准确的认识、由最初的假设驱动
传染病模型	传染病学	身体接触	SI/SIS/SIR 微分方程	数学建模	门槛难以被测量
门槛模型	社会学	人际作用	效用—成本假设的微分方程	数学建模、门槛	门槛难以被测量

首先，本章介绍的三大扩散理论（两级传播理论、新闻扩散理论、创新扩散理论）都来自传播学研究。两级传播理论是媒介作用研究的一个重要发现，它打开了有限媒介作用的大门，将人际作用纳入信息扩散研究的视野之中。自此以后，区分和比较人际作用和媒介作用成为新闻扩散研究的重点。相对而言，创新扩散研究的发展较为系统，试图揭示个人属性、制度特征、创新特征如何影响扩散过程。就理论的主要特征而言，两级传播理论强调了意见领袖的把关作用；新闻扩散理论依赖于新闻本身的属性，尤其是新闻的重要性和相关性；创新扩散理论则以 S 形扩散曲线为主要特点。因此，两级传播理论最直接的启示与意义在于扩散网络的重要性；新闻扩散理论强调信息内容的显著性；创新扩散理论则强调了随时间展开的不同类型的采纳者：创新者、早期采纳者、早期多数群体、后期多数群体、滞后者。当然，这些理论也有其局限性。两级传播理论的主要局限性在于过度简化、线性和以信息源头为主导；新闻扩散理论往往研究的是突发的新闻事件，缺乏完善的研究设计，所分析的新闻扩散案例有限；创新扩散理论的主要局限性除了过于线性和以信息源头为主导之外，还低估了媒介的力量（Baran and Davis，2011）。

除了三大理论之外，本章还对三种扩散模型（巴斯扩散模型、传染病模型和门槛模型）进行了介绍。它们分别来自市场营销学、传染病学和社会学。就驱动力而言，巴斯扩散模型采用微分方程基于创新和模仿两种驱动扩散的机制建立模型；传染病模型的研究主要聚焦于与被感染者的接触和种群影响因素（如出生、死亡），其中与被感染者的接触体现了人际影响；门槛模型也注重人际作用，但是如果门槛为零的话，就表明存在外部影响因素。这三种模型都是基于微分方程模型建立起来的，显示了数学在人类动力学建模中的作用。此外，门槛模型将视角转移到决策中的效用和成本，为实证研究和量化人际作用打开了一扇新的大门。然而，也有必要牢记数学建模方法的局限性。例如，巴斯扩散模型假定市场的规模固定并由初始假设来驱动；传染病模型的研究主要集中在社会和身体接触，忽略其他外生冲击的影响（例如媒体的影响）。在实际应用当中，很难对门槛模型进行实证测量。另外，对门槛的测量常常混淆人际作用和其他影响因素，比如同质性。

第二节　信息扩散：研究议程

信息共享网站的出现展现了网络信息扩散的新特点。理解信息扩散的新特点有助于提出研究问题，并为研究议程添加新的内容。这一节将说明网络信息扩散的一些重要特点。这一研究议程会进一步指导笔者从经典的扩散理论和扩散模型出发，构建理解网络信息扩散的概念框架（见第三章）。

一、从线下到线上

网络社会的兴起更加强调网络信息扩散的意义（Castellano et al.，2009；Castells，2007；Lerman and Ghosh，2010；Shumate，2010）。社交网络服务、信息聚合器、搜索引擎、系统推荐等信息传播技术在信息共享网站中发挥着重要的作用。作为一种社会媒体，信息共享网站凸显了信息扩散向参与性过程的转变，用户自发的行为成为推动信息扩散的关键力量。

在许多关键方面，网络信息扩散推动甚至变革了经典的信息扩散研究。学者们过去主要研究重要的突发新闻事件，无法捕捉小的新闻事件的扩散，这在很大程度上限制了研究设计（Miller，1945）。采用调查或访谈方式所收集到的用户自我报告的数据，因为数据收集时间滞后于新闻事件发生的时间，用户往往已经忘记了获知新闻的具体渠道；而且经典的新闻扩散研究往往是个案研究或小样本的调查，无论是案例数量还是调查的样本量都非常有限。互联网上的信息扩散每时每刻都在发生，因而，可以随时从互联网获取用户分享信息的行为痕迹数据，解决时间滞后所带来的遗忘问题。互联网信息扩散数据所包含的用户数量更多，时间颗粒度更细。此外，基于数字媒介收集的用户行为数据往往具有明确的时间戳和互动关系，不仅可以通过追踪扩散过程构建随时间变化的扩散网络，还可以获得参与者的社会网络，并据此推断参与者的网络门槛。

虽然信息扩散研究已经历了几十年的发展，但仍不足以完全解释网络信息扩散的机制，尤其是社交媒体平台以及主动分享信息的个体在信息扩散的作用。例如，关于网络信息扩散的文献多把信息扩散视为一个传染过程（例如社会传染）（Bakshy et al.，2009），并采用传染病模型（如 SIR 模型）来进行分析（Anderson and May，1992）。但是，信息和病毒是不一样的，不能照搬传染病模型。另外，多数的网络信息扩散研究只是泛泛地强调了基于社会网络的人际作用（Lerman and Ghosh，2010；Shao et al.，2009）。比如，研究者分析了在推特上谁对谁说了什么，发现两级传播理论依然适用于推特上的信息扩散（Wu et al.，2011），信息先从大众媒体流向意见领袖，然后再从意见领袖流向大众（Kadushin，2006；Lazarsfeld et al.，1944）。但是，已有的研究并未充分研究人际作用如何影响信息扩散的规模。

二、从接触到分享

信息分享是新闻扩散的一个必要组成部分。正因为存在信息分享，信息才能扩散到更广泛的受众。信息共享网站的使用者通过决定是否分享信息来对信息进行协同过滤。离开了信息分享，信息将会被锁定在信息传播者的个人网络内部，无法扩散出去。在信息扩散过程中，至少存在两种类型的参与者：信息知情者（知道信息的人）和信息扩散者（分享信息的人）。这样的分类与先前的研究是一致的。例如，在新闻扩散研究中，Larsen 和 Hill（1954）就区分了新闻知情者和新闻扩散者。与之相对应，有两种方法来衡量信息扩散程度：信息知情者的数量和信息扩散者的数量。

信息分享有助于推动网络公民新闻的发展。网络公民新闻指的是一系列基于网络的新闻实践，包括博客、照片分享和视频分享、发布目击者对新闻现场的描述。然而，公民新闻的定义仍然存在争议（Lasica，2003）。公民新闻的参与者不一定非要扮演内容创造者的角色。转载、链接、标记、评价、修改或评论由其他用户或新闻媒体发布的新闻报道，也应被看作是一种公民新闻（Goode，2009）。不管是新闻生产和新闻分享，都是参与公民新闻的重要方式（Bowman and Willis，2003）。

三、从个人到网络

在理论层面，线性传播模式在传播学研究中的局限性日益明显。早期的传播模型往往都是线性的，例如，Lasswell（1948）的 5W 模型、香农和韦弗模型（Shannon and Weaver，1949）。这些模型忽视了社会互动，尤其是从受众到大众媒体的反馈、受众之间的互动（Rogers and Kincaid，1981）。然而，人类的传播行为是一个动态的、周期性的过程。传播行为的参与者之间相互依赖、互为因果（Kincaid，1979；Rogers and Kincaid，1981）。

在方法层面，传播网络分析方法可以更好地捕捉人类传播过程中的互动关系。传播网络分析是研究社会系统中人类传播现象的一种网络分析方法。信息扩散发生在传播网络中。传播网络由相互连接的个体组成，这些个体之间通过信息流动的形式连接起来。研究者可以对网络信息流数据进行分析（Rogers，2003）。对于社交网站上的信息扩散，研究者应该抓住信息扩散网络的结构特点（包括宏观的网络结构、中观的网络社区结构、微观的网络连边和节点属性）。一方面，网络科学的发展为传播网络分析提供了新的视角和思路，另一方面，从社会网络当中发展出来的统计模型（如指数随机图模型）也越来越完善。研究方法的创新开始推动理论的创新，例如，在议程设置研究领域，社会网络分析方法与议程设置理论的结合催生了网络议程设置理论（Guo，2012；Guo and McCombs，2016）。

四、从信息到注意力

首先，社会网络中的信息扩散同时也是一个公众注意力分配的过程。从这个角度看，信息扩散可以被描述为公众注意力选择性地跨越信息流的结果。注意力流动是信息扩散的前提。因此，对信息扩散的研究可以从公众注意力研究中获益。公众注意力的流动可以通过点击流网络（clickstream network）来描述。点击流网络显示了公众注意力是如何通过信息节点流动的。一个例子是新闻报道的点击流网络，节点表示新闻报道，连接表示新闻故事节点之间的公众注意力流动（Wang et al.，2016）。[①]节点的大小表示新闻报道的受欢迎程度。点击流网络的线性构架表明公众注意力沿着时间的方向流动。点击流网络是一种特殊的注意力流动网络。其他形式的注意力流动网络还包括转发流网络、评论流网络、点赞流网络。从更广义的角度来看，它们都属于流网络分析的范畴。

其次，在注意力经济方面，信息扩散学者应将目光从信息转向注意力，并更多关注公众注意力的流动。如今，人们生活在一个信息过载的时代，而人们的注意力却很有限。注意力研究有助于对信息扩散的理解，尤其是在注意力经济时代。从经济学的角度来看，研究的中心源于稀缺资源的假设。虽然人们已经熟悉了"信息经济"的说法，但如今信息并不短缺。相反，人的注意力是供不应求的商品（Goldhaber，1997）。对此，学者有更细致的阐述。例如，Davenport 和 Beck（2001）认为在后工业社会当中，注意力已经成为比银行存款更有价值的货币。这样的一个研究脉络被称为"注意力经济学"。

基于这一理论，主导数字媒介市场的是公众的注意力，而不是呈指数增长的信息（Webster，2011）。如果是这样的话，研究公众注意力如何塑造信息扩散的规模将具有重要的理论意义。例如，由于信息供应增加和公众注意力的有限性，不同信息之间的竞争更加激烈。基于以上论证，从信息到注意力的路径转变将成为信息扩散研究的重要特征。

---

① 使用 Digg 数据构建流网络的代码见本书 GitHub 代码仓库：https://github.com/chengjun/thresholdbook.

五、从内容到叙事

与注意力经济学类似，另外一个思考扩散现象的脉络是"叙事经济学"。诺贝尔经济学奖获得者罗伯特·希勒（Robert Shiller）出版了一本书——《叙事经济学》（*Narrative Economics*）。希勒沿袭了自己关于大萧条的元叙事，进一步指出非理性因素对于人类经济行为的重要性。他认为叙事传播的概念从来没有被纳入经济学模型，但这种传播才正是叙事经济学的核心。他所关注的叙事经济学是其他人对重大经济事件的讲述，尤其关注具有病毒传播特性的流行叙事。他认为历史可以看作是一连串的重大事件，在每一个事件当中都有一个像病毒一般传播的故事。在《叙事经济学》一书当中，他采用谷歌图书数据来展现重要的经济叙事。希勒采用了一种类似于内容分析的方法进行分析并提取叙事的框架，这是一种典型的框架分析。例如，他将比特币叙事分解为无政府主义的叙事、神秘叙事、经济赋权叙事、参与未来叙事、国际文化叙事五个方面（Shiller，2020）。

每个人的内心深处都有自己的"万神殿"。人类关于叙事的研究最初主要围绕神话展开，其中一个重要的里程碑是Campbell在1949年所著《千面英雄》（*The Hero with a Thousand Faces*）一书。Campbell认为神话是关于英雄的叙事，记录了英雄的旅程。神话将世界区分为人们所熟悉的平凡世界和未知的非凡世界。英雄最初生活在平凡世界当中。神话的叙事结构可以分为三个阶段：启程、启蒙和返回。第一个阶段是启程，故事开始于对英雄的使命召唤，因为旅程的艰险，英雄可能会找借口拒绝召唤，但最终，英雄会踏上冒险的旅程。接受命运召唤的英雄将会得到超自然的帮助，并跨越已知世界和未知世界之间的门槛。在跨越门槛的时候，英雄可能会遭遇门槛的守卫者。第二个阶段是启蒙，英雄会踏上试炼之路，遭遇挑战和诱惑，并可能遇到盟友和敌人。英雄会抵达冒险旅程中最危险的地方，并经历严酷的折磨（甚至需要经历死亡和重生）。英雄在克服障碍并战胜敌人之时会得到启示、发生转变并实现自我救赎，然后往往会得到奖赏。第三个阶段是返回，英雄会带着奖赏再次跨越两个世界之间的门槛，回归平凡世界。英雄会使用得到的奖赏拯救同胞，并因为英雄之旅而获得智慧和力量。

叙事是有形状的。叙事结构与叙事功能存在一个匹配的关系。叙事功能决定了叙事的形式和命运。Vonnegut（2005）认为故事随着时间展开并有着固定的形状，因而可以使用一个坐标轴来展示：横轴表示故事中的时间，纵轴表示主人公的命运。例如，人们喜欢听的一种故事型可以被概括为"陷入困境的人"（the man in a hole）：故事开始的时候，主角过着平凡的生活；然后，主角遭遇不幸，滑入厄运的深渊；最终，主角战胜困境，走出深渊并因此而更加快乐。显然，英雄之路的故事形状更加复杂。"陷入困境的人"只是英雄之路的一个片段。除此之外，

Vonnegut 还分析了灰姑娘、卡夫卡、哈姆雷特的故事形状。

在分析信息扩散的时候，需要明确：新闻等信息可能是某种叙事的片段，而叙事对应着社会结构蕴含的问题。在信息扩散和注意力流动背后是叙事对于社会意义的争夺过程。如果信息扩散中嵌入的叙事触及重要的公共议题、社会心态和社会焦虑，就具有更大的扩散潜力。例如，叙事当中包含道德判断。只有那些与时代精神、问题、规范、价值观一致的叙事才能扩散出去。

第三节　理论是一棵树

综上，本章简要回顾了一些扩散研究的中层理论，并提出了本书的研究议程。在此基础上，勾连新的概念、在概念之间搭建新的逻辑线索有助于在下一章搭建本书的理论框架。在此之前，还有一个重要的话题需要讨论，即如何认识现有的理论。

理论是逻辑的组合。存在三个关于理论的比喻（Griffin，2009）。首先，理论是一个渔网，可以帮助人们看清楚概念与概念之间的逻辑关系，进而帮助研究者"打捞"现实中的新问题、新现象。其次，理论是一个透镜，可以帮助人们超越个人的能力，看到遥远的地方或者微小的细节。最后，理论是一张地图，可以让人们知道现在站在哪里、前进的方向以及要同什么理论或学派对话。

就单个研究而言，可以将理论建构的过程看作一个沙漏。既然是沙漏，自然存在一个既定的时间箭头：按照文字流动的顺序可以将一篇论文按照"学术八股文"的写法分为引言、理论框架、研究方法、研究发现、结论与讨论五个部分。从理论建构的角度来看，在社会科学当中最为流行的传统是开展理论驱动的实证研究。首先，引言需要找到一个研究困惑，采用已有的理论没有办法直接解决，因而需要发展既有的理论或者提出新的理论来回答这一困惑；其次，理论框架部分需要围绕研究困惑综述既有的文献，厘清已有的理论脉络的逻辑，提出操作化的假设或者研究问题，搭建自己的理论框架；再次，在研究方法部分介绍使用的数据、概念的测量以及分析方法；接下来，在结果部分检验操作化的假设、回答操作化的研究问题；最后，在结论与讨论部分回到理论的高度，与已有的理论和研究对话，总结文章的贡献和不足。一开始，研究是从一个很宽广的困惑切入的；然后，进入理论框架后，研究开始变得狭小；进入到研究方法的时候，整个研究来到沙漏中间最为狭窄的部分；介绍研究发现的时候，研究视野重新变得开阔；到了结论与讨论部分的时候，研究再次回到整个理论版图，研究的视野重新变得非常广阔。有趣的是，整个沙漏是可以翻转过来流动的。实际的论文写作过程往往并不严格按照沙漏流动的顺序展开。比如，很多时候，人们会先写容易写的部分（比如研究方法、研究发现），然后回到文献综述部分构建理论框架，最后写引言。但是，最终整个研究的逻辑线索是一以贯之的。

笔者认为理论是一棵树。理论之树根植于现实生活深厚的土壤当中；理论之树的根系代表了构建理论的核心逻辑脉络或传统；对于一棵树而言，最关键的部分当然是自己的树干，它代表了理论的核心框架，将理论脉络与论据、论证、核心观点等部分联系起来；树枝代表了理论的操作化假设，它从理论之树的躯干上延伸出来，连接着树叶和果实；树叶代表了论证，它们通过光合作用为理论假设提供了充足的资源；阳光和空气是论据，它们可以支撑作为论证的树叶；最后，一个理论之树应该结出丰硕的果实，也就是对于社会现实的理论解释。

这种理解的精彩之处在于唤醒沉醉于理论迷雾中的人。因为不是所有的理论都是参天大树，还有很多是灌木、藤蔓，甚至是小草。作为一棵树，自然存在一个生长的生命周期。必然可能会面临走向死亡和被替代的结果。然而，仰赖大树生存的人可能并不甘心看到这一结果（Ajzen，2015；Sniehotta et al.，2014）。

将理论看作一棵树并不仅仅是一个比喻。如果去看论文之间的引用网络，就会发现树状的结构。例如，Wu 等（2019）在研究团队规模与颠覆性创新之间的关系时，主要依据引文网络的结构来识别论文的颠覆性创新程度。如果一篇论文可以遮蔽前人的光芒，也就是说后来的文章都引用它而不是更早的文章，那么这篇文章就具有更强的颠覆性创新的能力，就像是日食一样；如果一篇文章无法遮蔽前人的光芒，那么这篇文章就主要是发展型研究。在此基础上，可以将引用网络可视化为一棵树。之前的研究构成树的根系；颠覆性创新的论文可以生长出树的主干；后来的论文构成树的枝叶。如果后来的论文跳过某论文直接去引用更早的论文，那么树的根系就会异常茂盛，而树干就会相对弱小。一个典型的案例是Watson 和 Crick 1953 年在《自然》（Nature）杂志上发表的关于 DNA 双螺旋结构的论文（Watson and Crick，1953）。2019 年，《自然》网站制作了一个可视化页面，名为"科学的一个网络：《自然》杂志一百五十年的论文"（A network of science：150 years of Nature papers），将 150 年的《自然》杂志论文的共引网络可视化出来（Baker，2019）。网络的节点是《自然》杂志论文，如果两篇文章被同一篇论文所引用，就在它们之间建立一条连接。对于其中部分重要论文，还将其引用树网络可视化。从 Watson 与 Crick 这篇文章的引用树网络，可以清晰地看到从 DNA 双螺旋结构研究延伸出一棵苗壮的大树。

沿着这一思路略作延伸，社会科学研究已经陷入理论的丛林。在社会科学当中不同视角的理论脉络如此之多，往往如热带雨林里的树木一般遮天蔽日，让身处其中的人看不到理性的阳光。有一个笑话说社会科学的理论比活着的社会科学研究者的数量还多。在管理学当中，Koontz（1961）就指出管理理论陷入理论流派盘根错节的丛林，各种理论众说纷纭，莫衷一是。虽然每个学科的情况不一样，但恐怕都或多或少地遭遇了理论丛林的困境。在某种程度上，传播学所面临的这方面的问题相对较少（其实已经有很多）。很多人坚持认为传播学自身的理论数量还比较有限，所以还处于追求理论建构的阶段。但传播学普遍地使用社会学、心理学、政治学等其他学科的理论，因而也不可避免地遭遇了这一社会科学发展所带来的意料之外的后果。

言归正传，对于扩散研究，计算社会科学的领军人物瓦茨曾专门指出不同理论的假设不一致，甚至存在明显的矛盾（Watts，2011）。比如，经济学家 Bikhchandani 等所提出的社会学习模型（social-learning model）与社会学家格兰诺维特所提出的门槛模型都对社会系统中的扩散现象进行了很好的解释（Bikhchandani et al.，1992；Granovetter，1978），然而二者之间关于个体观察其他人行为的顺序的假设却存在天壤之别。门槛模型认为这种顺序非常重要，直接决定了扩散的结果；而社会学习理论则认为顺序无关宏旨（Watts and Dodds，2009）。

正如本章所展示的，不同理论脉络的扩散理论已经共存了几十年时间，它们之间的矛盾却并未被解决，甚至没有被注意到。Watts（2017）认为更多的数据也不是解决问题的答案。更重要的一个问题是社会科学研究者远比人们想的要更加依赖常识（common sense）。社会科学研究者似乎更加在意一个理论是否讲了一个好故事，而不是理论本身的实际效果。Watts（2014，2017）主张社会科学研究者必须要在好故事和好理论之间进行抉择。社会科学应当以解决问题为核心，要更加重视采用已有的理论和模型进行预测，而非一味执着于发展理论。

第三章　信息扩散：概念框架

"我们将模式看作是用图像形式对某一事项或实体进行的一种有意简化的描述。一个模式试图表明任何结构或过程的主要组成部分以及这些部分之间的相互关系。"

丹尼斯·麦奎尔，斯文·温德尔（1990）

信息扩散是一个由多种因素驱动的动态信息传播过程。迅速演化的信息通信技术使得社交媒体上的信息扩散机制日趋复杂。各种新的技术元素开始在信息扩散中扮演重要的角色。仅仅采用第二章所梳理的中层理论并不能很好地把握新的扩散机制。有必要更加全面地梳理信息共享网站的特点，并将其纳入更加宽泛的概念框架中理解。

为了更全面地认识互联网信息扩散，本章将采用图形化的传播模式来组织不同的理论要素（如观点、理论、模型、动力、基本原理、新技术）并建立一个通用的概念框架。图形化的传播模式是一种有意识的对现实的简化表达（McQuail and Windahl，1993）。它具有以下优势：①根据逻辑关系将不同的概念元素组织起来并描述社会过程的全貌；②以启发式的方式解释社会过程；③使追踪事件的过程（甚至预测事件结果）成为可能。本章将会首先总结有关信息流的相关传播模型，然后，讨论信息共享网站的特点，最后，基于信息流的经典传播模型和信息共享网站的技术特点，建立数字媒介时代的信息扩散的传播模型。

第一节　理论框架

一、信息流的传播模型

作为一个信息流动的过程，信息扩散可以通过多种图形化的传播模型来理解。例如，拉斯韦尔 5W 模型（Lasswell，1948）表明传播涉及五个要素：谁？说了什么？通过什么渠道？对谁说？产生什么效果？（图 3-1）拉斯韦尔 5W 模型定义了五种类型的传播研究：信息源研究、内容研究、媒介渠道研究、受众研究、效果研究。由于拉斯韦尔 5W 模型过于简单，受到了广泛的批评（Braddock，1958）。然而，人们不应忽视这一事实，即它是传播研究的一个强有力的模型。例如，研究者遵循这一思路去研究谁在推特上说什么，结果表明推特上用户的注意力惊人地集中（Wu et al.，2011）。

图 3-1 拉斯韦尔 5W 模型（Lasswell，1948）

与拉斯韦尔建立的传播模型类似，Shannon 和 Weaver（1949）提出了一个类似的线性模型。在这个数学模型中，"信源"是信息的发布者，负责生产与传递消息。编码器将消息转换成信号并发送给接收器。同时，噪音将由噪音源产生。由于噪音与信号混合，接收器接收到的信号往往带有部分的噪音。最后，接收器将信号转换成消息，并将其发送到目的地。

这些信息流的线性模型存在一个主要问题，即没能够展现传播的动态过程。在拉斯韦尔 5W 模型和香农（Shannon）等的模型中，传播被描述为一个无反馈的线性过程。因此，需要发展新的传播模型来解决这一问题。为此，Schramm 和 Osgood（1954）提出了一个循环模型。然而，这个循环模型也有明显的弱点：假定双方在执行相同的功能（例如编码、解码和解释）时是平等的。但考虑到能力、资源、权力和时间分配的不平等等因素，传播中的平等并不符合现实。

社会心理学家 Heider（1946）意识到忽略个体之间的互动以及个体与信息间的关系将会带来严重的问题，据此提出了平衡理论，将认知一致性动机概念化为心理平衡的驱动力。Newcomb（1953）基于平衡理论提出了 ABX 模型，同样试图捕捉传播过程中的互动关系，表征了两个体之间的动态传播关系（McQuail and Windahl，1993）。在 Newcomb 的 ABX 模型中，传播在帮助个人保持和外部对象（如第三个人或信息）的同步中起着关键作用。如果认知主体同时持有两种或更多的不一致信息和选择，就会造成心理失调。认知失调会给个体带来痛苦，因而人们会改变相关的观念或行为，以减少或避免这种痛苦。基于这一逻辑，Festinger（1957）提出了认知失调理论。认知失调理论拓展了 ABX 模型。A 和 B 两人之间存在互动关系，并且他们会分别接触 X。A 和 B 对于 X 的不一致认知可能会刺激

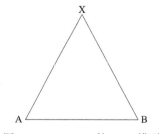

图 3-2 Newcomb 的 ABX 模型

他们之间的沟通和交流，从而恢复 A 和 B 之间的平衡关系（图 3-2）。

ABX 模型同样存在一些弱点。首先，ABX 模型侧重于传播行为，但传播只是解决信息冲突带来的不确定性与不适的一种方式。例如，在推特上，如果你不

喜欢某个人的推特，你可以选择取消关注而不需要付出额外沟通的努力。其次，ABX 模型主要关注微观层面上社交网络内部的人际互动，对宏观层面的外生冲击没有充分讨论。Westley 和 MacLean（1957）保留了人际传播的互动性，对 Newcomb ABX 模型进行了改进，以提供对更为复杂的大众传播过程的表征。他们将 Newcomb 的 ABX 模型在三个方面做了延伸，具体如下。

将大众媒体 C 添加至 ABX 模型（图 3-3）。将 X 拓展为 X_1 到 X_n，用来表示社会系统中的任意社会事件或对象，如关于美国大选的新闻；A 代表的是宣传角色，通常是作为信息源的传播者，包括明星、组织等；B 表示行为角色，是传播的信息接收者，例如受众或者说公众，他们有选择地搜寻信息以解决其信息需求和认知失调的问题；C 是渠道角色，即传播渠道。信息将从 A 经过 C 流到 B。在 Westley 和 MacLean 模型中，宣传角色 A 选择的信息被编码为 X′；同样，C 接收到的信息 X′ 被解码、解释、编码，并发送给 B，B 将信息从原来的形式和内容转成 X″。

将反馈添加到 ABX 模型。如图 3-3 所示 fBA 是受众 B 对原始信息源的反馈，例如 fBA 可以表示公众为一个政治候选人；fBC 是公众 B 对大众媒体 C 的反馈，反馈渠道可以是受众调查或读者来信等多种形式；fCA 是大众媒体对信息源的反馈。此外，大众媒体 C 可以直接从信息源获取信息，而不需要借助宣传角色 A。

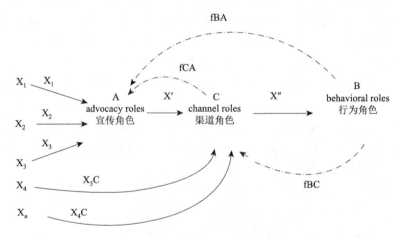

图 3-3　Westley 和 MacLean 模型（Westley and MacLean，1957）

传播者并不是孤立于社会系统之外的，他们总是受到政治、社会、文化和商业力量的影响。为了保持模型的简约，这些因素并未被纳入 Westley 和 MacLean 模型当中。作为一个简约的模型，它仅纳入那些在任何大众传播中必须有的、最少数量的角色和过程。它可能会因此而被误解，但对人们理解复杂的社会现象是有用的。Westley 和 MacLean 模型并不是一个全面而成熟的大众传播理论，但它为建立理论体系提供了初步的方向（Westley and MacLean，1957）。

　　J形新闻扩散模型同样为构建一般化的信息扩散模型提供了养分（Greenberg，1964b）。图3-4展示了J形曲线模型的两种表现形式。如图3-4a所示，J形曲线模型根据新闻知晓度把新闻事件分为A、B、C、D、E五类（Greenberg，1964b），强调了新闻事件的重要性（Gantz and Bradley，2005）。其他学者建议根据事件的显著性将新闻事件分为三种类型，如图3-4b所示，A是类型I，B、C和D是类型Ⅱ，E是类型Ⅲ（McQuail and Windahl，1993）。

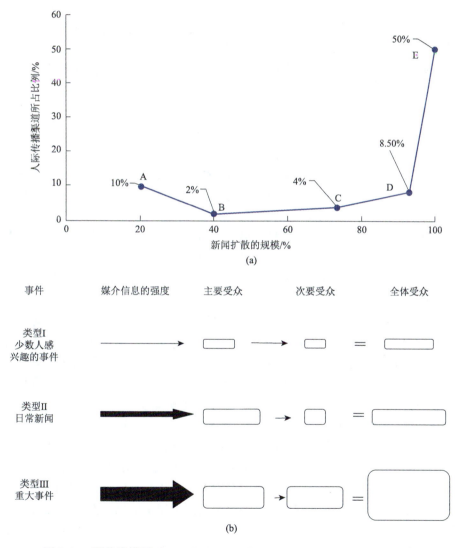

图3-4　J形曲线模型（Greenberg，1964b；McQuail and Windahl，1993）

类型Ⅰ是少数人感兴趣的事件。这类事件仅与少数群体的兴趣或利益相关，因而对与之相关的参考群体来说特别重要。这一类事件的受众不仅依靠大众媒体作为信息来源，更倾向于求助他们的参考群体。因此，人际渠道在这种类型信息扩散中起着重要作用。例如，社区居民对关于他们社区的信息非常感兴趣，但是这一类信息通常不会引起媒体和公众的注意。

类型Ⅱ是日常新闻，也就是一般的新闻故事。这类事件往往是被认为是对公众很重要的事件，因而在大众传媒中得到普遍重视。这类信息可以激发公众讨论，但由于缺乏新颖性、重要性和相关性，它们不容易成为人际传播中的谈资。

类型Ⅲ是重大事件，即高度重要、极端急迫和具有戏剧性的重大事件。典型例子是1963年11月的美国总统肯尼迪遇刺事件。不仅大众媒体对这类新闻故事给予了极大的关注，人际网络也被激活并在信息扩散方面发挥着更重要的作用。

二、信息共享网站

信息共享网站是指用户基于社交网络服务、信息聚合工具和搜索引擎对信息进行提交、共享和评论的社交媒体。通过提供多样化的沟通渠道，信息共享网站使得网络信息扩散从大众传播转变为参与式传播。概括而言，信息共享网站用户通过"推"和"拉"两种机制进行信息扩散。一方面，人们可以从信息聚合页面、搜索引擎和社交网络主动获取信息。另一方面，人们也可以推送信息至信息聚合页面、搜索引擎和社交网络。信息共享网站的技术要素包括以下三个方面。

首先，社交网络服务构成了信息共享网站的基础。社交网络服务被定义为基于社会网络关系提供的互联网服务。个人可以在数字媒介当中建立（公开的或半公开的）个人页面，并与其他用户建立社会联系（双向的朋友关系或单向的关注关系）。用户可以展现自己在数字媒介内的社会关系列表。用户在社交网站上的朋友数量往往成为其流行度的测量指标。值得一提的是信息共享网站和社交网站之间的区别，社交网站的核心是建立和维持社会关系，而信息共享网站的核心目的在于推动扩散信息和促进民主参与。本书主要聚焦于信息共享网站（Digg、YouTube和推特）上的信息扩散，而不是社交网站（如脸书）中的信息扩散。

其次，信息聚合工具为放大信息扩散提供了捷径。信息聚合是一个展示热门信息或最新信息的工具，通常出现在网站的首页上。基于用户对信息的协同过滤，信息共享网站将流行信息汇总到信息聚合网页上。用户不仅仅从社交网络上的朋友那里获取信息，还可以直接从网页的聚合页面上浏览信息。例如，YouTube会在网站首页展现不同类别的热门视频；热搜在新浪微博中发挥着重要作用，被认为是舆论信息和社会潮流的风向标。因此，信息聚合提供了可替代的扩散渠道，需要对其进行进一步的概念阐述和实证研究。

最后,搜索引擎使得用户可以主动地获取信息。搜索引擎是互联网用户寻找信息的另一个重要工具。诞生于 1993 年的搜索引擎,最早是为了在万维网上搜索信息而设计的。搜索引擎首先抓取万维网上的网页信息,然后对信息进行索引并储存。当用户使用搜索引擎搜索查询某关键词的时候,搜索引擎会根据用户提供的检索词检查其索引,并按照一定的标准向用户返回最佳匹配网页列表。搜索引擎被广泛地应用于各种类型的信息共享网站当中,已成为网络信息服务的重要组成部分。例如,推特的搜索引擎成为用户查找相关推文和用户的重要工具。成功的搜索引擎公司已经成为互联网巨头,如谷歌、雅虎、必应和百度。

三、信息扩散的传播模型:ABXCT 模型

在现有信息流传播模型的基础上,结合信息共享网站的技术要素的变化,本书对 ABXCT 模型进行了扩展,以建立线上信息扩散的理论模型(图 3-5)。

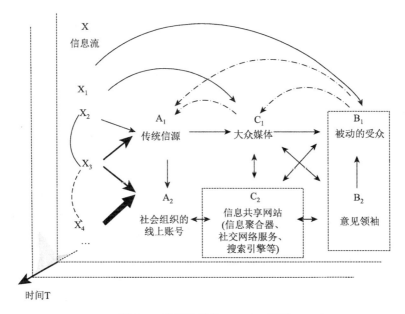

图 3-5 信息扩散的 ABXCT 模型

这个新模型的主要构成来自 Westley 和 MacLean 模型,并根据信息共享网站的技术特征进行了一些修改:在原有的宣传角色(A)、行为角色(B,如受众)、信息(X)和渠道角色(C)的基础上,引入了时间(T)要素,具体阐述如下。

第一,在这种新的信息传播模型中,宣传角色(A)分为两类,被动的宣传角色和机构社交媒体。大众传播时代的信源主要依托大众传播媒介作为信息扩散

渠道，赋予了大众传播媒介在社会中的强大力量。媒体被看作是一个更加独立的社会机构或监督者，可以确保其他机构（例如政府、企业、宗教）为公众服务。伴随着自媒体时代的到来，互联网逐渐成为一个更加强大的传播平台。互联网为信息扩散提供了多种竞争性的传播渠道。机构可以使用他们的社交媒体账号向公众发布信息，因此无须再完全依赖大众媒体。

第二，个体不仅可以从大众媒体获取信息，还可以从搜索引擎、信息聚合页面和在线社交网络获取信息。如上所述，渠道角色（C）已经被互联网极大地拓宽了。作为数字媒介时代出现的一种新型传播渠道，信息共享网站将搜索引擎、社交网络服务和信息聚合等功能结合在一起，成为新的流动空间。"流动空间"（space of flows）这一概念由卡斯特尔（Castells，1996）提出，用来描述通过流动而运作的组织所处的空间。资本、商品、信息在空间中的流动经常会受到地域本身的限制。然而，随着新型支付方式、运输网络、数字媒介的发展，地域逐渐开始消失，新型的流动空间开始涌现。卡斯特尔认为互联网是一个流动的空间而非固定的空间。作为社会实践的一种新的空间形态特征，流动空间支配和塑造了网络社会（Castells，1996）。信息共享网站作为"流动空间"的重要组成部分，将对信息扩散过程产生深刻的影响。

第三，行为角色（B）或受众也已演变为两类人。第一类是受众（spectator audience），他们除了受到传统媒体的影响之外，还越来越多地受到信息共享网站等其他传播渠道和意见领袖的影响，而他们本身对其他人的信息接触影响较小；第二类是意见领袖，他们能够吸引公众的注意力并在很大程度上塑造公众舆论。欧洲传统的价值观认为存在三种阶层，分别是神职人员、贵族和平民。随着大众媒体时代的到来，新闻媒体已经成为第四种阶层。基于四阶层分类的逻辑，Cooper（2006）认为博客作者是新闻媒体的监督者，构成了第五阶层。Dutton（2009）进一步指出第五阶层不仅仅是博客社区或新闻媒体的延展，而是被互联网赋权的、可以通过互联网使其他阶层承担责任的网络个体。Wellman（2001）创造了"网络个人主义"（networked individualism）一词，强调社会网络从个人和基于固定空间的社区到个性化网络（personalized networking）的转变。基于"网络个人主义"概念，Dutton使用"网络个体"（networked individual）这一概念来表示那些通过互联网连接在一起的个人。以上这些思考反映了受众群体开始分裂，一部分保持不变，另一部分开始逐步转变为主动的、具有创造能力的公众。

第四，信息的属性和相互关系（X）也会影响信息扩散。首先，信息具有多个维度的属性。例如，信息的重要性、信息和个人的关联程度（Greenberg，1964b）。新闻扩散的 J 形曲线模型表明信息重要性和传播渠道对信息扩散规模都有影响。在图 3-5 当中，线条的粗细表示信息的重要性，线条越粗表明信息越重要。其次，信息之间的相互关系同样值得注意。一方面，不同信息之间相互竞争。由于数字时代信息过剩而公众注意力有限，信息竞争日趋激烈。另一方面，相关信息之间还存在互惠关系。在图 3-5 中，X_2 与 X_3 之间的实线表示竞争关系，X_3 与 X_4 之间的虚线表示互惠关系。网络信息之间可以通过超链接联系起来，用户可以通过点击超链接的方式从一条信息跳转到另一条信息。当一个推特用户看到一条没有被详细介绍的信息时，如果他或她认为这条信息比较重要，就有可能会通过多种方式（例如点击超链接阅读原文、使用搜索引擎搜索）寻找相关的信息。

第五，时间（T）也是这个模型的重要组成部分。所有传播过程在社会系统内随着时间推移逐步发生。在图 3-5 当中，除了信息流（X）、宣传角色（A）、渠道角色（C）和行为角色（B）之外，此模型还包括时间（T）。正如在经典扩散模型中所讨论的那样，时间特征是信息扩散的一个重要特征。在罗杰斯的《创新的扩散》一书中，这种时间模式已被 S 形曲线很好地刻画。在巴斯扩散模型和传染病模型中，时间这一因素也已经作为一个重要参数被加入微分方程中。对信息扩散来说，公众注意力的有限性限制了信息扩散规模。Newcomb 提出了 ABX 模型。Westley 和 MacLean 加入了渠道角色（C）。ABXC 模型通常能够说明整个信息传播的过程，然而，对信息扩散的时间演变特征却并未涉及。为了解决信息扩散大小有限的理论难题，有必要去研究信息扩散的时间模式。首先，信息的新颖性随着时间而衰减。例如，Vázquez 等（2006）研究了新闻门户网站的集体浏览活动，他们发现大多数新闻的访问量在发布 36 小时后显著衰减。Karsai 等（2011）的研究显示公众对特定信息的关注会减缓其传播速度。其次，个人的时间使用模式塑造了扩散过程。例如，通过使用精确描述电子邮件传播的分支模型（branching model），Iribarren 和 Moro（2009）发现，电子邮件回复时间的个体间异质性是集体层面邮件信息扩散缓慢的原因。此外，爆发现象也是集体注意力流动的一个重要特点。例如，新闻网页的访问在几个小时后达到峰值（Vázquez et al.，2006）。也就是说，公共的注意力在关注特定的信息时会有一个明显的爆发。

综上所述，本书把渠道角色（C）和时间（T）加入进来，将 ABX 传播模型扩展为 ABXCT 模型。在 ABXCT 模型中，信息流通过传播渠道流入社会系统。例如，通过外部渠道（媒体、聚合类网站）、社交网络、搜索引擎等向公众传播信息。借助该模型，本书将从多个层次对信息扩散的驱动力进行分析。本书研究的重点是信息共享网站上的信息扩散，尤其是驱动信息扩散的因素（如外部影响、基于社交网络的人际作用、个人属性和内容特征）。

第二节　研究思路

基于以上理论框架，本书将从检验人际作用的门槛假设开始，对信息聚合器的影响以及信息扩散的时间模式进行概念化，探究信息扩散的爆发模式。这构成了后续三个信息共享网站上信息扩散研究的主要框架。研究者将传播模式图视为思考的辅助，也应意识到这种传播模式图的弊端。尽管传播模式图指出了已有知识的优势和不足之处，但绝不能将其视为一种理论，而应看作是对进一步研究的抛砖引玉。

尽管 ABXCT 模型考虑了信息共享网站上的信息扩散过程，并描绘了用于信息扩散研究的概念网络，但仍不足以详细描述扩散的机制。实际的研究应当进一步将 ABXCT 模型与具体的中层理论结合起来，使研究设计既具有宏观的理论脉络，又具有中观的理论洞见。恰如加里·金等（2014）在其经典著作《社会科学中的研究设计》中所强调的："通过澄清概念和规范变量来改善理论，可以获得更多可观察的现象，甚至可以检验那些关于特殊事件（如恐龙灭绝）的因果理论。"

社交媒体平台中至少存在四种驱动信息扩散的影响力：外部影响、内部影响（如基于社交网络的人际作用）、个人属性和内容特征（如信息的种类）。对于微博信息扩散而言，其信息聚合功能在不断加强，主要的扩散渠道却依然是社交网络；但社交新闻网站（如 Digg）上的新闻扩散，则存在两个主要的扩散渠道：信息聚合页面和社交网络。与微博和社交新闻网站相比，视频共享网站（如 YouTube）上的扩散渠道更加多元化。例如，除了可以基于社交网络和信息聚合页面扩散之外，用户的搜索、相关视频列表和源于外部的推荐对 YouTube 视频的扩散也起到重要作用。

按照上述逻辑，第四章主要讨论新浪微博上的信息扩散，检验人际作用的门槛假设；第五章将用户与信息聚合器之间的互动作为一个群体把关的过程进行概念化，并从信息级联理论的角度分析潜在的信息扩散机制，用社交新闻网站（如 Digg）上的新闻扩散数据进行分析。第四章和第五章的分析都揭示了以强烈爆发为特征的信息扩散具有极高的暂时性。第六章利用 YouTube 视频扩散数据分析公众的集体注意力爆发的起源。第七、八、九章则主要对信息扩散涉及的其他议题（如讨论模型、意见领袖、参考群体）进行分析。最后，本书试图对如何将这些具体的研究纳入更广泛的理论视野，以及基于此提出的理论框架进行未来的研究提供一般化理解。

实证篇（上）

第四章　微博上的信息扩散：检验人际作用的门槛假设

"我认为，社会科学取得进步的一种方法是采用一种更注重解决问题的方式，首先从一个实际问题开始，然后思考必须运用什么理论（和方法）来解决它。"

邓肯·瓦茨（Watts，2007）

第一节　简　　介

微博作为一种数字媒介在过去几年大受欢迎。[①]推特创建于 2006 年 3 月，截至 2022 年，每天产生超过 5 亿条推特信息，每月活跃用户数达到 3.3 亿，共有超过 13 亿个注册账号，这使得推特获得了全球的知名度。在中国，新浪微博 2009 年 8 月上线。根据新浪微博发布的 2020 年第四季度及全年财报，2020 年 12 月其活跃用户数为 5.21 亿（新浪财经，2021）。截至 2021 年第三季度，新浪微博的月活跃用户达到 5.73 亿，日活跃用户数达到 2.48 亿（新浪财经，2021）。与被动的受众相比，网络个体积极使用微博分享信息和表达意见。根据 ABXCT 模型，传播过程中最突出的变化是网络个体对网络信息扩散过程的参与。例如推特已被广泛用于政治讨论（Conover et al.，2011）。

人际作用极大地形塑了数字媒介中的信息扩散。与其他社交媒体不同，微博上的社交关系是有向的。微博用户可以关注任何他们想要关注的其他微博用户，这使得公众与大 V 的联系更为紧密。政界领袖、明星、新闻机构和平民百姓广泛地使用微博发布信息并与公众进行交流。为了推广产品，商业机构也在微博上维护着其官方账户。作为一个微型博客，微博的使用较为简单。发微博不需要长篇大论。一句话、一个表情符号、一张图片皆可以发微博。微博不仅使用者众多，而且用户遍及各个社会阶层。不可否认，微博已经深深地嵌入人们的日常生活当中，成为信息分享和公共讨论的重要渠道。综上，微博在信息扩散中发挥着越来越重要的作用，成为研究网络信息扩散的理想平台。

根据人际作用的门槛假设，本书认为人际作用的网络门槛决定了信息扩散的

---

① 本书区分了微博和新浪微博，将新浪微博和推特分别看作是微博当中的一种。

规模。门槛模型为理解人际作用在微博信息扩散中的影响提供了一个理想的理论框架（Rogers and Kincaid，1981；Valente，1995）。创新扩散研究者普遍认为如果一个人的社交网络中有越多人已经采用了某项创新，他就越有可能采用这一创新。已有的关于微博信息扩散的研究大多认为人际作用对信息扩散至关重要。然而，人们对于人际作用在多大程度上影响了信息扩散行为仍然知之甚少。例如，新闻扩散的 J 形曲线模型认为人际作用对信息扩散具有非线性的影响（Greenberg，1964b）。这种非线性的影响是否同样存在于线上的信息扩散？为了解答这一困惑，本章将分析的重点放在信息如何在新浪微博上被分享或扩散。

为了构建和检验人际作用的门槛假设，接下来的两节将讨论关于微博的具体特征和微博上的信息扩散机制，基于此构建本章研究的理论框架；之后，基于理论框架提出操作化的研究假设，并且使用新浪微博上的两个信息扩散数据集对研究假设进行检验；最后，对本章的研究发现进行总结和讨论，同已有的文献对话，进一步明确本章的理论贡献。

第二节　微博上的信息扩散

一、微博与信息扩散

微博是一种基于博客形式分享信息的数字媒介。与博客相比，微博往往限制帖子的长度，只言片语即可发微博，碎片化的信息分享降低了参与传播的门槛，提高了微博用户的渗透率和活跃度。

微博上的信息可以分为三种类型：转发、对话（例如回复或评论）和独白。信息转发构成微博信息扩散的主要形式。当用户浏览信息时，可以随时转发自己喜欢的信息。用户在转发某一条信息之后，这条信息就会出现在这个用户的个人页面，也会有更大概率被这个用户的关注者看到。通过评论和回复进行对话是微博用户参与公共讨论的重要形式，回复和评论往往通过@的形式进行。热门话题常常会引发微博用户的激烈讨论。另外一种微博信息是用户的个人独白，在独白类信息中不会出现@符号。无论是独白还是对话，都可以被其他用户转发。对于单条信息而言，转发数、评论数、点赞数和阅读数是衡量信息流行度的四种常用方式。

在微博信息当中还可以插入话题标签（Hashtags）和超链接（URLs）。话题标签是以"＃"符号为前缀的单词或短语，由微博用户自主创建，用来标记相同类别或主题的信息。例如#北京冬奥会#表示关于"北京冬奥会"信息的微博话题。因此，可以在推特、新浪微博上追踪三种一般类型的信息。第一种是以转发形式发布的特定微博的扩散，在这种情况下，一条消息只由一个微博用户发布。第二种是超链接的扩散，在这种情况下，可能有多个原始发布者独立地发布包含特定超链接的信息。第三种是话题标签的传播。当然，一条微博可能同时包含话题标签和超链接。

作为一个具有代表性的数字媒介，微博为用户提供持续更新的信息流并将用户使用微博的行为记录下来。基于数字媒介所搜集的大数据具有三个优点，分别是海量性、持续性、不反应性。首先，这种行为痕迹数据往往是由海量的异质性的个体所创造的，因而必然具有海量性的特点；其次，微博服务可以一直在线，因而具有持续性的特点；最后，用户已经习惯于使用微博，往往不会意识到自己正在被观察或者已经习惯了被观察，因而不会改变自己的行为，所以具有了不反应性的特点。基于这些特点，可以使用微博数据进行计数、预测和近似实验（Salganik，2019）。基于数字媒介收集的大数据属于行为数据，不仅具有明显的优点，同样也有很多问题，特别是缺乏概念效度（construct validity）的问题。数字媒介数据主要是为了提供商业服务而产生的，并非为了学术研究。行为数据较难体现抽象的概念。已有的研究方法主要采用量表的方式把概念操作化为可以测量的变量。社交媒体研究者需要将大数据翻译为抽象的概念。同时，还要考虑大数据的一系列问题。例如，Salganik（2019）认为大数据存在七个弱点，分别是不完整性、难以获取、不具代表性、漂移、算法干扰、脏数据、敏感性。尤其是最后一点，公司和政府收集的数据往往是敏感数据，通常会涉及用户隐私和研究伦理的问题。

除了技术优势外，微博在信息扩散方面还具有一些其他的优势。首先，作为信息共享网站的重要形式，微博上的社交联系（即关注和被关注关系）是单向的，因而具有更强的开放性。不过，类似的功能并非仅仅存在于微博平台当中。脸书、MySpace、领英等其他主流的社交网站也有自己的微博功能或类似功能，例如，脸书的用户也可以像微博用户那样更新自己的状态。二者之间的差异仍在于微博是一个更加开放的信息共享平台，而脸书等社交网站的信息扩散仅仅局限在朋友之间。微信朋友圈就是一个典型的例子，因为缺乏更加便利的信息分享方式，容易陷入"回音室效应"，甚至导致社会极化问题。其次，微博上的社交关系大多是弱关系，仅需要投入很少的情感，降低了信息传播的成本，使得微博比其他社交媒体更容易维护。根据格兰诺维特所提出来的弱关系理论（Granovetter，1973），弱关系可以带来更多差异化的信息。微博作为一个以弱关系为主的平台，非常适合信息扩散。最后，世界各地的人们通过微博平台连接在一起，形成网络公众。在微博数字空间中，没有人是完全孤立的。每个人都可能将信息传播给他们想要传播到的其他用户。

二、微博上的信息扩散机制

理解数字媒介信息扩散首先需要了解信息扩散的驱动力。数字媒介信息扩散的驱动力按照影响力的层级可以分为四种类型：外部影响、人际作用、个体属性和内容特征。外部影响主要相对于社交网络内部的影响而言，因而，外部影响和内部影响的区分主要基于在线社交网络的边界。在线社交网络之外的影响可以归类为外部影响，而社会网络中的影响则是内部影响，后者包括人际作用、个人属性、内容特征等。对四种驱动信息扩散的因素的具体分析如下：

第一，外部因素在信息扩散中发挥着重要作用。首先，信息共享行为受到外部事件和媒体报道的影响。Lehmann 与其合作者（2012）追踪推特上话题标签的扩散，发现基于人际网络的病毒式传播仅仅起到次要作用，外部因素对话题标签扩散起着主要作用。其次，信息共享网站中的信息聚合机制不容忽视。信息聚合器汇总所有微博用户的注意力投放结果，就可以得到信息流行度的排行榜。微博平台上的信息可以看作"商品"，而关注者数量和转发数量发挥着"货币"的作用，进而建立起一种评价信息扩散规模的"价格体系"，因而，微博也可以被视为一个信息市场（Tumasjan et al.，2011）。聚合信息对于信息扩散同样具有重要影响。例如，微博平台上的热门搜索排行和热门话题排行都在信息扩散过程中发挥着重要作用。微博用户往往会受到聚合信息的影响，登上流行信息的"乐队花车"。

第二，人际作用对信息扩散的规模有重要影响。扩散研究中的人际影响与通过社交网络获取信息的程度有关。早期的新闻扩散研究计算通过社交网络来获取信息的用户比例来衡量人际作用。新闻扩散的 J 形曲线模型表明人际渠道所占的比例与扩散规模之间存在非线性关系（Greenberg，1964b）。具体而言：对于涉及公共利益的重要信息，人际作用与扩散规模呈正相关关系；而对于不太重要的信息，人际作用与扩散规模呈负相关。临界点由信息的重要性程度来决定。

第三，个人属性同样可以影响信息扩散。Ardon 等（2013）调查了用户属性对话题流行度的影响，发现拥有大量关注者的用户对话题流行度会产生强烈影响。Tonkin 等（2012）发现知名人士和热门人物的微博更有可能被转发。Lou 等（2013）发现 1%的推特用户可以跨越结构洞并控制了推特上 25%的信息传播，为结构洞理论提供了证据。Huberman 等（2009）指出与关注者的数量相比，朋友的数量才是推特用户活动的实际驱动因素。此外，Gonçalves 等（2011）发现用户最多可以拥有 100 到 200 个稳定的社会关系。正如 Dunbar（1992）的理论所预测的那样，网络世界中的个体注意力也受到认知和生理约束的限制。

第四，信息的属性也与扩散规模密切相关。研究者发现包含更多与积极心情、休闲和生活方式有关的词的信息可以存活更长时间（Wu et al.，2011）。Conover等（2011）发现政治类信息的转发呈现出高度分离的党派结构，用户之间的连接极其有限。新闻信息的真实性对于其在数字媒介上的扩散具有重要影响。假新闻比真新闻可以扩散得更多、更快、更深、更广，并且这一差异对于政治类的假新闻来说作用更明显。此外，假新闻比真新闻更加新奇，更能激发人们做出包含恐惧、厌恶和惊奇情绪的回复（Vosoughi et al.，2018）。

第三节　人际作用的门槛假设

门槛模型认为个体参与某一种行为所能带来的效用是已参与人数的函数（Granovetter，1978；Granovetter and Soong，1983，1986，1988）。门槛理论最重要的假设是效用—成本假设。在日常生活中，个体常常需要做出各种各样的选择并承担做出选择的责任。比如面对一条微博信息时，人们往往需要做出转发还是不转发的决策。这种非此即彼的选择被称为二元决策（binary decision），用户必须克服做出二元决策的阻力。阻力可以被描述为成本减去效用。选择就意味着承担责任；拒绝做出决策也是一种选择，也需要对这种选择承担责任。面对是否转发微博信息的二元决策，拒绝选择也就意味着拒绝转发，同样也会面临不转发信息所带来的责任。虽然这种选择附带的责任看上去很小，但却构成了人们在网络空间当中参与公共事件和自我呈现的重要方式。如果参与成本大于效用，就存在不能被忽略的参与阻力。降低参与阻力的一种主要方式是人际作用。随着参与某种行为的人数逐渐增加，人际作用会不断增强，个人的参与阻力就会逐渐减弱。如果参与效用大于参与成本，那么个人往往会选择参加；否则，就会拒绝参加。

门槛是指当个体的参与成本等于参与效用时社交网络中的参与者所占的比例。门槛衡量了驱动一个人做出某种行为需要付出的最小努力。较高的门槛意味着较大的局部压力，同时也意味着较大的障碍或成本。如果个体达到了效用和成本的个体均衡，就会跨越门槛并参加。

网络为人类行为的可预测性提供了一定程度的结构和稳定性（Rogers，2003）。与之相对应，信息扩散的研究重点也转向网络门槛。每个人都有自己的个人社交网络。在网络分析当中，把个人的社交网络称为"个体中心网"。对于任何个人而言，网络门槛是个体刚好选择参与的时候，他或她的个体中心网络中参与该行为的人所占的比例。基于个体中心网计算网络门槛的理论意义在于抓住了社交网络的局部影响。局部影响（local influence）与全局影响（global influence）之间的关系一直是网络研究的兴趣所在。

网络门槛测量了各个参与者的个人网络被激活的程度。可以基于社会网络来测量个体的行为门槛，也就是网络门槛。在图 4-1 当中，具有虚线轮廓的中心节点是处于临界点的个体。在情况 A 中，处于临界点个体的四个朋友中只有一个参与了扩散信息（用 I 表示）。此时处于临界点的个体刚好决定转发这条信息，因此其网络门槛为 0.25。类似地，B、C 和 D 三种情况下的网络门槛分别为 0.5、0.75 和 1。

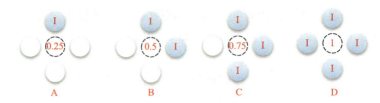

图 4-1　信息扩散中网络门槛

格兰诺维特在 1978 年发表的论文中分析了门槛模型的均衡问题（Granovetter，1978）。使用 x 表示门槛，其概率密度分布函数表示为 $f(x)$，而累积概率密度函数表示为 $F(x)$。假设截至时间点 t，参与某种社会行为的人所占的比例是 $r(t)$。按照门槛的定义，在时间点 $t+1$ 那些门槛等于或小于 $r(t)$ 的人就会参加。也就是说，截至时间点 $t+1$，所有参与者的数量加到一起是 $F(r(t))$。这样就可以得到一个差分方程：$r(t+1) = F((t))$。如果知道 $r(t)$ 的函数形式，在平衡状态时 $r(t+1) = r(t)$，就有可能找到上述差分方程的解，也就意味着找到均衡结果。事实上，可以采用蛛网图（cobweb）的方式采用前向递归（forward recursion）进行动态均衡分析，使用迭代的方式找到平衡状态的参与者比例。

假设门槛的分布为正态分布，均值为 0.25，标准差为 0.1。接下来，将会描述一个社会系统从门槛或者说参与者比例为 0.15 的地方出发到达均衡的过程（图 4-2）。采用累积概率分布函数，可以很容易地找到下一个时间点的参与者比

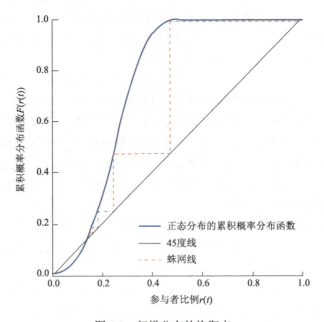

图 4-2　门槛分布的均衡点

例。可以采用蛛网图展现前向递归的计算过程。截至时间 t，系统里已经有 15%
的人参与。也就是说 $r(t) = 0.15$。到下一个时间点 $t + 1$ 时，门槛值小于等于这个
数值的人都会参加：沿着蛛网线向 45 度线水平移动就可以找到截至下一个时间点
$t + 1$ 时所有参与者人数 $r(t + 1) = F(0.15)$；沿着蛛网线从 45 度线垂直向上移动就
可以找到截至下一个时间点 $t + 2$ 时的参与者人数 $r(t + 2) = F(F(0.15))$；截至下一
个时间点 $t + 3$ 时的参与者人数 $r(t + 3) = F(F(F(0.15)))$；采用这种前向递归的方式，
最终蛛网线将会停留在一个平衡点，也就是群体行为的均衡状态。

　　格兰诺维特接下来分析了均衡结果的稳定性问题。结果发现不管门槛符合均
匀分布还是正态分布，其均衡结果都非常不稳定。一个微小的扰动可能带来完全
不同的宏观结果。对于均匀分布而言，可以假设有 100 个人，他们的门槛依次是
0、1、2、……、99。很显然，当第一个人作为煽动者参加这种群体行为之后，所
有的人都会依次参加。可以将这一过程描述为乐队花车效应或者多米诺效应。但
是如果第二个人的门槛不是 1 而是 2 或者任何其他大于 1 的数值，结果就会只有
一个人参加。

　　如果门槛的分布是正态分布同样具有这种不稳定性。如图 4-3，设置门槛分布
的均值为 0.25，通过蛛网图的形式可以计算得到不同的标准差 δ 所对应的均衡状
态时的参与者比例 r_e（图 4-2，x 轴取了对数）。当门槛（正态）分布的标准差
$\delta = 0.122$ 是一个临界点：低于这个临界点时，参与者的比例很小；高于这个临界
点时，几乎所有人都会参与。当门槛（正态）分布的标准差取值较大的时候，参
与者的比例趋近于 50%。这部分内容的 Python 代码，参见本书 Gitee 页面或 GitHub
页面。

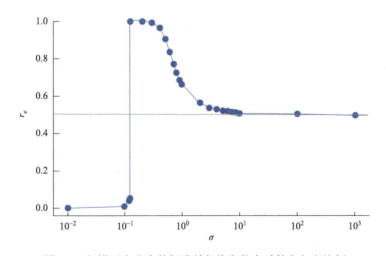

图 4-3　门槛正态分布的标准差与均衡状态时的参与者比例

网络结构同样对扩散具有重要影响。Watts 在 2002 年的一篇文章中将门槛模型拓展到随机网络中，他主要关注门槛和平均度对于全局扩散的影响。采用分析模型，Watts（2002）发现门槛分布的异质性更有可能带来全局扩散，而网络度分布的异质性则反过来抑制扩散过程。

门槛理论为衡量人际作用对信息扩散的影响提供了一个新的视角。本章对门槛模型的分析从创新扩散转移到信息扩散。当一个人接触到一条信息时需要决定是否转发这条信息。对于信息扩散而言，扩散规模是所有个体行为的聚合结果。通过汇总所有信息扩散者的网络门槛，可以计算出这条信息扩散的平均门槛。但是，个体之间存在着相互影响。个体行为不仅受到社会结构和个人认知状况的影响，也是社会互动的结果。平均门槛测量了信息扩散所需要的人际作用的平均强度。网络门槛捕捉了局部网络中特定信息的重复暴露程度，或者说局部环境被激活的状态。信息的平均门槛反映了局部网络在多大程度上被激活。基于门槛模型的基本逻辑，门槛越高，局部网络被激活的程度越高，局部网络中的个体参与信息扩散的可能性越大。例如，关于创新扩散的研究认为个体中心网络当中采用创新的人越多，个体越有可能采纳创新（Rogers，2003；Rogers and Kincaid，1981）。综上，提出信息扩散的人际作用假设。

H1a：人际作用的平均门槛显著影响扩散规模。

新闻扩散的 J 形曲线模型认为人际作用与扩散规模之间存在非线性关系（Greenberg，1964b；McQuail and Windahl，1993）。然而受限于数据来源等问题，关于新闻扩散的 J 形曲线模型尚未被广泛地检验。平均门槛对扩散规模的影响方向值得更多的关注。数字媒介中的信息扩散为检验这种非线性影响提供了难得的机会。一方面，基于以上关于假设 H1a 的论证，较高的门槛意味着在局部社交网络被激活的程度更高，人际作用更强，信息扩散规模会变得更大。据此，可以推断平均门槛与扩散规模之间存在正向关系。另一方面，重要的信息相对较少。大多数信息是不太重要的琐碎信息，往往只有处于局部网络中的少数人才会关心。由于缺乏新闻价值或重要的社会价值，新闻媒体等社交网络外部的渠道往往不会关注这类信息。琐碎信息只会引起与信息相关群体的选择性注意，主要局限于社交网络内部的扩散。例如，微博用户 i 发布关于个人日常生活的微博，作出回应的人往往都是用户 i 的朋友，因为只有用户 i 的朋友熟悉这些个体化的信息并对这些信息感兴趣。琐碎信息的扩散具有以下特征：局部网络被激活的程度较高，平均门槛较大，而信息扩散规模较小。推动琐碎信息的扩散需要克服的网络门槛较大，行为成本较高，信息扩散容易受到抑制。在这种情况下，网络门槛成为限制信息扩散的瓶颈。平均门槛与扩散规模之间存在负向关系。综上，J 形曲线模型将这两点结合在一起：对于重要性较低的信息，人际作用与扩散规模之间存在负相关关系；对于那些具有较大重要性的信息，人际作用与扩散规模之间存在正相关关系。

　　格兰诺维特也曾论证门槛与扩散规模的非线性关系，他倾向于门槛与扩散规模之间存在一个钟形曲线关系（Granovetter，1978）。格拉诺维特的论证主要聚焦于参与者比例如何影响个人的净收益。以选择餐厅为例，当一个人来到一个陌生城市的餐厅时，如果餐厅门庭冷落，这个人多半会选择离开；随着餐厅就餐人数的增加，个体的净收益逐渐增加，由负值变为正值，并到达峰值；但是当餐厅的人数变得太多，以至于上菜很慢时，选择这家餐厅的净收益就会开始下降。因此，门槛模型认为门槛和扩散规模之间存在一种钟形曲线关系。也就是说存在一个最优化的门槛可以使得扩散规模最大化。低于这个最优化的门槛数值，网络门槛对扩散规模具有正向影响；高于这个最优化的门槛数值，网络门槛将会抑制扩散。

　　综上，不管是新闻扩散的 J 形曲线模型还是门槛模型都认为门槛与扩散规模之间具有非线性的关系。但是，并不清楚究竟是哪一种具体的形状（J 形或钟形）的非线性关系。据此，提出下面的研究假设和研究问题。

　　H1b：信息的平均门槛与信息扩散规模之间存在非线性关系。

　　RQ1：平均门槛与扩散规模之间的非线性关系是哪一种形状？

　　社交网络中的信息扩散涉及两种类型的网络：一种是社会网络，另一种是扩散网络。无论是社会网络还是扩散网络都可以沿着时间箭头的方向展开，即网络在动态地增长。通过观察社交媒体上的朋友关注列表可以构建社会网络；通过追踪信息如何从一个人扩散到另一个人，可以构建扩散网络。网络门槛的测量需要同时观察社会网络和扩散网络。在社会网络当中，通过追踪一个人的朋友们在什么时间分享同一条信息，可以测量个体的网络门槛。

　　扩散网络往往表现为一个树状网络，因此也被称为扩散树。在扩散网络当中，可以清楚地找到扩散的根节点和下游的叶子节点；除了根节点之外，每个子节点都存在一个父节点。如图 4-4 所示，信息依次从节点 a 流到 b($t=1$)、c($t=3$)、d($t=4$)、e($t=6$)、f($t=7$)、g($t=10$)、h($t=11$)，其中 t 为每一步扩散所发生的时间。麻省理工学院的研究团队研究了推特上的真、假新闻的扩散，重点分析了扩散树的结构特点（扩散深度、扩散宽度、扩散规模、病毒扩散特性），结果发现：假新闻的扩散规模、扩散深度、扩散宽度和病毒扩散特性都明显超过真新闻；假新闻的扩散主要归咎于人类自己，与社交机器人的关系不大；真新闻和假新闻给用户带来的情感反应不同；导致假新闻的快速扩散的主要原因来自假新闻内容上的新奇性（Vosoughi et al.，2018）。图 4-4 是根据上述有关真假新闻扩散研究文章中的图 1 进行重新绘制的。绘制此图的 Python 代码可以在本书 GitHub 代码仓库中找到。[①]

　　随着时间展开可以观察到扩散树生长的过程。研究者可以追踪扩散规模、扩

---

　　① 参见 https://github.com/chengjun/thresholdbook/blob/master/Chapter4-diffusion-network.ipynb. 读者如果仔细观察会发现 Vosoughi 等（2018）一文的图 1 存在微小的错误，但这个错误无伤宏旨。

散深度、扩散宽度、病毒式扩散特性随时间增长的曲线。一个时间点的扩散规模就是截至这个时间点，参与扩散的节点的数量；一个时间点的扩散深度是截至这个时间点，叶子节点到根节点的最大距离；一个时间点的扩散宽度是截至这个时间点，不同扩散深度的节点数量的最大值；一个时间点的病毒式扩散特性是截至这个时间点，扩散树当中任意两个节点之间最短距离的平均值，也被称为维纳指数（Wiener Index；Goel et al.，2016）。

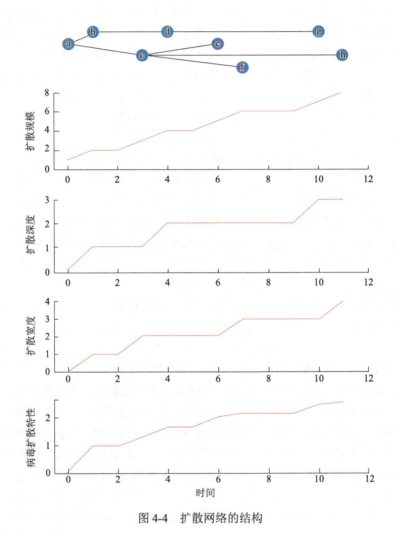

图 4-4　扩散网络的结构

信息在社交网络中通过"渗透"的方式进行传播。通过社交网络扩散信息是一个连锁反应过程。信息扩散可以有效地"感染"局部社区，但是往往也会止步于此。信息扩散往往难以触发局部网络之外的进一步扩散，也就意味着结构性瓶颈的存在（Borge-Holthoefer et al.，2013）。从网络门槛的角度来说，结构性瓶颈是网络门槛较高的"结构洞"。结构洞理论认为两个社区中间的节点通过充当把关人来过滤信息并决定是否将信息传播到其他社区，从而具有信息优势（Burt，1992）。占据结构洞的人可以对信息进行过滤，并决定是否将这条信息分享到更远的地方。已有的研究表明，占据结构洞的推特用户（占比1%）控制了推特上四分之一的信息扩散（Lou and Tang，2013）。扩散的深度凸显了信息能在多大程度上穿透到社交网络。如果跨越结构洞的桥节点（bridging nodes）对转发信息有更高的阻力，那么扩散就会止步于局部网络，难以进一步传播。因此，信息扩散严重依赖于桥节点将信息传播到更深的地方。综上，提出以下假设。

H2a：信息扩散的深度对信息扩散规模有正向影响。

人际作用依赖桥节点来跨越网络社区并扩散信息。人际作用对信息扩散的影响依赖于社会网络的结构。Acemoglu等（2011）发现网络结构可以调节人际作用对扩散规模的影响。对于一个给定的网络门槛数值，增加小世界网络的重连概率可以有效地促进扩散。对于一个规则网络，按照一个给定的概率对网络中的连边进行随机地断开并重连可以生成更多的桥节点和长程连边（long-range ties）。根据前人的研究（Burt，1992；Granovetter，1973；Lou and Tang，2013），桥节点可以帮助将局部的影响传递到全局，因此产生的乘数效应使得总影响力远大于个体影响力之和。如果那些可以加深扩散深度的人加入信息扩散当中，人际作用的影响就会被大幅度增强。相反，如果扩散深度较小，人际作用就会被困在局部的社区甚至个体中心网当中，并因此使得扩散规模变得更小。因为增加扩散深度可以有效地将信息扩散到新的社区当中，扩散深度可以有效地放大人际作用对信息扩散的影响。具体来说，当人际作用抑制扩散规模时，扩散深度的调节作用可以削弱这种负面影响；当人际作用正向促进扩散规模时，扩散深度的调节作用可以放大这种正向影响。根据以上逻辑，提出以下假设。

H2b：信息扩散的深度可以调节人际作用对信息扩散规模的影响。

对于微博用户发布的特定微博，信息传播过程与发布者的属性（如流行度、活跃度）相关。流行度不仅包括被关注的数量，还包括用户是否被新浪微博认证过。与推特类似，新浪微博上有两种类型的用户账号，普通用户账号和认证（加V）的用户账号。身份经过验证的用户账户一般是公众人物或知名组织。根据意见领袖理论和社会影响力理论，提出如下假设。

H3：信息发布者的流行度与信息扩散规模呈正相关。

内容对信息传播起着至关重要的作用。然而，信息内容具有很强的多样性和复杂性，采用明确的方式测量内容对信息扩散的影响是很困难的。一种实用的方法是控制信息的类别。如今传播信息和表达个人意见被认为是微博的使命。因此，研究人员对意见表达是否在微博的使用中占据显著地位感兴趣。为了将这些问题转化为信息扩散的语言，本章提出了以下研究问题和假设。

H4：信息类别对信息扩散规模有显著影响。

RQ2：与其他类别的信息相比，意见表达类微博是否可以扩散到更多人？

此外，除了信息类别之外，新浪微博还允许用户插入图像、视频、音乐、表情符号等富媒体，大大提高了微博的信息承载能力，并使信息更具吸引力。鉴于微博的这一特点，有必要提出以下假设。

H5：嵌入富媒体（如超链接、图像、视频和情感）中的信息往往会增加信息传播的规模。

最后，信息扩散的生命周期与公众注意力的暂时性相关。如果公众对于一条信息的注意力是持续的而不是暂时的，则信息就可以传播到更广泛的受众。基于这些简单但有力的理由，可以得出以下假设。

H6：信息扩散的生命周期与信息扩散规模呈正相关。

第四节　研究方法

一、数据采集与抽样

新浪微博是中国最大的微博服务运营商，自 2009 年上线以来取得了突飞猛进的发展。新浪微博实现了与推特相似的功能。开放的基础架构和可移植的后端应用接口保障了微博服务的稳定性。通过随机生成 3 亿个新浪微博用户 ID 并检测这些用户 ID 是否真实存在，从中随机产生了 62 316 个新浪微博用户。本章对这些用户的所有微博（$N = 5\,036\,596$）进行爬取。在这些微博中，有 3 185 574 条（63.2%）是转发的微博内容，其余 1 851 022 条（36.8%）由这 6.2 万个用户原创。被这 6.2 万个新浪微博用户转发的微博中，有 27 158 条（0.85%）已经被原作者删除。此外，这些新浪微博用户一共转发 2 186 849 条微博。

为了分析信息扩散网络的度分布情况，本章从原始数据中分别抽取了由这 62 000 个新浪微博用户的 30 万条原创微博和 30 万条转发微博。通过新浪微博的 API[①]，收集了这 60 万条微博的转载数。在样本中，最大的转载数是 417 116 次。此外，为了使用回归模型研究信息扩散，随机抽样了 3500 条微博信息。

二、测量

扩散规模　信息扩散规模是用转发次数来衡量的。60 万条微博的转发次数分

---

① 参见 https://open.weibo.com/wiki/API 文档_V2/en。

布极不平衡。将信息扩散规模的分布（Mdn = 335，M = 1255.8，SD = 76 156）绘制在双对数坐标图（log-log graph）中，如图 4-5。根据先前关于无标度分布和偏好连接的基本机制的研究，这种不均衡扩散的特征表现为典型的长尾现象。

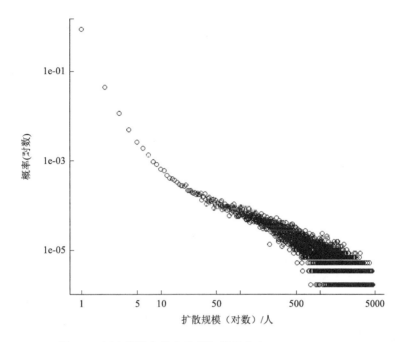

图 4-5　新浪微博上信息传播规模的分布（N = 600 000）

扩散的生命周期和深度　除扩散规模外，还计算了信息扩散的其他属性，如扩散的生命周期和深度。首先，以天作为单位测量扩散生命周期（Mdn = 9，M = 18.7，SD = 29.0）。其次，扩散深度通过信息扩散网络计算。扩散深度是转发微博到原始微博的最大网络距离，计算每个节点到原作者节点的距离，得到的最大网络距离作为扩散深度（Mdn = 4，M = 4.9，SD = 2.9）。

如图 4-6 所示，S 表示信息原创者；A、B、C 和 D 分别是四个转发者。扩散深度是从转发者到信息原创者的最大距离。从 S 到 A、B、C 和 D 的距离分别是 1、1、2 和 2。所以信息扩散的总体深度是所有节点的扩散步骤的最大值，在图 4-6 中，扩散深度为 2。

网络门槛　对于不同信息，通过追踪扩散过程来计算每个人的网络门槛。由于网络门槛的分布图像通常是偏斜的，需要进行对数转换。假定 x 的分布是对数正态的，这意味着 x 的分布是高度倾斜的，可以通过取对数形式来将其标准化。

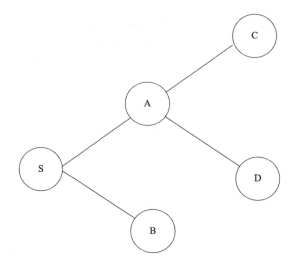

图 4-6　扩散网络的深度

　　平均门槛衡量了转发者的局部信息环境被激活的程度。在测量了每个人的网络门槛之后，将它们以信息为分析单位聚合起来，据此计算一条信息的平均门槛（$M = 0.15$，$SD = 0.04$）。

　　既有研究已经讨论过零门槛的情况（Valente，1995）。因此，零门槛的比例也可以计算出来（$M = 0.23$，$SD = 0.19$）。与重复多次接触信息不同，零门槛表明个人在传播信息时没有通过人际网络直接接触信息。以上数据表明：新浪微博上面的信息扩散与人际作用有关的比例高达 77%，或者说绝大多数信息扩散是通过人际网络传播出去的。

　　信息类别　在新浪微博上转发的信息已经被两位编码人员编码为九类：搞笑、生活百科、明星、电影、新闻、心情、爱好、产品和意见（Cohen's Kappa = 0.987）。表 4-1 给出了基本的编码方案和具体的例子。图 4-7 显示了不同类别的分布情况，对于已被转发 100 次以上的显著信息，最受欢迎的信息来自搞笑（32.1%）和生活百科（23.3%）；而影响不到 100 人的信息类型，最多的是心情（27.3%）和意见（17.9%），这与先前的研究观察结果一致。新浪微博上的信息扩散几乎完全是由笑话、图片和视频等媒体内容的转发而形成的，而推特上的信息扩散趋势更多地与当前全球事件和新闻报道有关（Yu et al.，2011）。信息的其他特征也被编码，例如信息是否包含图片（Cohen's kappa = 0.968）、视频（Cohen's kappa = 0.964）、超链接（Cohen's kappa = 1）、表示对话的符号"@"（Cohen's kappa = 0.962）和表情符号（Cohen's kappa = 0.872）。

表 4-1　新浪微博的类别编码和举例

类别	举例
搞笑	一女生跟男朋友分手了，旁边她同学安慰她："那男的有什么好，土木工程的，一听就知道又"土"又"木"的！"
生活百科	【脸部各部位长痘痘的原因及祛痘方法】各位姐妹们，还在为脸上长痘苦恼吗？为你们奉上祛痘方法，让我们一起做清新小美人吧
明星	#艾玛·沃特森##Emma Watson#3 月 30 日 Emma 和朋友在美国洛杉矶好莱坞.http://t.cn/zOSr3DY
电影	怡！！！简直笑爆肚啊！[哈哈][哈哈]http://t.cn/zOKU4cS 哩部系超级好睇！[good]
新闻	【记者暗访：皮革废料制药囊追踪 熬制时铬大量残留】央视昨天报道了浙江省新昌县一些胶囊厂非法使用工业明胶生产药用胶囊，这种工业明胶被检出重金属铬超标，所用原料是一种所谓"蓝矾皮"的工业皮革废料。http://t.cn/zO0PVkS
心情	是的我爱你，但是我也爱烤鸡翅，所以你以为你是谁？
爱好	#游戏推荐#【小小帝国 Little Empire】开发过 Shoot U 的 Camel Games 公司非常低调但是出品的游戏却非常有实力，比如这款《小小帝国》是世界首款应用了 3D 和真实地理位置技术结合的策略类网络游戏. http://t.cn/St43LA
产品	校园用什么 3G 手机促销？普通低价的普通 3G 手机？以中兴 V880 为首的智能机？一经比较，优劣自现，一经传播，口碑即来。#相信沃没错的##极速互联随我行#
意见	管理方面有些问题，应该严令拒绝插队的而不是让被插队的和其他排队的受到影响

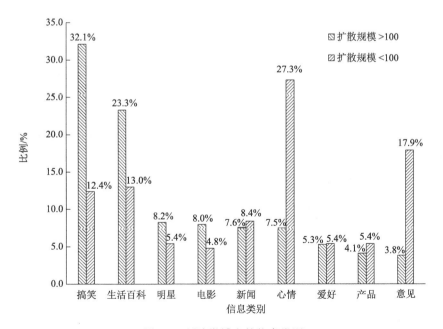

图 4-7　新浪微博上的信息类别

第五节　研究发现

本章主要关注人际作用的门槛假设，即网络门槛对信息扩散的规模存在非线性影响。因变量是信息扩散规模，通过检验假设，本章旨在阐明信息扩散中的人际作用。为了检验这一假设，建立了五个多元回归模型，结果如表 4-2 所示。

表 4-2　信息扩散规模的线性回归模型[①]

			$y=$扩散规模的对数		
项目	模型 0	模型 1	模型 2	模型 3	模型 4
扩散渠道					
平均门槛（对数）	−2.57***	−1.19***	−0.41***	−0.35***	−0.15
平均门槛(对数)^2	−0.21***	−0.08***	−0.02***	−0.01*	0.00
零门槛比例（对数）		0.11***	0.06***	0.06***	0.05***
个体属性					
验证身份		−0.29***	−0.04	−0.12***	−0.14***
粉丝数（对数）		0.30***	0.10***	0.11***	0.11***
微博数（对数）		−0.17***	0.06***	0.06***	0.06***
扩散特征					
评论数量（对数）			0.04***	0.04***	0.04***
生命周期			0.86***	0.89***	0.89***
扩散深度			0.13***	0.13***	0.14***
扩散深度*平均门槛					0.06
扩散深度*平均门槛^2					0.01
信息类别					
高校				−0.07	−0.08
生活百科				−0.10	−0.10
明星				0.42***	0.38***
电影				−0.08	−0.09
新闻				0.10	0.10
心情				−0.12*	−0.12*
爱好				−0.11	−0.11
产品				0.37***	0.35***

[①]注：信息类别的对照组是意见表达的类别，因变量是扩散规模。

续表

	y=扩散规模的对数				
项目	模型 0	模型 1	模型 2	模型 3	模型 4
内容特征					
图片				0.03	0.03
视频				−0.21***	−0.21***
超链接				0.02	0.02
提及@				0.02	0.01
表情符号				0.01	0.00
调整后 R^2	0.59	0.72	0.90	0.91	0.91

注：*表示 $p<0.05$，**表示 $p<0.01$，***表示 $p<0.001$。

　　假设 H1a 认为人际作用的平均门槛对扩散规模具有显著影响。正如在测量部分所介绍的那样，零门槛比率的平均值为 0.23，这表明对于特定信息的扩散，77%的信息传播基于直接人际渠道。表 4-2 模型 1 的结果表明平均门槛和它的平方项都可以显著地影响扩散规模。因此，假设 H1a 和 H1b 得到数据的支持。

　　为了更好地回答研究问题 RQ1，将人际作用对扩散规模的非线性关系以图形的形式进行展示。如图 4-8 所示，采用网络门槛衡量的人际作用与扩散规模之间存在的非线性关系为倒 U 形曲线。这一发现明确了关于人际作用的两种影响机制的争论：基于实证数据的研究发现显然支持了门槛模型，而非 J 形曲线模型。

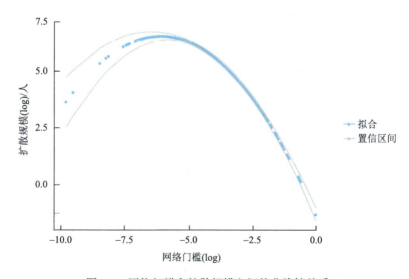

图 4-8　网络门槛和扩散规模之间的非线性关系

假设 H2a 和 H2b 主要关注扩散深度的影响。在本章的样本当中，最大的扩散规模高达 417 116 人，然而最大的扩散深度却仅有 26。假设 H2a 预测扩散深度可以促进扩散规模，得到模型 2、模型 3 和模型 4 的支持。假设 H2a 进一步考察扩散深度对人际作用的调节作用。为检验这一假设，在模型 4 当中加入了两个交互项。然而，这两个交互项并不显著。因此 H2b 未能得到数据的支持。

假设 H3 涉及信息发布者（即种子节点）的属性。本章探讨了信息发布者的流行度是否会引发更为广泛的信息扩散。采用了两种流行度的测量方法：第一种，信息发布者的社会身份是否已经被新浪微博认证为名人；第二，通过信息发布者的关注者人数测量。模型 1（$B = -0.29$，$p < 0.001$）、模型 3（$B = -0.12$，$p < 0.001$）和模型 4（$B = -0.14$，$p < 0.001$）显示被认证的名人身份对扩散规模具有负面影响，但是这在模型 2 当中并不显著。所有的模型都表明粉丝数量对扩散规模具有促进作用。因此，对于假设 H3 仅在粉丝数量方面得到数据支持。

假设 H4 中涉及信息类别的影响。在回归模型中，信息类别是以意见表达作为基线组的哑变量。模型 3 和模型 4 表明与意见表达信息相比，明星、产品信息的扩散规模更大；但是，意见表达信息与娱乐、生活百科、电影、新闻和爱好信息相比，扩散规模没有显著差异。因此，H4 仅得到部分支持。基于这一发现，可以回答研究问题 RQ2，意见表达的微博无法比其他类别的信息扩散更远。

假设 H5 关注点是嵌入富媒体的信息（如链接、图像、视频和表情图标）是否会被进一步扩散。模型 3 和模型 4 的结果表明，嵌入视频的信息反而不如没有嵌入视频的信息的扩散规模大。是否在信息当中嵌入图片、超链接、对话、表情符号并没有明显差异。因此，假设 H5 并未得到数据支持。

假设 H6 关注扩散生命周期对扩散规模的影响。正如模型 2、模型 3 和模型 4 所展示的那样，扩散生命周期的长度可以显著地促进扩散规模。因此，假设 H6 得到数据支持。

第六节　结论和讨论

本章研究基于门槛模型重构了信息扩散中人际作用的门槛假设。人际作用的钟形曲线挑战了基于信息重要性提出的 J 形曲线模型（Greenberg，1964b）。虽然 J 形曲线模型认为人际作用对扩散规模的影响是非线性的，但它将这种非线性归因于信息的重要性程度，即人际作用可以促进重要信息的扩散，也会限制不重要信息的扩散。与之相对，本章研究发现人际作用和扩散规模之间存在一个钟形曲线关系，这揭示了网络门槛存在一个临界值：低于网络门槛的临界值，人际作用可以促进信息扩散；高于网络门槛的临界值就会限制信息扩散。这一实证发现与

Watts 模型的深刻洞见相符（Watts，2002）。综上，本章对于人际作用在信息扩散中的作用提供了更加全面的理解。

关于人际作用的钟形曲线的实证发现进一步强调了集体行为当中的效用——成本假设（Granovetter，1978）。个体行动者依赖人际作用来战胜决策过程中的障碍。当社会网络提供的人际作用大于成本时，个体就会采取行动。如果所需的人际作用可以得到满足，就可以加速信息扩散；但是，人际作用并非凭空产生的。如果局部社区无法提供个体行动所需要的人际作用，无法跨越的网络门槛就会成为限制个体行动的障碍。这有助于理解为什么网络门槛也可以抑制信息扩散。

本章研究虽然从门槛模型的角度观察到钟形曲线的门槛假设，并不能排除基于信息内容的解释框架。试想为什么信息无法实现病毒式扩散呢？这当然是因为绝大多数信息需要克服的网络门槛太高，因此所需的人际作用太大，而社会网络无法提供这种支持。但是为什么多数信息的网络门槛太高了呢？此时，往往还是会回到信息的内容层面。比如，信息的新奇性是否足以激发个体行动者的兴趣？信息是否重要到可以影响多数人的生活？马上就会发现只有很小一部分信息具有这种病毒式扩散特性。这些信息扩散需要克服的网络门槛小，人际作用可以进一步推动信息扩散，并导致"富者愈富"的马太效应。

虽然扩散深度对扩散规模具有正向影响，但是扩散深度本身太小了（图 4-9）。与扩散规模相比，扩散深度的数值实在太小了。例如，本章当中最大的扩散深度仅有 26，最大的扩散规模却高达 417 116 人。虽然社交媒体的庞大网络通常是一个小世界，但平均扩散深度为 4 还是太小了。因此，微博上的信息扩散是广度优先，而非深度优先。社交网络中的信息扩散是一个沿着社会网络逐层渗透的过程，其宽度远远大于深度。社交信息在社交网络当中的扩散犹如圆形的水纹，一圈一圈向外扩散。然而，一般只能扩散四圈。那些与当前社交圈层不紧密关联的信息会被忽略掉。从某种程度上，可以认为社交网络的这种过滤功能降低了个体信息过载的压力。身处信息爆炸时代，越来越多的人却开始远离专业媒体。这当然与数字媒介的发展有关系，因为数字媒介进一步挤占了用户有限的注意力资源。但更重要的或许是一种使用体验：当用户仅仅使用社交网络获取信息时并不会遗漏他们认为重要的信息。这个过程是一种选择性信息接触，主要的选择机制是通过社交网络的结构自然实现的。这种选择性接触的一个自然的结果是社会极化。然而，已有的研究表明无论是互联网还是社交网络都不会加剧极化（Boxell et al.，2017）。葛岩等（2020）的研究也表明社交媒体使用不必然带来极化，只有在社会失稳和主流媒体式微时，社交媒体才会推动极化。甚至有研究发现社交类型的互联网使用可以抑制极化（沈郊和徐剑，2020）。

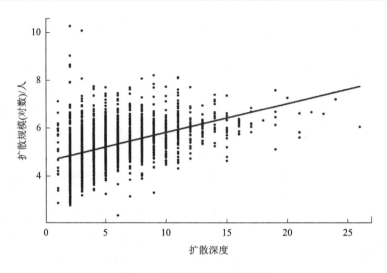

图 4-9　扩散深度和扩散规模

　　有限的扩散深度意味着大多数信息被困在了局部范围内，因此它印证了之前研究中一直被强调的结构性陷阱。结构性陷阱的观点认为密集的社区中很少有传出连接，这自然会阻碍信息的流动（Weng et al.，2013）。在关于弱关系的研究中，格兰诺维特提出弱关系会将信息传递给更多的人，因而信息可以跨越更长的社交距离（Granovetter，1973）。Grabowicz 等（2012）认为推特中的信息扩散主要基于社区进行组织，其发现很好地支持了格兰诺维特关于弱关系的理论。他们区分了连接的类型：社区的内部连接（internal links）、两个社区之间的连接（links between groups）、两个社区的中间连接（intermediary links）、无社区的连接（no-group links）。两个社区的中间连接主要通过作为中介的桥节点发挥作用。桥节点是同时属于两个社区的节点。去掉桥节点，网络将会变得无法连通。基于这种区分，Grabowicz 等发现推特上的个人互动主要通过社区的内部连接（强关系）进行，而信息扩散则偏好社区之间的连接或者中间连接（弱关系）。

　　Onnela 等（2007）也发现信息在真实网络当中的传播受限。移动社交网络消除强关系后仍然具有较好的连通性，但是如果去除了弱关系，整个网络就会分崩离析。Onnela 等使用了一个国家五分之一人口一年半的手机通话数据来构建传播网络。这个网络的节点为用户，连接为累计通话时长，并且两个用户 i 和 j 之间存在连接的条件是相互之间都主动打过电话给对方。这个传播网络覆盖 460 万人，包含 700 万条连接。网络当中的度分布和连接权重的分布具有幂律或长尾的特点；两个用户之间的重叠与他们的连接权重 W_{ij}（即通话时长）正相关，与二者之间的中介中心性负相关。除此之外，Onnela 等还使用该网络结构来模拟信息扩散并分析连接权重的影响。假设用户 i 将信息传递给用户 j 的概率 P_{ij} 与连接权重 W_{ij} 正相关，传播概率为常数 β。那么 $P_{ij} = \beta W_{ij}$。接下来就可以观察感染人数 $N(t)$ 随时间 t 的变化。为了分析连接权重的影响，需要构造一个零模型网络。在零模型网络当中，网络连接不变，但连接权重重新设置为平均权重 $<W_{ij}>$。结果表明零模型网络扩散的速度远远快于真实网络。强连接主要位于局部社区内部，跨越社区的弱连接形成传播的瓶颈，直接导致信息没有办法逃离局部社区。网络社区对信息扩散的这一影响被称为"陷阱效应"。

在 Weng 等（2013）关于推特上信息扩散的研究中，也发现类似的结构性陷阱。Weng 等测量了推特转发和评论的连接权重和行为比例，发现通往社区内部的连接权重比通往社区外部的连接权重更高，指向社区内部邻居的行为比例比指向社区外部邻居的行为比例更高。也就是说，社区存在明显的向内部聚集的情况，社区会强烈地阻碍交流。扩散深度与扩散规模之间正相关的结果表明，病毒式信息往往不会困于局部社区，可以相对容易地渗透到更多的社区。这样，信息扩散才不会被困于局部社区。这种病毒式扩散的信息更像病毒，更接近于简单扩散（simple contagion），而不是复杂扩散（complex contagion）。此外，Weng 等还基于一条推特信息的前五十条转发来预测这条信息是否会变得流行（被 70、80 或 90 人转发），采用包括社区集中程度的各种特征以及随机森林算法建立机器学习模型，结果表明基于社区集中特征的预测可以大幅度提高预测的准确度，既包括查准率（precision），也包括查全率（recall）。扩散深度的有限性意味着网络信息扩散的潜力在于信息的渗透能力。随着信息扩散的深入，微博上的信息扩散迅速衰减，这可能表明具有相同受众兴趣的个人倾向于聚集在一起，因此不同品味社交圈之间的边界阻碍了信息在微博的在线社交网络内传播。从这个角度讲，参与扩散的社团数量比起参与扩散的朋友数量作用更重要。与之类似，Ugander 等（2012）招募了脸书用户，更明确地研究了社团在社会传染（social contagion）过程中的作用。

结构多样性（structural diversity）的分析视角对于分析社交媒体中的信息扩散同样具有重要的意义，值得未来的研究进一步探索。Ugander 等（2012）的研究包括了两个社会传染过程：第一过程是招募过程，即用户在收到好友的电子邮件邀请后加入脸书的过程；第二个过程是参与过程，即用户在加入到脸书后参与到脸书使用的过程。这个研究所定义的参与是指对社交媒体的连续性的使用，而非信息扩散或者创新扩散。当用户注册脸书 3 个月之后，如果连续 7 天至少有 6 天访问脸书网站就被认为是社交媒体的参与者。他们发现对于个体 i 而言，其参与概率主要受到其联系邻居（contact neighborhood）的社团数量的影响，而不会受到邻居数量的影响。联系邻居就是个体 i 的邻居以及邻居之间的朋友关系。这种社团数量被概念化为结构多样性。对于个体 i 联系邻居而言，如果其中的连边密度过低就意味着缺乏背景或语境，如果连边过密则意味着这种背景过于单一化或者缺乏多样性。无论缺乏背景信息还是缺乏多样性都不利于用户的参与行为。

　　扩散深度较浅的特点也展现了微博上信息传播的弱点——信息的扩散机制主要基于人际网络。信息扩散是一个自下而上的过程。如果社会网络成为阻碍信息扩散的门槛，信息扩散就会被困死在局部网络当中。为了进行有效地扩散，一个自上而下的扩散过程也是必需的。正如在推特和新浪微博上事件流行度以信息聚合器和搜索引擎的形式表现出来，"热点话题""热门搜索"同样是不少用户获取信息的重要渠道。零网络门槛的比例约为 23%，也就是说 77%的信息扩散都是通过人际传播渠道产生的。虽然微博作为一种社交媒体，平台同样存在其他的替代性的传播渠道，但人们已经习惯了从他们所关注的人那里获取信息。作为一个基本的社会事实，这一现象值得更多思考。现在，社会极化问题已经引起了更多的关注。如果只是从自己的朋友那里获取信息，就容易陷入"回音室"当中（Jamieson and Cappella，2008；Pariser，2011；Sunstein，2006）。当然，在线信息环境只是人们获取信息的一个渠道。除此之外，还有线下的各种信息传播渠道。但是，随着人们将更多时间投入数字媒介，这一问题值得警惕。

　　为了理解信息在社交媒体上的有限扩散规模，尤其是信息扩散在时间维度的暂时性，对信息扩散的时间模式进行分析也是必要的。为此，从新浪微博上随机选取了 8000 条微博并分析信息扩散的时间模式。如图 4-10 所示，大部分信息的生命周期都很有限。使用一天作为基本的分析单位来计算生命周期，发现信息生命周期的平均值仅为 8.78 天，中位数仅为 2 天。此外，这类信息通常会强烈爆发，然后就很快消失。为了量化公众注意力爆发现象，本章的研究还计算了峰值分数。峰值分数反映信息扩散发生在峰值日的比例。结果发现平均峰值为 0.827，这表明就某一特定信息（如一条微博）而言，信息扩散具有很强的爆发特性，大多数的

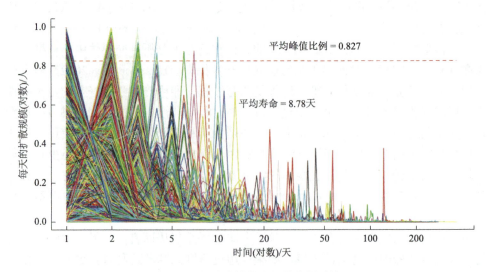

图 4-10　新浪微博信息扩散的暂时性

转发在一天内发生。已有研究表明在推特上的话题标签扩散过程中同样具有强烈的爆发现象。例如，Glasgow 和 Fink 研究了"伦敦骚乱"这一推特话题标签的生命周期，发现半衰期小于 24 小时（Glasgow and Fink，2013）。半衰期是指某一数值降到其初始值的一半所需要的时间。例如，虽然#riotcleanup 话题标签的生命周期可以持续 52 天，但是它的半衰期不超过 20 小时。

综上所述，本章提出并检验了网络信息扩散中人际作用的门槛假设。扩散网络的深度非常有限，并且在时间维度上伴随着强烈的爆发现象和短生命周期。过高的网络门槛、有限的扩散深度和强爆发现象已经成为限制网络信息扩散的主要瓶颈。什么样的信息可以跨越网络门槛并实现病毒式扩散？答案或许是病毒式叙事。叙事的传染才是实现全局性扩散的基因。正如《小王子》（*Le Petit Prince*）一书的作者安托万·德·圣-埃克苏佩里（Antoine de Saint-Exupéry）所言："如果你想造一艘船，先要做的不是催促人们去收集木材，也不是忙着分配工作和发布命令，而是激起他们对浩瀚无垠的大海的向往。"①

---

① 其实这句话并不是圣-埃克苏佩里的原话，但是人们喜欢选择名人作为叙事的主角。可以参考 https://en.wikiquote.org/wiki/Antoine_de_Saint_Exup%C3%A9ry.

第五章　社交新闻网站上信息扩散：群体把关

"是否进入一个渠道、从渠道的一个部分移动到另一部分是由把关人决定的。"

库尔特·卢因（Lewin，1943）

第一节　新闻聚合

数字媒介创造了新的信息扩散模式。社交媒体的技术特征对扩散过程有着深远的影响。除了社交网络服务外，社交媒体还提供强大的信息聚合服务。新闻聚合工具通常出现在首页，作为页面右侧的侧边栏（即新闻聚合的网页）。热门新闻条目的列表是从网站用户提供的新闻报道中选择的，其选择过程通常基于某种受欢迎程度的度量（例如每篇报道截至某一时间节点收到的点击次数、评论或转发次数）。社交媒体的信息扩散模式既包括基于社交关系的人际作用，也包括基于信息聚合的乐队花车效应（bandwagon effect）。

关于新闻扩散的研究显示，人们主要从两个渠道获取新闻：人际传播和新闻媒体（DeFleur，1987；Funkhouser and McCombs，1971；Greenberg，1964b；Larsen and Hill，1954；Miller，1945）。研究者一直在争论这两个渠道哪一个更重要。关于社交新闻网站（Social News Website，SNW）的研究将人际渠道描述为新闻扩散的主要驱动力（Lerman and Ghosh，2010；Shao et al.，2009；Wu et al.，2011）。信息共享网站中的开放式参与有希望让人回到新闻扩散的中心，但这些研究夸大了人际渠道的重要性，因为它们忽略了社交媒体当中的群体把关。

本章的研究将信息聚合过程概念化为群体把关。群体把关是指由社交新闻网站提供的基于用户投票、评论、推荐等方式对新闻进行协同过滤的新闻聚合工具（如热门新闻的列表、热门关键词的列表、被分享的新闻报道的统计信息）。群体把关是集体性的。第一，新闻报道彼此竞争以获取公众的注意；第二，每个人都有机会通过分享新闻的方式参与新闻把关。早期参与者的决策集体决定了信息的流行度，因而信息扩散的早期参与者发挥着群体把关人的作用。

传统的新闻媒体也会在网站上提供热门新闻（例如头条新闻）的列表。然而，新闻媒体网站（如CNN.com）的头条新闻是由专业的编辑或记者根据他们所认为的时效性、重要性或其他新闻价值标准来编辑的（Gans，1979），而群体把关则主要来自群众的智慧。前者的新闻生产和传播是自上而下的过程，后者是自下而上和自上而下两个过程的结合。在群体把关的第一个阶段，新闻的制作和选择是由早期参与者来实现的，哪些新闻成为流行新闻由用户来决定，因而是自下而上的过程；在群体把关的第二个阶段，流行的新闻已经进入新闻聚合页面，此时用户可以直接通过新闻聚合页面看到这些新闻，类似于传统媒体网站的新闻扩散，因而是自上而下的过程。综上，群体把关不仅受到传统的新闻扩散因素（如信源可信度）的影响（Gans，1979；Hovland and Weiss，1951），还受公民新闻等新闻扩散因素的影响（Goode，2009）。

社交新闻网站上聚合的新闻也不同于脸书等社交网站上的朋友之间分享的新闻。社交网站上分享的新闻主要来自朋友，而聚合新闻来自聚合社群。在线社交网络中来自朋友的新闻涉及局部社区（local community）中的新闻生产、传播和消费。社交网络当中的局部社区是一个小世界，具有较高的聚集系数和较短的平均最短路径长度。因为局部社区的聚集系数比较高，局部社区中一个人的朋友之间往往也存在朋友关系。[①]与之相比，群体把关则主要发生在全局范围内，传播者主要是陌生人（Kossinets and Watts，2006；Scott，1988）。比较这两种竞争性信息扩散渠道的相对重要性不仅有助于确定人际渠道对新闻扩散的真实（或更准确）的贡献，而且有助于深入了解社交网络研究中的一个核心问题：局部网络和全局网络对个人影响的相对重要性（Robins et al.，2005；Watts，2004）。本章聚焦于以下核心问题：人际渠道和群体把关哪一个才是新闻扩散的主要驱动力？

第二节　新闻扩散和社交新闻网站

一、新闻扩散研究

新闻扩散是新闻从信息源向受众传播的过程。新闻报道是社区知识的载体，通过大众媒体和人际关系渠道在人群中扩散。在群体层面上，新闻扩散是知晓新闻者的数量增长过程；在个体层面上，新闻扩散研究关注个人何时以及如何知晓新闻事件。新闻扩散研究通过分析传播渠道、累积扩散曲线和影响新闻扩散的因素来比较媒介作用和人际作用（Larsen and Hill，1954）。德尔波特·米勒（Delbert Miller）在 1945 年的开创性研究确立了评估扩散渠道影响的研究传统（Miller，1945）。米勒发现 85% 的人通过口口相传的形式得知罗斯福去世的消息。毫无疑问，这一研究强调了人际作用在突发重大新闻扩散中的作用。后来，格林伯格对 18 个新闻事件的传播规模和媒体差异进行了研究，发现新闻扩散的程度与人际渠道的

---

①　如果 i 和 j 两个人都是 k 的好友，那么 i 和 j 就会有更大的概率成为朋友，这一趋势被称为"三元闭包"或"三角闭合"（triad closure），由德国社会学家格奥尔格·西梅尔（Georg Simmel）提出。

百分比之间的关系可以被描述为 J 形曲线（Greenberg，1964b）。换言之，人际作用对扩散规模具有非线性的影响。此外，通过对媒介作用、人际作用和新闻扩散规模的评估，经典的新闻扩散研究指出，人们最先从人际渠道获取突发新闻，其他不那么重要的新闻则主要从大众媒体中获取（DeFleur，1987；Greenberg，1964b）。格林伯格基于 J 形曲线模型对新闻事件进行分类（Greenberg，1964b），强调了新闻事件的重要性（Gantz and Bradley，2005）。

受到研究方法和理论框架的限制，新闻扩散研究未能做出更加确实的理论贡献，因而广受批评。新闻的突发性限制了经典新闻扩散研究的研究设计（DeFleur and Cronin，1991；Miller，1945）。为了应对突发新闻，新闻扩散研究者必须事先准备并及时开展研究。但是，通过调查或访谈得到的用户自我报告的数据往往因为时间滞后而存在记忆偏差（DeFleur and Cronin，1991；Funkhouser and McCombs，1971）。人们可能已经忘记了首先通过哪一个渠道得知的新闻。此外，大多数新闻扩散研究都依赖于案例研究，但其中的案例数量和样本规模均非常有限（Funkhouser and McCombs，1971）。更严重的问题在于大多数关于新闻扩散研究的累积性贡献也存在争议。尽管新闻扩散研究关注扩散渠道的影响，人际传播和大众媒体哪一个更重要这一问题并未得到解决（DeFleur，1987）。受到以上因素的影响，新闻扩散研究在 20 世纪 90 年代走向衰落。直到 21 世纪之后，新闻扩散研究才随着社交媒体的出现而重新复兴。

二、社交新闻网站

社交新闻网站是推动网络公民新闻实践的重要途径。随着网络社会的兴起，新闻在互联网上的扩散变得愈发重要（Castells，1996，2007，2009；Shumate，2010）。网络公民新闻是指一系列基于网络的新闻实践活动。用户共同参与各种新闻实践活动，包括发博文、分享照片和视频、发布关于当前事件的目击者评论。不涉及内容创作的行为，例如转发、链接、标签、评级、修改或评论其他用户或专业新闻机构发布的新闻，也被纳入网络公民新闻当中（Domingo et al.，2008；Goode，2009）。

以社交新闻网站为代表的互联网推动了新闻扩散研究的发展。人类在线行为的数字痕迹，为新闻扩散研究提供了有利条件让研究者有机会分析网络新闻扩散的机制，这有助于解决传统研究长期以来难以解决的问题。互联网上的新闻扩散随时都在发生，留下了大量的数字指纹。研究者可以通过非介入性的方式追踪整个扩散过程，并研究扩散者的社交网络关系。数字指纹使得研究者可以更加从容地优化研究设计，同时避免了记忆偏差的问题。使用数字媒介的数据，研究者可以分析大量的新闻事件的扩散，覆盖足够大的人群，避免案例数量少和样本规模有限的问题。

互联网新闻扩散研究往往过于强调人际作用，忽略了群体把关等其他因素。

根据传染病模型（Anderson and May，1992），大多数网络新闻扩散研究把新闻扩散看作简单传染（Bakshy et al.，2009），普遍都仅仅强调社交网络所带来的人际作用（Lerman and Ghosh，2010；Shao et al.，2009；Wu et al.，2011）。与传染病模型的预测相比（Pastor-Satorras and Vespignani，2001），网络新闻扩散的不同之处在于扩散规模的有限性。Lerman 和 Ghosh（2010）研究了主流的社交新闻网站 Digg 上的新闻扩散，结果发现大多数新闻最终只"感染"了整个网络的 0.1%。这个结论适用于其他社交新闻网站。Bakshy 等（2011）通过跟踪 7400 万个扩散，研究了推特用户的人际作用，结果显示，一个大的"级联"扩散是相对少见的。这种观察也适用于其他社交媒体。例如，Leskovec 等（2006）发现产品推荐网络的扩散也趋于浅层扩散。群体把关对于解释新闻扩散的规模有限性问题具有重要价值。通过将群体把关和人际作用纳入本章研究的理论框架，本章试图解答忽视群体把关并高估人际作用这一难题。

第三节　群体把关与人际作用

本章将从新闻分享行为的角度分析社交新闻网站上的新闻扩散。社交新闻网站上的新闻分享会激发更多的新闻浏览，个体的新闻获取受到他人新闻分享行为（或新闻扩散）的影响。那些不传播新闻的人对他们的线上朋友（即在社交新闻网站上关注他们的人）没有影响。仅仅关注新闻而不参与到新闻分享行为当中，就没有办法激发进一步的新闻扩散。只有通过个体的新闻分享行为，新闻才能真正在社交网络中进一步传播开来。新闻分享对于新闻扩散至关重要。新闻分享研究也应当成为网络新闻扩散研究的核心部分。对新闻分享行为的研究将会进一步加深对群体把关和人际作用的理解。就新闻分享行为而言，网络新闻扩散受到人际作用和群体把关的双重推动。

首先，人际作用是基于通过社交网络建立的社交关系。两级传播模型假定新闻从大众媒体传播到意见领袖，并从他们传播到更广泛的人群（Lazarsfeld et al.，1944）。Wu 等（2011）研究了推特上新闻扩散的两级传播模型，分析了谁对谁说什么，发现 50%的超链接是由仅仅 2 万名意见领袖生成的，其中，媒体产生了最多的信息，但最受追捧的却是名人。那些通过人际传播获取信息的人更有可能影响其他人（Greenberg，1964b；Larsen and Hill，1954），而人际传播也加深了新闻扩散的深度（Budd et al.，1966）。

其次，需要强调的是社交新闻网站的群体把关。传统的新闻把关是指选择、写作、编辑、版面安排、时间安排、复制或篡改信息以使之成为新闻的过程，通常由记者和编辑进行（Shoemaker et al.，2008）。然而，网络新闻正在改变着把关人的机制，因为读者可以与其他读者进行交流，从而扩展了通常的把关过程，因此，所选内容可能无法反映记者和编辑的新闻价值（Shoemaker et al.，2010）。

群体把关和人际作用在过程和特征方面均有所不同，如图 5-1 和表 5-1 所示。人际作用主要来自扩散者个人的社交网络关系。社交新闻网站的用户们基于他们自身的偏好选择性地关注其他用户。因此，信息可以通过社交关系从一个人流向另一个人。虽然个人通过自己的社交网络知晓新闻，但是个人对于是否分享此条新闻的决策受到个人偏好的影响（图 5-1 中的第 I，II，V 和 VI 阶段）。以作为早期参与者的新闻提交者为例，这些人本身的创新性对于驱动他们主动将新闻提交到社交新闻网站发挥着重要作用。新闻提交者所提交的新闻会出现在新近新闻页面当中。如果其他用户喜欢他们所提交的新闻，就可以给这条新闻投票。群体的投票行为本身就构成了一个群体把关过程。群体也就发挥着把关人的作用。群体把关人对信息的过滤决定了哪些新闻会成为流行新闻并出现在流行新闻页面当中。

虽然群体把关来自社交新闻网站的协同过滤，但其影响主要体现在流行新闻页面的新闻聚合功能当中。受欢迎的新闻将被选为趋势新闻（trending news）或热门新闻（hot news），并被进一步汇总在新闻聚合网页当中（图 5-1 中的第 III 阶段），这是一个自下向上的过程。此后，新闻将被数量更多、更加多样化的用户接

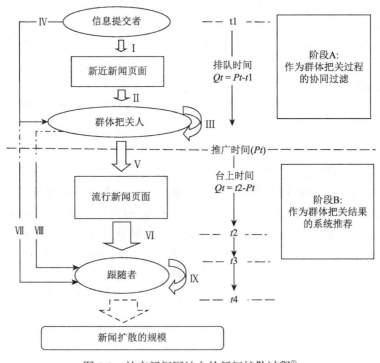

图 5-1　社交新闻网站上的新闻扩散过程①

————————

① 阶段 VI、VII、VIII 表示人际作用的过程，而阶段 II、III、IV、V 表示群体把关的过程。

触到，这是一个自上而下的过程，极大地扩大了新闻扩散的规模（图 5-1 中的第 Ⅵ 阶段）。在这个阶段中，群体把关是隐性的，因为大众阅读的新闻往往直接来自网站的新闻聚合，而他们通常不知道谁参与了筛选和发布这些新闻。因此，群体把关来自早期参与者的集体智慧（Weiss，2005；Woolley et al.，2010）。这些早期参与者是活跃分子，但并不一定是社会精英或传统的意见领袖。通过社交新闻网站的信息过滤机制，早期参与者被赋予了特权：他们的偏好和选择决定了哪些新闻将会登上信息聚合页面并因此对其他用户产生影响。此外，与人际作用可以产生的长期记忆作用相比，群体把关的影响往往是暂时性的（Sornette and Helmstetter，2003）。一个原因是流行新闻之间存在着激烈的竞争，另一个原因是新闻本身的生命周期就很短，人们总是被新近的信息所吸引。

表 5-1　群体把关与人际作用

驱动力	过程	特征
群体把关	• 协同过滤 • 对趋势新闻的筛选 • 新闻聚合	• 被赋权的权威 • 集体智慧 • 自下而上&自上而下 • 匿名性 • 高效性 • 时效性
人际作用	• 构建个人社交网络 • 从线上的朋友处获得新闻 • 决定是否要分享新闻	• 个人偏好 • 个人智慧 • 自下而上 • 虚拟好友关系 • 速度较慢 • 长期影响

根据 Zipf（1949）的"最小努力原则"，本章研究认为网络新闻扩散过程中的群体把关比人际作用更重要。最小努力原则契合功利主义学说的精神。例如，功利主义学派代表人物杰瑞米·边沁（Jeremy Bentham）从"经济人"的角度出发，提出"痛苦-快乐原则"（边沁，2000）。在《道德与立法原理导论》（*An Introduction to the Principles of Morals and Legislation*）一书当中，边沁提出，自然将人类置于两位主公——快乐和痛苦　　的主宰之下。只有它们才指示人们应当干什么，决定人们将要干什么。是非标准，因果联系，俱由其定夺。凡人们所行、所言、所思，无不由其支配（边沁，2000）。按照功利主义的思路，人类应该最大化幸福、最小化痛苦。不仅个人应该按照功利主义原理行动，共同体也应该遵循这一基本原理。[①]快乐和痛苦具有四种基本来源或约束力，分别是自然约束力、政治

---

① 值得注意的是，虽然边沁认为功利主义原理非常重要，但他认为功利主义原理无须也无法证明。

约束力、道德约束力、宗教约束力。边沁详细讨论了如何测量痛苦和快乐、如何对痛苦和快乐分类、人类的敏感程度及其影响因素（如健康、性格、情感、人口统计变量）等问题。Zipf 继承了边沁关于功利主义原理的基本想法，进一步提出人类的行为遵循"最小努力原则"。这一点已在对人类各种语言使用的研究中得到了广泛支持。如果统计人类所使用的各种词语的频数，就会发现词语的频数排名与频数之间具有幂律关系，少数常用的词语使用的次数很多，多数词语使用的次数很少。换言之，人们只需要掌握和使用少数常用词，就可以应对日常生活当中的沟通交流。Mandelbrot（1953）使用"最低成本"这一概念进一步发展了 Zipf 的观点。在信息搜寻的语境下，信息搜寻者按照"最小努力原则"会尽量减少花费在信息搜寻上的努力，尤其是在选择信息渠道方面（Allen，1977；Rosenberg，1967）。

　　与人际渠道相比，群体把关不需要耗费那么多精力。首先，群体把关往往更加行之有效，因为它具有群体智慧的优势。根据 Woolley 等（2010）的研究，群体智慧可以被理解为团队在各项任务中的实际表现。对 Digg 网站用户而言，从网站首页获取新闻比从线上朋友那里获取新闻更有效率。与人际作用相比，群体把关更有可能使生产成本最小化，并使受众分配有限注意力的成本减少（Lorenz et al.，2011）。由于群体把关是以群体合作为基础的，因此群体把关比线上朋友提供的信息具备更高的可信度。通过上述讨论，提出了以下假设并聚焦于社交新闻网站、人际作用、群体把关、新闻类别、扩散广度。与人际渠道相比，本章强调了群体把关在新闻扩散中的作用，并据此提出假设 H1。此外，与上述论点一致，本章提出适用于群体把关的假设 H1a 和 H1b，适用于人际作用的假设 H1c 和 H1d。

　　H1：群体把关对社交网络中新闻扩散的影响大于人际作用。

　　H1a：群体把关对新闻扩散的规模有积极影响。

　　H1b：新闻被越早地推送至新闻网站的聚合页面中，其扩散程度会越广泛。

　　H1c：人际渠道对新闻扩散的规模有积极影响。

　　H1d：新闻发布者的流行度对新闻扩散程度有积极的影响。

　　新闻的扩散速度取决于知晓该新闻的人数。本章研究在个人层面主要关注扩散者的新闻分享行为，在新闻层面上则主要关注新闻的累计分享数量。接触新闻是分享新闻的前提条件。一段时间里接触新闻的人数决定了新闻的扩散速度和扩散规模。为了控制新闻接触的影响，提出以下假设。

　　H2：接触新闻的用户数量越多，新闻扩散越广泛。

　　新闻扩散具有内容异质性。因此，有必要分析新闻内容的影响力，其中一种重要的方式为控制新闻的类别。人们越来越喜爱娱乐新闻，而不太愿意了解政治新闻（Prior，2005）。如果娱乐新闻主导新闻的扩散，将会损害数字媒介在新闻扩散方面的能力。据此，提出假设 H3。

　　H3：娱乐新闻比其他类别的新闻传播更广泛。

第四节　研　究　方　法

一、数据

本章采用社交新闻网站 Digg（www.digg.com）的数据检验假设。Digg 是一个以新闻分享为主要特色的社交新闻网站。在本章数据抓取的时段（2009 年 6 月），Digg 已有超过 300 万注册用户。Digg 网站允许用户自己发布新闻并对新闻进行投票，用户通过他们在社交新闻网站上的朋友界面来阅读朋友所发布的新闻。如果一个新闻报道积累了足够的票数（如 100 票或 800 次浏览），那么该新闻就会被推送到新闻聚合网页，从而更好地扩散至其他用户（图 5-2）。

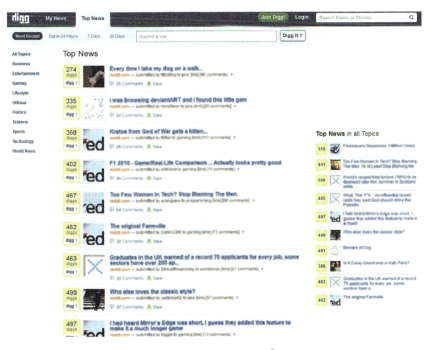

图 5-2　Digg 网站首页①

---

① 如果登录 Digg 账户后访问 Digg 页面，"我的新闻"页面会记录你的朋友投票与支持的新闻。最近的新闻则显示在 24 小时、7 天和 30 天内的新闻以及头条新闻。遗憾的是，2004 年建立的 Digg 网站早已名存实亡。个性化的新闻推荐系统对于服务器的计算水平具有较高的需求，Digg 网站为应对计算的挑战和尝试新的算法经常做出改变，最终不堪重荷，没有能够等到基于智能手机的媒体推荐系统时代的到来。在 2012 年，Digg 变成一个寻常的新闻门户网站，提供一般的新闻服务。

该数据由两部分组成：投票记录和社交网络。投票记录由 139 409 位不同的用户在 2009 年 6 月的 3553 条新闻报道中完成。社交网络包含 71 367 个用户的 1 731 658 条朋友关系。本章使用 Clause 等（2009）提出的方法来拟合节点度的分布并测试拟合度。拟合结果表明：节点的度分布具有幂律分布（或者说无标度网络）的特点（$\alpha = 1.75$，Kolmogorov-Smirnov 统计量 $D = 0.02$），而网络的聚集系数相对较小（$C = 0.06$）。

二、测量

本章研究的因变量是新闻扩散的规模（$M = 849$，$SD = 987$）。扩散规模是基于社交新闻网站用户对新闻的投票数量来进行衡量的。在本章研究所使用的数据当中，扩散规模最小的新闻只有 122 次投票，而最受欢迎的新闻报道（关于迈克尔·杰克逊去世的消息）获得了超过 24 000 次投票。新闻扩散规模的分布符合对数正态，因此取对数可以很容易地使扩散规模趋于正态分布（$M = 6.42$，$SD = 0.72$）。

本章研究采用"网络门槛"的测量方法来量化人际作用和群体把关。为了区分不断增长的朋友网络和个人的动态扩散行为，将原始数据构建为两个具有时间维度的有向网络。具体而言，本章研究区分了连接时间和扩散时间。使用 A→B 表示 A 关注 B，或者说 A 是 B 的粉丝。其中，节点 A 关注节点 B 的时间被定义为连接时间（即社交关系建立的时间）。节点 A 为新闻投票的时间被定义为节点 A 的扩散时间。与之类似，节点 B 的扩散时间为节点 B 对新闻投票的时间。

对于某个新闻扩散而言，假设有 n 个参与新闻扩散的人。i 代表第 i 个人，t_i 表示 i 在时间 t 投票给某一条新闻。那么 i 的网络门槛是

$$\text{Threshold}_i = \frac{n_{it_i}}{N_{it_i}} \tag{5-1}$$

N_{it_i} 是在时间 t 时关注 i 的总人数，n_{it_i} 也是在时间 t_i 扩散了该新闻的人数。例如，如果个体 i 决定为支持某条新闻并为其投票，且他或她关注了 100 个人（或朋友），并且这 100 个人中只有 20 个人分享该新闻（即 $n_{it_i} = 20$），则个体 i 的网络门槛是 0.2。

人际作用主要通过网络门槛来衡量。平均门槛是所有个体对特定新闻门槛的平均值；因此，它衡量了人际网络对新闻扩散的影响程度。将网络门槛从个体层面聚合到新闻层面，得到平均门槛（$M = 0.03$，$SD = 0.02$）。本章还分析了新闻发布者的粉丝人数（$M = 3324$，$SD = 3163$），以控制新闻发布者的个人影响力。显然，新闻发布者的粉丝人数的分布也是有偏的，同样需要通过取对数的方法进行处理。

　　群体把关是指个体对信息进行集体投票并将信息推送到新闻聚合页面的过程。对于特定的新闻报道，零门槛比率是网络门槛值为零的新闻扩散者数量占所有新闻扩散者数量的比值。理论上，在新闻层面的平均门槛是新闻扩散需要人际作用推动的程度，而新闻的零门槛比率衡量的是新闻没有被人际网络扩散的程度。本章采用零门槛比率（$M = 0.68$，$SD = 0.13$）来衡量群体把关的影响。从信息出现到信息被推送至聚合页面所花费的时间是群体把关的推广时间。推广时间长意味着群体把关人对新闻的兴趣不大，或者说新闻缺乏作为信息的病毒扩散特性。因此，推广时间（$M = 12.56$ 小时，$SD = 8.64$ 小时）也被用来刻画群体把关并作为控制变量研究群体把关的影响。

第五节　研究发现

　　本章主要采用多元线性回归模型来检验假设。回归模型的因变量为新闻扩散的规模，而关键的自变量是人际作用和群体把关。从变量的测量方面来讲，需要比较零门槛比率和平均门槛的影响程度，从而更好地检验假设 H1。

　　假设 H1 认为与人际作用相比，群体把关对社交新闻网站上的新闻扩散有更大的影响。表 5-2 说明零门槛比率（$B = 0.86$，$p < 0.001$）的影响是平均门槛（$B = 0.41$，$p < 0.001$）的两倍。因此，假设 H1、H1a、H1c 得到很好的支持。

　　假设 H1b 认为新闻越早被社交新闻网站的新闻聚合网页收录，就会扩散得越广泛。该模型表明推广时间与应变量为负相关关系，且显著（$B = -0.03$，$p < 0.001$），假设 H1b 得到支持。

　　假设 H1d 认为新闻发布者的流行度对新闻在社交新闻网站上扩散广度有积极影响。在回归模型（表 5-2）中，发布者的流行度是通过他们粉丝的数量来衡量的。模型显示发布者的流行度影响是显著的（$B = 0.02$，$p < 0.01$），这很好地支持了假设 H1d。

　　假设 H2 表明社交新闻网站中新闻的接触程度越高，其扩散程度就越广泛。新闻接触程度是由某条新闻的浏览量来衡量的。该模型表明，新闻的接触程度越高，新闻扩散程度越广泛（$B = 0.47$，$p < 0.001$）。因此，假设 H2 得到很好的支持。

　　假设 H3 假设认为娱乐新闻比其他类型新闻扩散程度更广。为了检验这一假设，使用虚拟编码的方式将新闻类别编码为哑变量。回归模型表明，除了国际&商业新闻（$B = 0.07$，$p < 0.001$）和技术新闻（$B = 0.03$，$p < 0.01$）外，娱乐新闻比体育新闻（$B = -0.02$，$p < 0.01$）和生活新闻（$B = -0.02$，$p < 0.01$）扩散规模更大。但娱乐新闻与游戏新闻、另类新闻、科技新闻之间的差异并不显著。因此，H3 只得到了部分支持。

表 5-2　检验人际作用、群体把关和新闻类别对新闻扩散规模的影响

项目	新闻扩散规模（对数）		
	回归系数	标准误	
浏览量	0.47	0.00	***
群体把关			
零门槛比率	0.86	0.08	***
推广时间	−0.03	0.00	***
人际作用			
平均门槛	0.41	0.54	***
发布者的粉丝数量	0.02	0.00	**
新闻类别			
游戏新闻	0.00	0.03	
生活新闻	−0.02	0.02	**
另类新闻	−0.01	0.02	
科学新闻	−0.01	0.02	
体育新闻	−0.02	0.02	**
技术新闻	0.03	0.02	**
国际&商业新闻	0.07	0.02	***
常数项		0.07	***
R^2	0.848***		

注：样本数量 $N = 3553$。新闻类别采用哑变量编码的方式，基准组是娱乐节目。因变量是新闻扩散规模的对数。*表示 $p < 0.05$，**表示 $p < 0.01$，***表示 $p < 0.001$。

第六节　结论和讨论

本章将群体把关纳入新闻扩散研究的理论框架，并从新闻感知转向新闻分享，旨在识别和比较人际作用与群体把关的影响。零门槛比率的平均值为 0.68，这表明接近 70%的新闻扩散不受人际作用的影响。此外，如果观察社交新闻网站总的新闻扩散，还会发现新闻在社交网络中的扩散呈现为"跳跃"的方式，而非连续"感染"的方式。基于社交影响的病毒扩散往往表现为逐个攻破、沿着社交网络的路径扩散的形式；跳跃式的扩散表明社交影响以外的因素在新闻扩散当中发挥着更重要的作用。上述发现对理解受众的碎片化、多样化的扩散机制、扩散的规模有限性具有重要的启示意义。

首先，群体把关为理解受众碎片化提供了新的视角。新媒体的崛起挑战了大众媒体的中心地位，受众开始被分散到各种各样的新媒体平台当中。碎片化假说建立在信息渠道多样化、内容多样化的假设基础上（Shaw and Hamm，1997）。社交媒体便于个人会通过关注某些特定类型的人和内容来强化他们在新闻选择方面的偏好（Prior，2005；Tewksbury，2005）。在内容方面，新媒体用户可以选择性地接触符合自己偏好的信息，构建信息茧房，形成信息隔离。[①]在用户方面，新媒体用户可以选择性地关注自己喜欢的人，形成回音室，同样也会形成信息隔离。在社交新闻网站上，只有高于一定门槛的新闻才会被推送至新闻聚合页面；其他消息往往因为无人问津而很快消失。对于群体把关而言，早期的扩散者通过积极的新闻分享活动，能够将新闻报道推送到新闻聚合网页，扮演"无形的"意见领袖和把关人的角色。他们的选择与偏好将会影响新闻的能见度（visibility）并因此决定了公众的新闻接触。如果早期扩散者具有同质性，基于群体把关的新闻分发会提高受众同质化的可能性。这一逻辑有助于反驳碎片化假设，值得进一步研究。

其次，与强调社会网络影响力的传染病模型相比，强大的群体把关效应加深了对新闻扩散机制的理解。信息扩散的传染病模型往往以这样的假设开始：少数节点通过潜在的社交网络引发长期且大规模的信息级联（Lerman and Ghosh，2010；Steeg et al.，2011；Wu et al.，2011）。尽管这在某些条件下是合理的，但传染病模型的连锁反应假设可能不适用于社交新闻网站。例如，在 Digg 上，70%的新闻分享不受人际作用的影响，且新闻扩散的过程是分散和不连续的。同样，虽然脸书中的扩散链非常长，但它们大多不是由单一的连锁反应形成的（Sun et al.，2009）。

最后，本书谨慎地提醒人们：不要高估新闻扩散中的人际作用。这并不是说完全排除人际作用的影响。人际作用与大众媒体之间往往存在竞争关系。在大众媒体时代，大众媒体整体上占据优势地位。在社交新闻网站上面，不管是群体把关还是人际作用，都排除了大众媒体的直接影响，公众转而成为决定什么是新闻的主体。人际作用尽管不具有压倒性的优势，但依然发挥着强烈且显著的影响（$B = 0.41$，$p < 0.001$）。更重要的一点，后续研究表明人际作用可以增强群体把关效应（Wang et al.，2019）。人际作用可以调节群体把关的影响，人际作用越强，群体把关的作用就会变得越大。此外，本章的发现支持复杂传染的观点。Steeg 等（2011）发现重复接触同一条新闻并不会使该新闻更容易扩散。本章的发现反驳了这一观点，与 Romero 等（2011）的研究一致，Romero 等发现在推特上重复接触某个话题的信息具有显著的边际效应。

此外，新闻的新鲜度会随着时间而衰减（Wu and Huberman，2007），因此群体把关具有时效性。群体把关的时效性有助于更好地理解信息扩散的有限规模特点。就公众注意力的零和博弈特征而言，一项议题的出现是往往以牺牲其他议题

---

① 智能手机和深度学习技术的发展，推动了媒体推荐系统的流行，有可能会进一步强化信息茧房，放大信息隔离的风险。

为代价的（McCombs and Zhu，1995；Zhu，1992）。为了出现在新闻聚合网页的"聚光灯"下，新闻报道之间互相竞争。这种激烈的竞争使得原先占据新闻聚合网页的热点新闻被其他新闻取代。因此，新闻聚合网页上新闻的快速更新也制约了新闻扩散的规模。根据 Wu 和 Huberman（2007）的研究，Digg 新闻的半衰期为 69 分钟。这与新闻报道在被聚合到新闻聚合网页之前只能在网页上保留 1～2 小时一致。在本章所研究的社交新闻网站当中，虽然大多数新闻平均扩散了 14 天（$M = 14.20$，$SD = 8.04$），但超过 70%的信息分享在一天之内发生（$M = 0.71$，$SD = 0.12$），如图 5-3 所示。因此，根据相关研究，新闻分享有很强的爆发性，这将减缓新闻的扩散并限制新闻扩散的规模（Karsai et al.，2011）。有必要指出的是，相对较弱的人际作用不利于通过社会强化作用来克服个人网络门槛，同样制约了社交网络当中的新闻扩散。

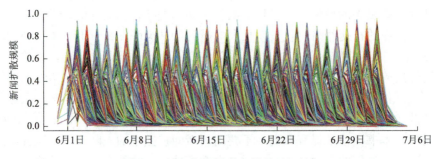

图 5-3　Digg 新闻扩散规模的时间轴[①]

　　大多数社交新闻网站用户的新闻分享行为主要受到群体把关而非人际渠道的影响，这支持了以下观点：新闻搜寻行为背后的"最小努力原则"塑造了线上和线下的扩散渠道（Zipf，1949）。之前的研究发现人际作用与大众传媒之间存在竞争关系（Bordogna and Albano，2007；DeFleur，1987）。虽然很多情况下，人际作用超越了大众媒体的影响，但传统的新闻传播研究普遍支持强大的大众媒体效应（DeFleur，1987）。在社交新闻网站上，群体把关和人际作用消除了主流新闻来源的直接影响，让公众决定什么是新闻，但群体把关的作用同样超过了人际作用。与大众媒体类似，群体把关也包含了一个自上而下的扩散过程。经过群体把关的热点新闻的扩散效率更高、成本更低，看上去也更可信。
　　本章关于群体把关的研究也存在局限性。首先，有必要在未来的研究中改进测量方法以适应更复杂的扩散机制。其次，根据以往研究，人际作用和同质性被

---

　　① 该图显示了一个月内的 3 553 个新闻的扩散过程。新闻扩散的每日规模被标准化为 0 和 1 的范围。随机选择颜色以区分附近的扩散曲线，因此不同扩散曲线的相同颜色并不意味着它们是相同的新闻报道。

普遍混淆（Shalizi and Thomas，2011；VanderWeele，2011），本章研究中人际作用的影响仍然被高估，需要进一步的研究将人际作用与同质性明确区分开来。最后，就因果机制的推断而言，本章研究也存在不足，未来研究有必要纳入更加多样的分析方法进一步解决内生性的问题。

社交网络作为一种信息渠道，不仅存在着众多门槛，在其内部还有一扇扇门以及一个个把关人。早期信息扩散者的决策汇总到一起，决定了哪些门会被打开、哪些门会被关闭，最终决定了信息扩散的规模。群体把关融合了技术和社会两个方面因素。群体把关的第一个阶段主要是社会因素发挥作用，早期扩散者的共同努力决定了信息在初期的流行度差异，并因此决定了哪些信息将会登上"乐队花车"。群体把关的第二个阶段主要基于信息聚合技术，此时登上"乐队花车"的信息及其流行度排名构成了重要的信号，影响了其他用户的信息分享行为。

本章研究所描述的群体把关过程不同于推荐系统中所说的"协同过滤"算法。协同过滤算法主要基于用户和物品之间的历史关系数据，通过构建用户相似性矩阵或物品相似性矩阵来进行。与协同过滤算法相比，群体把关将更大的权力交给用户本人，让用户展现自己对于信息的偏好。但是，群体把关为了提高传播效率而诉诸流行度排名，容易陷入诉诸公众谬误（appeal to popularity fallacy），尤其是在存在多数无知（pluralistic ignorance）现象的情况下。如果早期扩散者缺乏多样性，群体把关就会增强信息的同质性。

有趣的是，这种流行度的排名对用户的影响在"音乐实验室"研究中被Salganik 等（2006）称为"社会影响"。Salganik 等的研究结果表明流行度排名的信息一直对用户可见，会干扰用户对信息内容的判断，导致信息流行度的可预测性降低。流行度排名可能增强信息的异质性。但是，在群体把关过程中，流行度信息直到第二个阶段才会以信息聚合的方式呈现，并非一直可见，因而 Salganik 等的研究结论并不一定适用。综上，早期扩散者内部是否具有稳定的相似性变得至关重要。群体把关在互联网平台上广泛存在。例如，热搜在新浪微博中发挥着举足轻重的作用。粉丝经济和商业利益与群体把关结合起来，粉丝成为娱乐类信息扩散的群体把关人，并通过热搜排名推动信息的扩散和出圈。总之，群体把关体现了早期扩散者的力量。如果早期扩散者缺乏公共意识，经由群体把关产生的热搜排行榜就可能丧失公共性。

第六章　公众注意力爆发现象的起源：信息扩散的暂时性假设

"如果设定优先级，我们的响应时间就会变得相当不均匀。也就是说，很多任务都在第一时间被执行了，但还有一些被永远地搁置起来。"

艾伯特-拉斯洛·巴拉巴西（2012）

第一节　简　　介

随着数字媒介的兴起，公众注意力的流动成为互联网研究的核心问题之一。公众注意力展现了公众如何将有限的认知资源分配到海量的文化产品与社会事件当中。一方面，互联网和智能手机越来越普及，微信、今日头条、抖音、拼多多成为新的网络平台，几乎所有人都进入了网络空间。①另一方面，数字媒介与日常生活紧密地捆绑在一起，购物、打车、就医、导航、学习等越来越多的人类行为开始依赖数字媒介。手机等数字媒介成为人体的自然延伸，除了睡眠之外，人们几乎无时无刻不在使用数字媒介。一个自然的结果是人类的注意力不停地在不同的数字媒介当中流动。这一结构性变化，一方面放大一些已有的问题，例如碎片化和极化等问题（Webster，2005，2011；Webster and Ksiazek，2012），另一方面还产生了许多新的问题，例如公众注意力也表现出强烈的爆发特征（Crane and Sornette，2008）。

公众注意力的爆发现象描述了公众注意力突然而猛烈增长和下降的情况。例如，图 6-1 显示了 2011 年使用谷歌搜索引擎搜索"哈利·波特"（Harry Potter）和"飓风"（Hurricane）的结果。②"哈利·波特"搜索高峰与电影《哈利·波特与死亡圣器（下）》（2011）的发布有关。搜索"飓风"的高峰则是由飓风艾琳引起的。在突如其来的自然灾害的推动下，飓风比哈利·波特引起公众更多的关注：

---

① 虽然中青年依然是智能手机使用的主力军，但智能手机用户的组成结构已经发生明显的变化。主要体现在高低两个年龄段的使用者开始增加。幼儿和青少年是智能手机时代的原住民，他们从一出生就处于智能手机的使用环境当中；老年人也开始普遍地使用智能手机，子女与老人之间的文化反哺现象加速了这一过程。除此之外，智能手机的创新扩散也开始打破城乡二元结构的限制，越来越多的县城和乡村的居民都开始使用智能手机。受到这一变化的影响，数字媒介当中的文化消费开始出现明显的"下沉"现象。

② 数据来自谷歌趋势。

搜索"飓风"的高峰部分（32.07%）远高于"哈利·波特"（9.08%）。公众对飓风的关注则表现出明显的爆发特征，对哈利·波特具有更加持久的兴趣，搜索"哈利·波特"的衰退过程比"飓风"要长一个月。扩散曲线的爆发特征正是信息扩散暂时性的最重要表现。正如第三章 ABXCT 模型所阐明的那样，信息扩散的暂时性制约扩散过程。公众注意力的爆发现象也会限制信息扩散的规模。理解公众注意力的爆发现象可以为理解公众如何集体性地聚合注意力提供深刻洞见。通过分析公众注意力在时间维度的特征，本章尝试揭开公众注意力流动的隐藏模式。

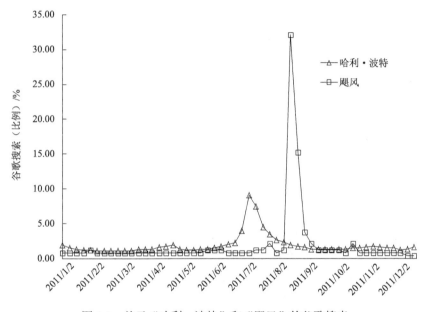

图 6-1　关于"哈利·波特"和"飓风"的谷歌搜索

　　研究者对个体行为当中的爆发起源进行深入探索（Oliveira and Barabási，2005；Vázquez et al.，2006）。Oliveira 和 Barabási 在《自然》杂志上发表了一篇论文，他们分析了达尔文和爱因斯坦回复信件行为的数据，发现信件的回复时间的分布符合幂律分布，并且幂指数约为 1.5。也就是说，当达尔文和爱因斯坦收到信件后，多数信件需要的回复时间很短，但是有一些信件需要很长的间隔时间才会被回复。比如，超过一半的信件在收到信十天以内就被回复。Oliveira 等认为这是因为人类为不同的任务设置了不同的优先级。同一年，Barabási（2005）在《自然》杂志上发表了另一篇文章，提出传播、娱乐、工作等个体行为的时间分布不是泊松分布（接近于正态分布），而是幂律分布，快速发生的事件被较长的不活跃时间所间隔，具有明显的爆发特征。Vázquez 等（2006）进一步发现信件通信、网络浏览、图书馆访问和股票交易的时间并非泊松分布。为了解释个体爆发现象的起源，研究者提出了基于任务优先级的排队模型，当根据个人优先级执行任务时，任务的等待时间具有长尾特征（Barabási，2005；Oliveira & Barabási，2005；Vázquez et al.，2006）。

来自外部和内部的冲击是集体行为爆发现象发生的主要原因（Sornette and Helmstetter，2003）。外部冲击是来自社交网络外部的影响（如新闻事件的发生、网站的推荐）；内部冲击是受众内部的自组织或者说相互影响，也可以被概念化为社会影响或人际作用。基于爆发的时间模型，先前的研究集中于区分外部冲击和内部冲击（Sornette et al.，2004；Sornette & Helmstetter，2003）。根据这一思路，Crane 和 Sornette（2008）提出了一个信息在社交网络传播的传染病模型，用来模拟公众在观看 YouTube 视频过程中的注意力分配。

关于集体行为爆发的研究并非没有局限。第一，对于 YouTube 视频，虽然也存在大量视频的注意力分配过程可以被描述为幂律分布，但这部分视频所占的比例较少，大多数视频（占比超过 90%）的注意力分配过程可以使用泊松分布来精确描述。第二，以往的研究主要集中在系统层面和网络层面的外部冲击和内部冲击（如社会影响），而忽视了个人层面和内容层面的因素。第三，公众注意力分配与媒介产品的普及、多样化的扩散渠道、受众的兴趣以及 YouTube 的视频类别之间的关系仍然是一个问题。第四，也是最重要的，控制这些潜在因素的一般性原则并不明确。因此，有必要重新阐述这一研究问题：不同的因素究竟如何影响公众注意力的爆发？

为了探究影响公众注意力爆发的内部规律，本章借鉴了注意力经济学和公众注意力理论，尤其是其中的有限资源理论（Kahneman，1973；Norman and Bobrow，1975）。本章提出注意力分配的暂时性是影响公众注意力上升与下降的潜在决定因素。这里的暂时性被定义为公众注意力的驱动力的可持续时间。公众注意力的暂时性可以通过观察公众注意力在信息扩散中的爆发（即公众注意力急骤的上升和下降）来进行测量：爆发越强烈，可持续时间越短，暂时性也就越强。因此，暂时性概念涉及媒介产品维持公众注意力的主要方式。例如，大爆发的 YouTube 视频通常意味着驱动力的寿命较短。在本章接下来的部分，首先，会回顾公众注意力的相关研究。其次，将从信息扩散的驱动因素中推导出暂时性假设，并在此基础上推出具体的假设。再次，用 YouTube 视频的扩散数据来检验研究假设。最后，对研究发现的可推广性及其局限性进行讨论，并对公众注意力的暂时性假设进行理论概括与归纳。

第二节　公众的注意力：前因、模式和基本原则

关于公众注意力的研究构成了一种重要的传播学研究传统。首先，就公众注意力流动的阶段而言，公众注意力研究可以分为两种类型：第一种研究类型强调

公众注意力的分配，侧重于分析哪些因素驱动了公众注意力的流动，如信息流（Greenberg，1964b；Larsen and Hill，1954；Lazarsfeld et al.，1944）、受众流（Headen et al.，1979；Webster，1985）、议程设置（McCombs，1981；McCombs and Shaw，1972）；第二种研究类型则主要关注公众注意力流动的社会影响，如选择性注意如何影响短期和长期记忆（Lang，2006）。本章研究属于第一种类型的研究，主要关注影响注意力流动的驱动力、模式以及基本原则，而非社会影响。

外部冲击和内部冲击共同影响了公众注意力的流动。以两级传播理论为代表的开创性研究广泛讨论了不同前置原因如何影响公众注意力的分配方式（Lazarsfeld et al.，1944）。不同于魔弹论，两级传播理论认为大众媒体要通过社会网络中的意见领袖才能影响公众注意力（Katz，1957；Lazarsfeld et al.，1944）。新闻扩散研究进一步分析了人际传播渠道和大众媒体如何影响新闻扩散（Greenberg，1964b；Larsen and Hill，1954）。大众媒体对应社会网络外部的冲击，人际传播则对应社会网络内部的冲击。大众传播的效果研究致力于刻画外部冲击对公众注意力流动的影响。例如，议程设置研究者发现了大众媒体的议程可以影响公众的议程（McCombs，1981；McCombs and Shaw，1972）。媒体报道决定了哪些问题对公众而言是重要问题。大众媒体也许不能决定人们如何想问题，却可以有效地影响人们选择哪些问题进行思考。也就是说，大众媒体影响了公众的注意力分配。更进一步，公众注意力的分配结果导致了注意力流动。

媒介产品的内容及其相互关系也是影响公众注意力流动的重要因素。研究者还对电视受众的注意力流动进行了研究。这方面的研究发现观看一个节目的人会倾向于观看接下来的节目，也就是注意力流动的"继承效应"（Headen et al.，1979；Webster，1985）。围绕着犯罪、毒品、能源、通胀等十个议题，Neuman（1990）对1945至1980年之间媒介和公众注意力的时间序列进行了分析，试图回答私人关心的议题如何成为公共议题。Neuman发现不同类型的议题差异较大：有的议题对外部冲击响应更充分，有的议题则对媒介响应更充分。使用逻辑斯谛函数拟合公众的注意力演化曲线只能取得一般的效果。新闻扩散的J形曲线模型也表明信息本身的属性对公众注意力的分配具有重要影响（Greenberg，1964b）。

碎片化和极化是公众注意力的两个最明显的特征（Webster，2005，2011；Webster and Ksiazek，2012）。注意力碎片化涉及整个媒介（或媒介产品）的受众人数。注意力极化则描述了这样一种趋势，即公众的某些群体将注意力集中在同类的媒介产品上。但是，收视率研究中所说的碎片化和极化是受众行为的宏观特征，而不是个体特征。以碎片化的研究为例，早期电视台只有少数几个频道，用户一般只能接收到屈指可数的几个频道。电视频道数量有限产生的自然结果是公众注意力的集中：所有的受众都集中在几个频道上面。随着频道资源的丰富，电视观众可以接收到的电视频道数量迅速增加，导致原来集中化的注意力开始变得分散，也就是碎片化①。通过测量公众注意力的数字痕迹，研究者发现公众对媒介产品的注意力分配情况存在碎片化和极化的问题。公众注意力在不同媒体的流量分布偏度较大，具有典型的长尾特征（Webster and Ksiazek，2012；Wu and Huberman，2007）。大多数媒介产品收获的注意力可以忽略不计，少数产品跨过了局部社区的注意力门槛后却变得非常流行，甚至长时间占据公众注意力的焦点（Huberman，2008；Klamer and van Dalen，2002）。如果碎片化和长尾分布表明公众注意力的分配也可能是一种优先连接的过程（Barabási and Albert，1999），极化则表明每个受众都将落入其个人偏好的利基空间（Webster，2011）。碎片化和极化意味着人们倾向于有选择地将注意力分配给一些媒介产品。因此，个体的属性（尤其是公众的个人兴趣或性情）是驱动公众注意力分配的一个重要因素②。

　　基于吉登斯的结构化理论，韦伯斯特提供了一个总体框架来理解影响公众注意力的驱动力（Webster，2011）。结构化理论认为结构（structure）与能动者（agent）在互为因果关系的持续过程中相互建构。韦伯斯特认为能动者和结构之间的相互作用决定了公众注意力的模式。他特别指出媒介具有二元性（duality）。媒介的二元性类似于技术的二元性。一方面，在组织内部的成员需要适应组织提供的信息技术；另一方面，技术也需要适应组织的工作流程和组织成员的性情，因为组织也在从可以提供的选项中选择合适的信息技术。伴随这一互动过程，组织结构会发生变化。综上，技术也会因为组织需求的变化而改变。媒介的二元性通过公共信息发挥作用，公共信息既包括市场信息（如电视节目的收视率），也包括用户信息。同时，还需要将媒介区分为媒介提供者和媒介使用者。一方面，媒介提供者通过媒介所提供的内容和服务来影响媒介使用者；另一方面，媒介使用者的意见会通过市场信息汇总起来，反过来影响媒介提供者。这种媒介的二元性使得能动者和社会结构"互利共赢"的愿望成为可能。如果是这样的话，给予受众他们所想要的东西就可以在数字媒介中更好地抓住公众注意力。也就是说，理解受众的兴趣将成为媒介关注的焦点，因而，娱乐化已经成为一股用户和媒体双方共谋之下推动的洪流。当然，媒介本身的角色也在不断发生变化。近年来，媒介的平台化成为重要趋势。新生的社交媒体（如谷歌、脸书、微信、抖音）往往倾向于将自身定义为一种平台而非媒介。通过平台化的逻辑可以规避来自政治、社会、用

---

　　① 或许也是因为这个原因，收视率研究者眼里的零模型就是这些较大平台的流量分布，因而韦伯斯特及其合作者在分析碎片化问题的时候主要集中于一些流量较大的电视台和网站，而忽略流量较小的电视台和网站。这显然不同于现在人们平时所说的注意力的碎片化。在日常生活当中所说的碎片化主要集中在个人层面。例如，当人们带着一种目的打开一种社交媒体的时候，注意力很快被其他信息所吸引，有时候甚至会忘记原来的目的。这会使得个体感觉无法掌控自己的生活，当然会给个体很大的心理压力。人类的行为似乎会变得随机化，而非按照个人理性的指引。

　　② 谈到性情等个人属性，布尔迪厄所构建的社会阶层和社会空间的分析框架可以纳入注意力流动研究中。

户等多个方面的风险，实现商业利益的最大化。

注意力经济学聚焦于如何在信息丰富的经济体中，将注意力这种稀缺性商品在信息与人之间进行合理分配。注意力经济始于一个基本假设：信息社会时代的信息供给过度，而人的注意力更加稀缺。过多的信息造成了注意力的贫乏，使得公众面临信息过载的困境。在数字媒介时代，基于普遍存在的浏览、点击、转发、评论和搜索等"数字足迹"，公众的注意力分配可以被更加精准地测量。公众注意力的流动直接决定了哪些信息会像病毒一样传播，而哪些信息会像石沉大海一样悄无声息。公众注意力如此重要，以至于它已经成为数字媒介内容生产与消费所结合的"自然货币"，并对很多方面产生影响（Davenport and Beck，2001；Falkinger，2007）。

有限资源理论为理解公众注意力提供了理论基础（Kahneman，1973；Norman and Bobrow，1975）。该理论基于两个假设：第一，注意力和认知资源强相关；第二，认知资源有限。因此，当认知资源耗尽时，注意力就会受限。有限资源理论适用于信息处理的各个阶段，包括注意、感知、记忆与回忆四个阶段。在随后的研究中，有限资源理论被广泛应用于媒介研究的各个领域，例如电视观看（Lang，1995）、计算机中介的信息处理（Lang，2006）。

基于有限资源理论的观点，媒介研究者提出公众注意力遵循零和游戏的基本原则（McCombs and Zhu，1995；Zhu，1992）。在 Web 2.0 时代，海量的信息争夺有限的公众注意力。公众注意力有限的原则在人类传播过程中的作用越来越重要。信息就像博弈的各方，相互竞争公众有限的注意力。公众注意力总量或者说人类处理信息的计算能力可以看作一个常数。参与博弈的各方在严格竞争的情境下，一方的收益必然意味着另一方的损失。如果公众聚焦于一个社会问题，那就会以牺牲对其他问题的关注为代价。个人一般不能在同一时间段同时浏览多个视频。时间与精力对每个人来说都是稀缺资源，因而公众注意力还会被时间、精力等条件所限制（Zhu，1992）。虽然不同的媒介产品必须相互竞争以获得公众注意力，但这并不意味着媒介产品之间只有竞争关系而没有互利关系。事实上，相关的信息往往可以通过相互推荐的方式实现双赢。例如，YouTube 上相同类型的视频会相互推荐来提高曝光度。

第三节　公众注意力的暂时性假设

为了更好地理解注意力爆发现象的起源，本章研究重新回到 ABXCT 模型来思考公众注意力的暂时性假设。注意力的爆发是公众对特定媒介产品使用的一种时间模式。媒介产品可以是音乐、电影、网络信息等形式。本书主要分析的媒介产品为网络视频。关于公众注意力在信息扩散中所表现出来的有限性，一种推测是驱动注意力流动的影响因素的持续时间有限，从而引发公众注意力的爆发。因此，本书提出了公众注意力的暂时性假设：不同驱动因素的暂时性是公众对特定媒介产品的关注度上升和下降的决定性因素。在这里，暂时性是指特定媒介产品（如 YouTube 视频）在多大程度上可以持续性地吸引公众关注。显然，暂时性涉及媒介产品扩散的时间维度的可持续性。不能持久扩散的媒介产品往往会在快速爆发之后快速消失。以 YouTube 视频为例，爆发意味着驱动力持续时间短，也就意味着视频本身的寿命会较短。

根据 ABXCT 模型的一般框架，新闻扩散的时间模式（特别是爆发）与整个扩散过程有关。因此，分析爆发与扩散规模、扩散渠道、受众和内容特征之间的关系是很有必要的。根据分析单位的不同层级和影响力的时效性，本书分四个层次来分析公众注意力的爆发（表 6-1）：第一层为外部冲击（例如新闻事件和推荐）和系统推荐（Cha et al.，2007；Crane and Sornette，2008）；第二层为社交网络的社会影响（Crane and Sornette，2008；Sornette and Helmstetter，2003）；第三层为受众的兴趣偏好（Funkhouser and McCombs，1971）；第四层为媒介产品的新颖性（Wu and Huberman，2007）。本书将尝试识别公众注意力在 YouTube 视频上的爆发现象，分析驱动注意力爆发的影响因素，并在文献综述的基础上形成操作化的公众注意力的暂时性假设。

表 6-1　不同影响因素的时间属性

影响的层次	时间属性	不同的影响因素
第一层 外部冲击	强大且持久	1. 外部冲击（如关于地震事件的新闻报道） 2. 系统推荐
第二层 社交网络的社会影响	累积性	社会影响
第三层 受众的兴趣偏好	稳定性	1. 检索 2. 排名、评论和收藏
第四层 媒介产品的新颖性	衰减性	1. 视频的流行度（浏览量和时长） 2. 视频的种类（新闻视频 vs. 受版权保护的视频）

对于暂时性假设的逻辑基础简要阐述如下。

第一，外部冲击或内部冲击有一个影响的时间范围（表 6-1 中第一层和第二层的因素）。公众注意力的动态变化受到外部冲击和内部冲击的影响（Figueiredo et al.，2011；Pollmann，1998；Roehner et al.，2004）。外部冲击是一种强烈的瞬时扰动，它本身足以改变复杂系统时间演化的轨迹，而内部冲击则是许多小扰动的累积效应的结果，这些小扰动会被系统记忆并且可以累积下来（Sornette and

Helmstetter，2003）。基于这一思路，研究者可以用传染病模型来模拟描述外部和内部冲击的数学模型。经过一个大的冲击后，系统随着时间演变并形成一个长时记忆过程。冲击的前兆和冲击后的松弛过程形成了可供研究者分析的特征（Sornette and Helmstetter，2003）。基于这些特征，外部冲击和内部冲击对 YouTube 视频流行度的影响可以被区分开来（Cha et al.，2007；Crane and Sornette，2008；Figueiredo et al.，2011）。然而，只有外部冲击和内部冲击是不够的，因为忽略了受众和内容两个层面的影响因素。

第二，受众兴趣在一段时间内是相对稳定的（表 6-1 第三层的因素）。例如，Lewis 等（2011）发现除了古典音乐和爵士音乐之外，脸书上的好友之间几乎不存在兴趣品味相互影响的证据。受众兴趣被定义为一个通用术语，包括偏好、动机、创新和好奇心等方面。相关的研究也表明在一个人口总体中总是存在一个合理的且较为稳定的群体关注公共事务（Price，1992）。受众兴趣对信息扩散和注意力的流动有明确的影响（Funkhouser and McCombs，1971）。在选择性接触方面，微观行动者通常倾向于接触与他们的兴趣、需求或态度一致的思想。不管有意识或无意识地，个体都会避免那些与他们现有倾向相冲突的信息（Frey，1986；Rogers，1983）。因此，那些对网络视频感兴趣的人，即使在外部冲击和社会影响引起的爆发之后，也往往会将注意力分配给他感兴趣的视频。

第三，媒介内容的新颖性会随着时间的推移而衰减（Wu and Huberman，2007），参见表 6-1 中第四层的因素。新颖性的衰退主要是由于不同媒介产品对公众注意力的竞争。因此，不同 YouTube 视频的受欢迎程度显示受众这一集体如何分配他们的注意力。然而受众注意力始终是有限的。零和游戏原理表明如果一个议题在公共议程上受到追捧，其他议题就可能会被冷落（McCombs and Zhu，1995；Zhu，1992），除非这两个议题是相互关联的。新颖性的衰退研究所关心的是受众对"旧闻"关注度逐渐减少这一现象，因而可以聚焦于公众的遗忘曲线，可以基于受众对过去与现在的认知距离来解释（Pollmann，1998）。对于不同类别的 YouTube 视频，新颖性的暂时性影响将显著影响扩散过程，将在下面的假设部分作进一步分析。

第四，公众对特定媒介产品关注的暂时性受到内容本身的影响。在实证研究方面，研究者往往也会发现传播模型依赖于内容类别（Cha et al.，2007）。比如，新闻视频往往会因为新颖性的快速衰减而在短短几个小时内消失（Wu and Huberman，2007）；与之相对，维基百科上的新词条往往可以维持其新颖性长达数月或数年之久（Ratkiewicz et al.，2010）。再比如，最新的政治新闻视频会吸引博主们的目光，但一个月后人们就会彻底忘记它们；然而音乐视频却往往能在互联网拥有长久的生命。

四个层面的分析表明：不同影响因素具有不同的暂时性特征。尽管暂时性是由不同机制引起的，但它对公众注意力的反馈有着重要影响。基于这一思路，本书认为这些因素背后的暂时性导致了公众注意力的爆发。信息所引发的公众注意力爆发是一种集体行为的社会结果，而信息的暂时性作为一个概念是跨越不同层次的潜变量。虽然可以很直观地识别梳理出哪些信息因为贴近热点所以更容易爆发、哪些信息因为抓住了人们长久的兴趣所以爆发程度相对较弱，但在现实当中很难直接测量这种信息的暂时性。本书认为这种信息的暂时性导致了公众注意力的爆发。然而，信息的暂时性也只是一个中介变量，它是各种驱动力量的结果。本书无法直接测量信息的暂时性这一潜在变量，将主要通过两个方面来理解它——信息的暂时性的驱动力（前因）和表征（后果）。在后面的章节中，将详细阐述具体影响因素与其暂时性特征之间的理论联系，并提出研究假设。

一、公众注意力的爆发和 YouTube 视频的流行度

公众对大多数视频的注意力往往经历了一次爆发之后就会消失，但流行的视频爆发幅度相对较小。一方面，与低流行度视频相比，高流行度视频总体受欢迎度使得公众注意力衰退更为缓慢，从而降低了爆发的程度。另一方面，聚合的流行度会形成乐队花车效应，使得浏览量较高的视频相对于浏览量较低的视频的优势被进一步扩大（Fu，2012；Fu and Sim，2011）。因此，高流行度视频具有更强的能力来一直维持较高的流行度，其波峰与波谷相差不大，降低了爆发的程度。因此，流行度和爆发之间存在负相关关系。[①]

展现视频流行度和爆发之间的负相关关系的一个例子是 YouTube 视频"查理再次咬住我的手指！"[②]在这个视频当中，小男孩将自己的手指放进弟弟查理的嘴巴里，当查理开始咬他的手指时，小男孩的表情出现了一系列的变化。人类对小孩的喜爱是跨越种族和文化的，每个人都是从小孩一点一点长大的，多数人在长大之后会结婚并有自己的小孩。该视频的总观看次数已经超过 8.7 亿次，自 2007年上传至 YouTube 以来，其流行度一直呈线性稳定增长。[③]

爆发往往会限制信息的进一步扩散（Karsai et al.，2011）。如果事件之间的间隔时间符合幂律分布，而非泊松分布，那么爆发作为一种间隔时间很短的高频行为的存在就是一个小概率事件。当爆发发生后，事件之间的间隔时间会变得更长。因此，信息会在爆发后降低传播速度，将在一定程度上限制信息的扩散。基于上

---

① 爆发与流行度之间存在互为因果的复杂关系。但本章只研究两者的相关性而不研究其因果关系。

② Charlie bit my finger-again！http://youtu.be/_OBlgSz8sSM 现在该视频被设为仅上传者私人可见。但读者可以在哔哩哔哩等多个其他网站找到该视频，比如 https：//www.bilibili.com/video/av5101683/.

③ 这个视频的拍摄者（视频中孩子的爸爸）还拍摄了其他几个类似的视频，都没有取得如此大的成功。

述论点，视频爆发将与视频的流行度负相关，提出假设 H1。

　　H1：爆发与视频的流行度负相关。

二、公众注意力的爆发和扩散渠道

　　本章研究主要考虑推和拉这两种信息扩散的机制。扩散率是推力和拉力的函数（Lyytinen and Damsgaard，2001；Rogers，1983）。推力包括技术特征和传播渠道，例如系统推荐；拉力是由接受者的理性选择决定的，例如用户的搜索行为。YouTube 视频存在几种固定的扩散渠道，包括系统推荐、社会影响、搜索引擎、移动通信。

　　新颖性是推荐系统的重要标准。由于媒介产品的激烈竞争和新颖性的衰退（Wu and Huberman，2007；Zhu，1992），推荐系统会经常更新内容。特定媒介产品的系统推荐强度通常会随着时间的推移而下降。例如，YouTube 会显示自动生成的热门视频列表，超过 90% 的视频是在短短几天内上传的，具有较好的新颖性。推荐是来自社交网络的外部影响。虽然基于协同过滤算法的推荐系统可以向用户推荐长尾类型的媒介产品，对于一个视频的扩散而言，这种差异性的推荐所占的比例往往较小。主要依赖系统推荐才能扩散的视频，往往缺乏足够的新颖性，因而具有较强的爆发并且无法持续扩散。基于推荐系统的暂时性，提出以下假设。

　　H2a：推荐系统对公众注意力的爆发产生积极影响。

　　基于社会网络所产生的社会影响是吸引公众关注的内部因素。内部冲击后的复苏在早期通常会比较缓慢（Sornette and Helmstetter，2003）。与这个观点一致，先前的信息流研究表明，与由系统推荐驱动的信息流相比，由社交网络驱动的信息流相对较慢。例如，Lerman 和 Ghosh（2010）发现信息在 Digg 上相对于推特的传播速度更快，因为推荐系统在 Digg 上扮演更重要的角色。因此，预期在内部冲击之后较慢的松弛或恢复过程会趋向于降低爆发的程度。对于社会网络的这种特性，人们在日常生活中有很多直观的经验。这种信息往往具有更强的新奇性，因此可以更好地穿透社会网络。这种信息在社会网络中不断循环，每隔一段时间，它们就会通过一些个体重新流回到这些个体所在的人群当中。因为这类信息在社会影响的作用下可以持续扩散，可以预期公众对这类信息的注意力爆发往往较弱。据此，提出以下假设。

　　H2b：社会影响对公众注意力的爆发具有负面影响。

　　搜索行为更多由受众的兴趣驱动。由于受众兴趣相对稳定，通过搜索的方式查找并观看会使得公众注意力的分配较为平稳，即使用搜索引擎会降低爆发的波动程度。值得注意的是，搜索量是搜索引擎对搜索关键词进行排名的一个重要依据，受到公众普遍关注的议题或事件往往会被放在更靠前的位置（Fu and Sim，

2011）。搜索引擎拉动注意力的机制并不是那么客观中立，与不那么热门的信息相比，搜索行为对热门信息的影响力更大。据此，提出以下假设。

H2c：搜索行为对公众注意力的爆发产生负面影响。

便携式智能设备的广泛使用让人们可以更便捷地使用互联网。一个自然的结果是来自智能手机和其他移动设备的流量在公众注意力当中所占的比例越来越大。然而，移动通信受到设备和业务的双重限制，尤其是移动设备的有限存储空间、移动互联网的速度、屏幕尺寸、在同一屏幕上显示多个窗口的问题（Finamore et al.，2011）。通过手机搜索 YouTube 视频并在手机应用中自由导航并不方便。手机用户倾向于从 YouTube 的首页开始浏览，这意味着热门信息的聚合页面对移动互联网冲浪者起到更重要的作用。因此，使用移动设备观看 YouTube 视频往往会表现出更强的暂时性，并会因此经历更强的爆发。据此，提出以下假设。

H2d：通过手机浏览 YouTube 往往会加剧公众注意力的爆发。

三、公众注意力的爆发和受众的兴趣

用户兴趣对于维持视频浏览量的长期增长具有重要作用。显示偏好理论假设消费者的偏好可以通过他们的行为习惯来表征。本书通过用户给出的评分来测量用户对信息感兴趣的程度。用户评分一般是在观看视频后给出的，用户通过点击"喜欢"或"不喜欢"对视频进行投票。如果受众点击"喜欢"一个视频，则该视频会出现在用户频道中"我喜欢"的视频播放列表。从注意力经济的视角来看，通过行为展露个人兴趣需要用户投入时间和精力。如果受众的偏好表明他们喜欢该视频，那么该视频的暂时性较小，传播时间就会更长。综上，受众兴趣可以降低爆发。据此，提出以下假设：

H3：受众的兴趣与公众注意力的爆发负相关。

四、公众注意力的爆发和 YouTube 的视频类别

媒介内容对于媒介产品的扩散具有重要作用，而信息类型是区分媒介内容的一种重要方式。不同类型的信息在信息扩散过程中的表现往往不一样。逻辑上，不同类型的信息对公众注意力的爆发也会具有不同的影响。本书的重点是厘清不同影响因素对于驱动信息扩散的作用。YouTube 视频具有多种不同的类别，其中暂时性最强的是新闻类视频。新闻类视频受外部新闻事件的影响较大，相对于其他视频表现出更大的暂时性。相反，由于 YouTube 视频属于用户生成内容，许多上传的视频可能会侵犯版权或隐私。但这些视频往往会对用户有更大的吸引力，因此生命周期也更长，爆发程度也更小。据此，提出以下假设。

H4a：与其他类别的视频相比，新闻类视频具有更强的公众注意力的爆发。

H4b：与其他类别的视频相比，受版权保护视频的公众注意力爆发程度更小。

第四节　研究方法

一、数据和抽样

本书使用 YouTube 数据来进行假设检验（Figueiredo et al.，2011）。研究的核心在于分析视频扩散与扩散渠道之间的关系，尤其是不同渠道所导致的爆发模式的差异。按照信息扩散研究的传统，一个主要的难点在于获取不同扩散渠道对于视频扩散的贡献。例如，需要知道有多少人通过搜索引擎观看视频、有多少人通过推荐系统观看、有多少人通过朋友推荐观看，然而基本没有视频网站开放这部分数据。①这体现了大数据的一个重要特点，即数据的不易得性（Salganik et al.，2006）。

YouTube 设有最受欢迎的视频排行榜，上榜的一般是观看次数最多和评论最多的视频。视频排行榜既有全球范围的总榜单，也有各个国家内部的分榜单。视频排行榜按照时间窗口的长度又可以区分为每天、每周、每月和全时段的排行榜。本章的研究仅涉及世界范围内最受欢迎的视频排行榜。每个视频排行榜包含 100 个视频。通过收集 YouTube 所有不同时间段（即每天、每周、每月和全时段）的排行榜，得到了 14 978 个流行视频及其扩散曲线、用户评价和扩散渠道等信息。其中，YouTube 视频的播放量的增长曲线通过谷歌图表 API 来获取。采用编程的方式连接谷歌图表 API 并提供某一视频的超链接（URL），即可获得该视频的一百对 x 和 y 值。其中，x 代表时间，y 代表播放量。值得注意的是，只有 100 个数据点的限制可能会使得这种分析存在偏误，因此还需要对数据点进行线性插值。为了研究视频类别产生的影响，本书还收集了这些视频的元数据。在分析数据之前，首先检查有多少视频由于侵犯版权被删除或被设置仅对私人可见，结果发现 3592 个视频被删除或被设置仅对私人可见，占比 24%。

二、测量

公众注意力爆发可以用网络视频每日播放量的峰值分数来衡量。例如，Crane

---

① YouTube 被谷歌收购之后基于谷歌图表的 API 接口提供这些数据，然而几年之后 YouTube 又取消了这一做法。显然，幸运的实证研究需要好的想法加上可以获得的数据。然而更常见的是另外两种情况：一是仅仅有想法没有数据；二是虽然有数据却没有想法。

和 Sornette（2008）建议用峰值比例（peak fraction，f）来测量爆发程度。峰值比例衡量了爆发发生的当日所带来的播放量占总播放量的比例，范围为 0 到 1。本书也采用峰值比例（$M = 0.330$，$SD = 0.199$）测量公众关注的爆发。值得注意的是，因为寿命的单位为天，所以峰值比例根据每天的扩散曲线计算。

视频流行度可以用两个维度来衡量：时间维度和规模维度。时间维度衡量视频能活跃多长时间（直至无人关注），主要以视频的生命周期（$M = 149.9$，$SD = 300.1$）来衡量。规模维度则衡量有多少人观看了视频，通常以视频总播放量（$M = 934\,300$，$SD = 4\,536\,706$）进行计算。显然，YouTube 视频的流行度是高度倾斜的。因此，需要采用对数形式来转换流行度数据，使其接近正态分布（$M = 10.3$，$SD = 2.7$）。

扩散渠道的信息可以通过谷歌图表 API 数据接口进行采集。不同扩散渠道的重要性可以使用其所贡献的浏览数量衡量，具体扩散渠道的比例见图 6-2（根据本书数据计算得出）。与其他社交网站（例如社交新闻网站）相比，YouTube 的传播渠道非常多元化，包括系统推荐（即 YouTube 的内部推荐和其他网站的外部推荐；$M = 186\,000$，$SD = 1\,040\,476$）、社交影响力（即订阅频道页面，订阅用户；

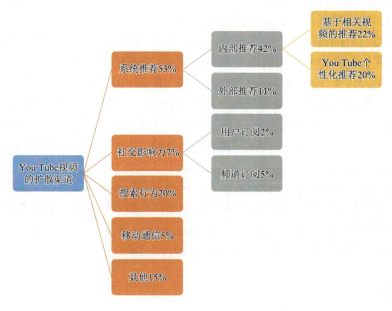

图 6-2　YouTube 视频的扩散渠道[①]

---

① 对于每一个视频，YouTube 都会提供不同扩散渠道所占的比例。例如，对于一个视频来说，如果移动通信的百分比是 5%，这意味着总数的 5% 来自移动设备。图中每个框中的数字表示该扩散渠道所占的百分比，根据 14 978 个视频的总观看次的构成进行计算。

$M = 24\,340$，SD $= 115\,942.4$）、搜索行为（即使用 YouTube 搜索或其他网站的搜寻引擎；$M = 69\,790$, $SD = 881\,392.8$），以及移动通信（$M = 17\,350$, SD $= 12\,3103.5$）。扩散渠道的比例数据也是高度倾斜的，因此需要采用对数形式进行转换。

受众兴趣是通过评论总数（包括正面和负面评论；$M = 3631$，$SD = 20\,931$）、喜好数量（即喜欢和不喜欢的数量；$M = 3$，$SD = 12\,017.9$）以及喜好比率（$M = 3239$，$SD = 16\,829.5$）来衡量的。以上这些变量的分布也是有偏的，同样采用对数形式对数据进行转换。

YouTube 网站中的视频可以分成九个类别，分别是受版权保护视频（$N = 3592$）、业余爱好类视频（动物、汽车、游戏、人、旅行和体育等，$N = 4548$）、广播/电视/音乐类视频（关于喜剧、电影、音乐、节目和预告片，$N = 2057$）、教育视频（$N = 766$）、娱乐视频（$N = 720$）、操作指南视频（$N = 835$）、非营利视频（$N = 783$）、科技视频（$N = 881$）和新闻视频（$N = 796$）。

第五节　研究发现

首先，采用聚类分析方法研究爆发事件的特征。根据峰值比例（$M = 33\%$，SD $= 20\%$）和峰值时间（$M = 29\%$，SD $= 26\%$）两个属性，YouTube 视频可以分为四类。具体而言包括：①大峰值比例（$M = 47$, SD $= 12$）和早峰值时间（$M = 20$, SD $= 12$）；②小峰值比例（$M = 20$，SD $= 09$）和早峰值时间（$M = 12$，SD $= 09$）；③小峰值比例（$M = 12$，SD $= 10$）和晚峰值时间（$M = 68$，SD $= 18$）；④大峰值比例（$M = 58$，SD $= 14$）和晚峰值时间（$M = 69$，SD $= 13$）。

本书采用多元回归分析来进行假设检验（表 6-2）。假设 H1 提出 YouTube 视频的流行度与爆发之间存在关联。结果表明，峰值比例与浏览量（$B = -0.20$，$p < 0.001$）和视频寿命（$B = -0.60$，$p < 0.001$）呈负相关。因此，假设 H1 得到数据支持。

表 6-2　使用 OLS 回归预测公众注意力

项目	公共注意力的爆发		
	标准化回归系数	回归系数	标准误
视频的流行度			
生存周期（log）	−0.60***	−0.33	0.004
浏览量（log）	−0.20***	−0.07	0.005

续表

项目	公共注意力的爆发		
	标准化回归系数	回归系数	标准误
受众兴趣			
评论总数（log）	0.02	0.01	0.004
视频被喜爱的数量（log）	−0.36***	−0.12	0.004
用户评分（log）	0.25***	0.08	0.005
视频的扩散渠道			
系统推荐（log）	0.14***	0.04	0.003
搜索行为（log）	−0.08***	−0.02	0.001
社交影响力（log）	−0.02*	−0.01	0.002
移动通信（log）	0.04***	0.01	0.002
视频类型			
受版权保护的视频	−.017***	−0.35	0.024
兴趣类	−0.16***	−.031	0.023
广播类	−0.13***	−0.34	0.026
教育类	−0.07***	−0.30	0.030
娱乐类	−0.06***	−0.27	0.031
技巧类	−0.08***	−0.30	0.029
非营利组织类	−0.03***	−0.12	0.030
技术类	−0.08***	−0.29	0.029
常数项		0.53	0.036
R^2	56.6%		

注：*表示 $p < 0.05$，**表示 $p < 0.01$，***表示 $p < 0.001$。$N = 14\,978$。公众关注的爆发是由峰值比例（F）来衡量的。方差膨胀因子（VIF）远小于 10 表明不存在多重共线性。视频类型为类别变量，基准组为新闻类视频。

假设 H2 关注的是扩散渠道和公众注意力爆发之间的关系。结果表明，系统推荐对公众关注的爆发有正面影响（$B = 0.14$，$p < 0.001$），对社交影响力有负面影响（$B = -0.02$，$p < 0.05$），对搜索行为有负面影响（$B = -0.08$，$p < 0.001$），对移动通信有正面影响（$B = 0.04$，$p < 0.001$）。因此假设 H2a、H2b、H2c、H2d 得到数据支持。

假设 H3 关注的是受众兴趣与 YouTube 视频之间的关系。峰值比例与 YouTube 视频被喜爱的数量之间存在负向关系（$B = -0.36$，$p < 0.001$）。然而，峰值比例与用户评分（$B = 0.25$，$p < 0.001$）和评论总数（$B = 0.02$，$p < 0.1$）之间存在正向关系，但是这一结果并不显著。因此，假设 H3 未得到数据支持。

假设 H4 关注的是视频类别和公众注意力爆发之间的关系。以新闻类视频为基准将其他所有视频类别编码为哑变量。回归模型的结果显示，新闻以外的视频类别的标准回归系数都是负数。结果表明，与其他类别相比，作为基线类别的新闻视频的爆发最强。此外，受版权保护的视频的系数最小（$B = -0.17$，$p < 0.001$）。换言之，受版权保护的视频在公众注意力爆发中最弱。因此，假设 H4a 和 H4b 得到较好支持。

第六节　结论和讨论

本书的发现为公众注意力的暂时性假设的理论化提供了支持。公众注意力的暂时性可被理论化成两方面：隐性的、作为先决条件的暂时性；显性的、作为模式的暂时性。首先，"隐性"先决条件具有暂时性特征，例如，多数外部冲击往往是瞬间发生的。其次，"显性"的暂时性包括爆发、爆发前的前兆以及爆发后的恢复三部分。暂时性假设认为不同的公众注意力先决条件背后的时间属性导致了不同程度的公众注意力的爆发。基于暂时性假设，本章借助 YouTube 视频扩散的数据，进一步探讨了"隐性"先决条件的暂时性如何在公众注意力中形成"显性"的爆发。具体而言，本章将暂时性假设定位在注意力流动研究中，采用实证研究方式分析公众注意力爆发。暂时性假设是对公众注意力爆发起源的理论性总结，表现在文化产品的流行程度、信息传播渠道、内容分类及生存策略三个方面，具体总结如下。

第一，爆发与生命周期呈负相关。流行度较高的视频，爆发幅度相对较小。换句话说，如果视频以病毒式传播的方式扩散，其传播往往是稳定而持续的，而非大起大落。即病毒式传播意味着长期的扩散，而不是短暂的爆发。如果公众注意力的分散意味着"赢家通吃"，那么公众注意力的暂时性假设则试图描述赢家随着时间推移稳步成长的过程。

第二，公众注意力的暂时性扩展了人们对信息传播渠道的理解。本章表明，至少对于视频分享网站而言，系统推荐仍然是向受众"推送"媒介产品的最重要渠道（占总流量的53%）。然而，由于推荐系统对推荐内容的更新速度很快，因而由推荐系统所驱动的公众注意力以及媒介产品具有暂时性的特点。相反，用户在观看视频前的搜索行为以及观看视频后的评价反映了受众的兴趣，这预示着这些

YouTube 视频拥有更强的生命力和更长的传播周期。同样，社交网络使公众注意力的流动变得更加具有连续性并呈现出逐步增长的特点。从长远来看社交网络具有持续传播信息的潜力。

第三，公众注意力的暂时性决定了文化产品的内容分类及生存策略。根据爆发的起源和社交网络被激活的程度，Crane 和 Sornette（2008）将 YouTube 视频分为三类：病毒式视频、高质量视频、垃圾视频。病毒式视频（$0\% \leqslant f \leqslant 20\%$）是以口碑为驱动力的视频，主要通过社交网络传播；高质量的视频（$20\% < f < 80\%$）类似于病毒式视频，但是会突然爆发，随后在社交网络中引发级联反应；垃圾视频（$80\% \leqslant f \leqslant 100\%$）由于外部原因经历了一次爆发，但未能在社交网络中传播。此外，考虑到爆发的峰值分数和峰值所在的时间，YouTube 视频可以分为四类：大且早的爆发、小且早的爆发、小且晚的爆发、大且晚的爆发。

虽然这项研究的重点是网络视频传播的暂时性，但其结论可以很容易地推广到其他类型的信息传播。例如，该结论可用于解释网络新闻的有限扩散规模（Steeg et al.，2011）。正如本章的研究所表明的那样，新闻在所有类别的信息中具有最大的暂时性。大多数新闻视频都是由外部冲击驱动的，往往会强烈爆发并很快消失。因此，新闻不能像病毒一样广泛传播（Boguná et al.，2003；Pastor-Satorras and Vespignani，2001）。

本章研究的局限性在于对受众兴趣的衡量存在瑕疵，事实上，只有点击"喜欢"标记的人数才能代表用户真正的兴趣。本章研究中的评分和评论次数与公众注意力爆发有正相关关系，可能是由于负面评价扭曲了影响公众注意力爆发的方向。例如，评论的数量是以正面评论的数量和负面评论的数量来衡量的，而不仅仅是正面评论的数量或比例。另外，本章研究未能获取本土案例（例如优酷、土豆、哔哩哔哩等视频网站）的视频扩散渠道数据，主要的挑战在于这部分数据往往只存储在视频网站后台数据库中，并不对外分享。未来的研究可尝试采用与国内视频网站合作的方式，进一步检验本书所提出的理论假设和模型。

虽然存在时空和文化差异，但本章研究所讨论的驱动公众注意力的影响因素对于现在的中国视频网站实践依然有效。一方面，本章研究的理论框架具有可推广性。不同影响因素的暂时性是公众对特定媒介产品的关注度爆发的决定性因素。本章研究试图构建公众注意力的暂时性假设，从外部冲击、社会网络的社会影响、受众的兴趣偏好、媒介产品的新颖性四个维度展开，试图捕捉外部事件、推荐系统、社交影响、搜索引擎、排名/评论/收藏、视频流行度和种类等多种因素对公众注意力爆发的影响。例如，主动的搜索行为反映了一种稳定的用户兴趣，因而可以带来稳定的扩散并抑制爆发现象，而外部冲击往往导致视频迅速爆发（但爆发之后往往也迅速湮灭）。另一方面，传统视频网站的商业模式并未发生根本性的改变。以抖音为代表的新兴短视频平台，强化了推荐系统和视频流行度的作用，但并未创造出新的驱动用户注意力的因素。即使用户所使用的媒介逐步从电脑端过渡到手机端，推荐系统、搜索引擎、社交分享、用户兴趣、外部事件、内容特点依然是影响现在视频网站用户观看行为的主要因素。

公众注意力爆发强调了公众注意力的暂时性，有助于理解公众注意力的动态演变和背后的机制。作为生存于生态环境中的"物种"，媒介产品存活的先决条件是公众注意力的分配。换言之，公众注意力流动的结果决定了媒介产品的流行度分布状况。然而，由于公众注意力有限的原则，媒介产品间必须进行激烈的竞争才能生存。公众注意力有限原则的一个自然结果就是媒介产品的暂时性。新出现的媒介产品往往会引人注目，但仅短暂"火"过一段时间后，就从公众注意力中消失了。

按照暂时性假设的逻辑，未来的研究应该考虑两个方向：首先，尽管可以将各种因素的暂时性归结为公众注意力爆发的驱动因素，但需要进一步对扩散机制进行分析建模，并经验性地对公众注意力的暂时性这一概念进行操作化，例如测量爆发的前兆、爆发后的恢复规模和持续时间。其次，作为一种具有暂时性的现象，公众注意力的爆发可能潜在地影响公众注意力的碎片化和极化。因此，有必要去进一步研究它们相互之间的关系。

第七节　延伸：注意力流动网络

注意力研究一直是传播学研究的一个热点话题，尤其是在数字媒介时代（Webster，2014）。与海量的信息相比，用户的注意力几乎是一个固定的数值。注意力碎片化、极化成为一个重要的社会问题。在微观个体层面，越来越多人因为无法掌控个人的注意力而苦恼；在宏观社会层面，人们越来越担心社会阶层固化等结构因素所带来的集体注意力的极化。如何理解个体和集体的注意力流动成了一个重要的议题。之前的分析主要是基于信息扩散的角度，也可以从注意力流动网络的角度进行分析。

通过追踪个体注意力流动的序列，研究者可以捕捉到个体注意力流动的特点；同时，还可以基于个体注意力流动构建集体注意力流动网络。如图 6-3 所示，a、b、c、d、e、f、g、h、i 代表九个用户，0、1、2、3、4、5、6 分别代表七个页面。"→"表示存在一个用户正在浏览一个网页，"$a \to 0$"表示 a 用户正在浏览 0 页面，"$a \to 0$，$a \to 1$，$a \to 2$"表示用户 a 先后浏览了页面 0、页面 1、页面 2。换言之，如果构建以网页为节点的流网络，用户 a 的注意力就会先后流入页面 0、页面 1、页面 2。也就是说，页面 0 将会存在一条流出的连边指向页面 1，页面 1 将会存在一条流出的连边指向页面 2。与之类似，也可以追踪其他用户在流动网络当中的注意力流动过程。如果将所有用户的注意力流动考虑进来，就会得到集体注意力流动网络（此处简称"流网络"）。采用这种网络构建的流网络是一个有权重、有方向的网络。

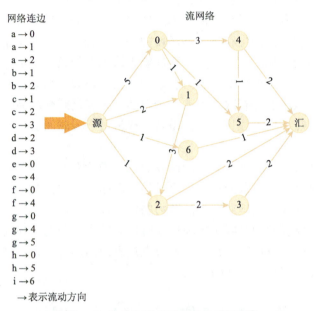

图 6-3　注意力流动网络的构建过程①

　　为了让每个页面的注意力流入和注意力流出相等，需要对网络节点的流量进行"配平"。为此，可以加入两个代表外部世界的节点源（source）和汇（sink）。
　　基于新陈代谢的生物学视角，可以将数字媒介看作一个虚拟生命体，它的生长以用户的注意力为养料或能量。数字媒介作为生命体，主要功能是为用户提供海量的信息。如果数字媒介是虚拟生命，就可以测量它们的新陈代谢率。新陈代谢率可以通过测量生命体每秒钟维持有机体存活所消耗的能量来衡量。对于人类个体而言，人们往往关注基础代谢率（Basal Metabolic Rate，BMR）。基础代谢率是指人体维持体温、血液循环、呼吸等基本生理活动的能量代谢率。根据 West（2017）的介绍，一个人每天需要摄入 2000 卡路里的热量，相当于 90 瓦特的代谢率，与一只白炽灯的电功率相当。显然，生命体对能量的使用非常高效，换言之生命体是非常节能的。②然而，随着现代化和城市化的进程，人类消耗的能量越来越多。除了需要煮饭、照明、使用空调、开车之外，现代人还需要使用手机、电

---

　　① 用于绘图的 Python 代码见本书配套的 GitHub 代码仓库。本书所介绍的流网络分析方法可以使用作者编写的 Python 包 flownetwork 进行。
　　② 对于人类而言，较低的基础代谢率并不完全是一个好消息。对于减肥的人而言，更坏的消息是基础代谢率在 20 岁之后还会迅速下降。

视、电脑等工具。因此，维持现代人生活所需要的能量大幅度提高，人类的实际代谢率也在快速增长。[①]West 将现代社会中的人类的新陈代谢率称为"社会代谢率"（social metabolic rate）。与之类似，可以定义虚拟代谢率（virtual metabolic rate）来衡量数字媒介的能量消耗。可以将一个数字媒介的页面浏览量（page views，PV）看作维持其生长所需要的能量，将数字媒介的独立访问者（unique visitors，UV）的数量看作数字媒介的总规模或体重。页面浏览量 PV 代表了数字媒介为了维持其虚拟生命所需要的注意力能量。吸收了这些能量之后，作为虚拟生命的数字媒介生产了大量的信息，进一步帮助数字媒介吸引到更多的注意力资源，这样的过程带来了虚拟生命体的异速生长（allometric growth）。

一、异速生长

异速生长最初用来描述生物体身体不同部位生长速度不同的特点。例如，如果观察招潮蟹的大钳子长度 $Y(t)$ 和身体宽度 $X(t)$ 随时间变化二者之间的关系，就会发现二者并非线性关系，而是存在一个幂律关系：$Y(t) = cX(t)^{\alpha}$。在这里，c 和 α 为常数。对这个等式的左右两边同时取对数就会得到：$\log(Y(t)) = \log(c) + \alpha\log(X(t))$。比如，Kleiber（1947）发现动物的新陈代谢率与他们的体重存在标度关系，标度系数为 0.75。这一发现被称为 Kleiber 定律，因为标度系数为 0.75，又被称为 3/4 律。

如果观察一个网站的演化过程，所测量的 PV 和 UV 就可以使用异速生长定律来进行描述（Wang and Wu，2016）。异速生长也可以用来描述随着时间的变化，一个系统的能量和规模之间的标度关系。例如，在 PV 和 UV 之间存在一个标度关系

$$PV \sim UV^{\eta} \tag{6-1}$$

二、流耗散

对于注意力流网络当中的任意一个节点 i，从节点 i 流入汇节点的流量称为耗散，使用 D_i 来进行表示。与之类似，可以定义类似的流网络统计量。例如，可以将流入节点 i 的流量表示为 A_i；将从源节点直接流入节点 i 的流量表示为 S_i；将从节点 i 流出但未直接流入汇节点的流量称为 F_i。在某一个时间点 t，对于一个已经配平的流网络，存在以下关系

①按照韦斯特所著《规模》一书的说法（West，2017），一个现代人日常生活所需要的代谢率已经达到1.1 万瓦特，相当于 12 头大象的代谢率的总和。

$$UV_t = \sum_i^N D_i \tag{6-2}$$

$$PV_t = \sum_i^N A_i \tag{6-3}$$

与异速生长的标度关系类似，在 D_i 和 A_i 之间同样也存在一个标度关系

$$D_i \sim A_i^{\alpha} \tag{6-4}$$

标度系数 α 表示了流耗散的效率，因此公式 6-4 也被研究者称为耗散律（the dissipation law；Wang and Wu，2016；Zhang and Wu，2013）。与 α 相反，$1/\alpha$ 可以表示节点对流的吸引力（Wang and Wu，2016）。如果耗散系数 α 大于 1，从节点 i 的耗散比流过节点 i 的流量的增长速度更快，流量多的节点会产生更多的耗散，对应于一种星形的流网络结构；相反，如果耗散系数 α 小于 1，流量大的节点就会产生更少的耗散，对应于一种链状的流网络结构（Wu and Zhang，2013；Zhang and Wu，2013）。

三、流影响力

注意力流网络中的一个节点 i 的流影响力 C_i 衡量了这个节点控制网络中的注意力流的能力。流影响力的测量同样与异速生长定律有关。使用 A 来表示从源头流入网络当中的总流量（相当于新陈代谢率），使用 C 表示网络当中所有单个流量的总和（相当于体重），就可以得到以下标度关系

$$A \approx C^{\gamma} \tag{6-5}$$

γ 是异速生长的标度系数。研究者假设满足异速生长定律的输运网络效率最高，其标度系数与输运网络所嵌入的空间维度有关。相关研究表明这种标度关系对于其他类型的流网络同样存在。比如在河流网络当中，A 和 C 之间的标度系数 $\gamma = 2/3$（Banavar et al.，1999）。Dreyer（2001）制作了一种水流可以通过的细胞组织，可以被看作是一维的空间。水流的总重量 C 和被水湿润的组织长度 A 之间也满足标度关系，并且标度系数 $\gamma = 1/2$。

总结一下：对于一维空间的细胞组织，标度系数 $\gamma = 1/2$；对于二维空间中的河流，标度系数 $\gamma = 2/3$；对于三维空间的生物，标度系数 $\gamma = 3/4$。因此，似乎在标度系数 γ 和所嵌入的空间维度 d 之间存在一个明确的关系，$\gamma = d/(d+1)$（Banavar et al.，1999；Dreyer，2001；Zhang and Wu，2013）。

West 等（1997，1999）认为 Kleiber 定律起源于生命系统中的输运网络的分形结构，他们提出了一种基于空间填充的层级网络模型来解释观察到的 3/4 律。Banavar 等（1999）提出了一种方法来解释离散的输运网络，尤其是河流网络。将河流覆盖区域的大小表示为 A，将河流的总水量表示为 C。对于一段河流 X，

$A_X = \sum\limits_{Z \in nn(X)} A_Z + 1$，$C_X = \sum\limits_{Z \in \vartheta} A_Z$，其中 $nn(X)$ 是流入 X 的最近邻（nearest neighbours），ϑ 是通过水流方向连接到 X 的区域集合。Dreyer 提出类似于 Banavar 等的方法来处理连续的输运网络（Dreyer，2001）。

受到 Banavar 等研究思路的启发，Garlaschelli 与其合作者（2003）提出将流网络转化为最小生成树（minimal spanning tree）的方法来计算 A 和 C。在最小生成树当中，使用 A_i 表示流经节点 i 的流量，使用 C_i 表示来自节点 i 的总流量。使用最小生成树的方法来处理流网络具有明显的问题：首先，构造最小生成树必然会剔除掉一些连边，也就意味着产生了信息的丢失；其次，这种方法主要不适用于有权重的网络，而流网络往往都是有权重的。

Zhang 和 Guo（2010）等提出了一种系统化的解决方法。给定一个包含 N 个节点的流网络 G，这个网络的连边是有权重、有方向的。首先，加入两个外部节点源（source）和汇（sink），对每个节点的流量进行"配平"，确保每个节点的流入和流出相等。使用节点 0 来表示源节点，使用节点 $N+1$ 来表示汇节点。"配平"的流网络可以表示为一个流矩阵 F。流矩阵当中的一个元素 f_{ij} 表示从节点 i 直接流到节点 j 的流量。流矩阵 F 可以按行进行归一化并得到转移矩阵 M。转移矩阵 M 的元素 m_{ij} 满足以下条件

$$m_{ij} = f_{ij} \Big/ \sum_{k=1}^{N+1} f_{ik} \tag{6-6}$$

从转移矩阵 M 当中可以提取其基础矩阵（fundamental matrix）U

$$U = I + M + M^2 + \cdots = \sum_{i=0}^{\infty} M^i = (I - M)^{-1} \tag{6-7}$$

其中 I 是单位矩阵（identity matrix）。基础矩阵 U 的元素 u_{ij} 代表了从节点 i 沿着各种可能的路径流到节点 j 的总流量。

综上，基于流矩阵 F，可以得到流经节点 i 的总流量

$$A_i = \sum_{j=1}^{N+1} f_{ij} \tag{6-8}$$

流影响力 C_i 需要捕捉到直接或间接来自节点 i 的总流量，这些流储存在节点 i 的下游子网络当中。流影响力 C_i 可以被定义为以下形式

$$C_i = \sum_{k=1}^{N} \sum_{j=1}^{N} (f_{0j} u_{ji} / u_{ii}) u_{ik} \tag{6-9}$$

张江等发现对于一个食物链网络，A_i 和 C_i 都服从幂律分布，并且二者之间具有标度关系（Zhang and Guo，2010）

$$C_i = A_i^{\eta} \tag{6-10}$$

Garlaschelli 等（2003）认为对于无权重的网络，C_i 代表传输成本，标度系数

η 代表传输效率。η 的取值范围为 1 到 2 之间。其中，1 对应于传输效率最高的网络（星形网络），2 对应于效率最低的网络（链状网络）。Zhang 和 Guo（2010）对 C_i 和 η 意义的解读稍有不同：C_i 代表了节点 i 对网络中其他节点的总影响力；η 则代表了网络存储流的能力。η 取值较大的流网络可以通过让流在网络中循环等方式存储更多的流量；此外，他们提出 η 的取值范围并不局限于 1 和 2 之间。例如，衡量了网络存储流量能力的标度系数 η 与耗散律的系数 α 之间负相关。

此外，Zhang 和 Wu（2013）进一步研究提出 η 也反映了中心化的程度。随着 η 取值变大，C_i 的分布将会变得越来越不平均。一般而言，当 $\eta > 1$ 的时候，流网络可以被认为是中心化的；而 $\eta < 1$ 则意味着网络是去中心化的。例如，多数的贸易网络是中心化的（Shi et al.，2013）。

四、流距离

节点 i 和节点 j 之间的流距离（flow distance）衡量了平均需要走多少步才能从节点 i 走到节点 j（Guo et al.，2015）。可以采用随机游走的思路对此进行思考：假设存在很多随机游走的粒子在流网络当中流动。首先，将从节点 i 到节点 j 的首次通过流量（the first-passage flow）ϕ_{ij} 定义为在每一个时间步经过节点 i 之后第一次到达节点 j 的粒子的平均数量，这些粒子平均走了多少步被定义为首次通过流距离 l_{ij}。其次，节点 i 和节点 j 之间的总流量 ρ_{ij} 定义为在每一个时间步经过节点 i 之后到达节点 j（不管是不是第一次到达）的粒子的平均数量，这些随机游走的例子所走过的平均步数被定义为总流距离 t_{ij}。

使用 p_{ij}^k 表示随机游走粒子从节点 i 到节点 j 走过 k 步的概率，那么经过各种可能的路径从节点 i 到节点 j 的总流距离 t_{ij} 可以表示为

$$t_{ij} = \sum_{k=1}^{\infty} k p_{ij}^k \tag{6-11}$$

给定 M 为转移矩阵，U 为基础矩阵，u_{ij} 是基础矩阵的元素，从节点 i 到节点 j 走过 k 步的首次通过流量为 $\phi_{0i}(M^k)_{ij}$，从节点 i 到节点 j 的总流量 ρ_{ij}，可以得到

$$p_{ij}^k = \phi_{0i}(M^k)_{ij} / \rho_{ij} \tag{6-12}$$

基于公式（6-11）和（6-12），可以得到总流距离 t_{ij}

$$t_{ij} = \sum_{k=1}^{\infty} k \frac{\phi_{0i}(M^k)_{ij}}{\rho_{ij}} = \frac{\phi_{0i}\left(\sum_{k=1}^{\infty} kM^k\right)_{ij}}{\rho_{ij}} = \frac{\phi_{0i}(MU^2)_{ij}}{\rho_{ij}} = \frac{\phi_{0i}(MU^2)_{ij}}{\phi_{0i}u_{ij}} = \frac{(MU^2)_{ij}}{u_{ij}} \tag{6-13}$$

使用 q_{ij}^k 表示随机游走粒子第一次从节点 i 到节点 j 走过 k 步的概率，首次通过流距离 l_{ij} 可以表达为

$$l_{ij} = \sum_{k=1}^{\infty} k q_{ij}^k \qquad (6\text{-}14)$$

给定 $q_{ij}^k = \phi_{0i}(M_{-j}^k)_{ij} / \phi_{ij}$，$l_{ij}$ 可以进一步表示为

$$l_{ij} = t_{ij} - t_{jj} = \frac{(MU^2)_{ij}}{u_{ij}} - \frac{(MU^2)_{jj}}{u_{jj}} \qquad (6\text{-}15)$$

基于首次通过流距离 l_{ji} 和 l_{ij}，对称流距离（the symmetric flow distance）c_{ij} 可以定义为

$$c_{ij} = 2l_{ij}l_{ji} / (l_{ij} + l_{ji}) \qquad (6\text{-}16)$$

流距离反映了随机游走者在流动网络上的运动性质，从而将网络拓扑结构与流动力学联系起来。采用网络嵌入的算法，通过将流网络嵌入适当的几何空间，可以简化对底层动力学的理解。嵌入之后，任意两个节点之间的几何距离就是流距离。Brockmann 和 Helbing（2013）使用有效距离代替传统的几何距离，捕捉到了传染病通过航空网络扩散的隐藏几何，发现城市疾病到达时间与有效距离之间存在非常好的线性关系。Shi 等（2013）进一步明确了基于对称流距离 c_{ij} 的网络嵌入方法，并将该方法应用于印第安纳大学点击流网络。他们的发现表明网站可以分为三个层次：最受欢迎的网站（如 google.com）位于几何空间的中心，它们占有注意力流量较多而注意力耗散较少；位于核心和外围之间的网站数量较多，它们占有的注意力流量小但是耗散量大；处于外围的网站往往规模较小，其流量和耗散量都小。

实证篇（下）

第七章 讨论模型视角下的社交媒体舆论演化

　　"公共舆论可以被看作是更大的社会过程中的一个组成部分，它是稳态的社会借助于讨论和争论适应环境变化的一种机制。"

文森特·普赖斯（Price，1992）

第一节　简　　介

　　社交媒体已经风靡全球并在舆论形成和演化的过程中扮演着重要角色。因为具有用户规模大、传播速度快、覆盖面广、使用门槛低等特点，社交媒体成为讨论、形成和扩散舆论事件的重要平台。以推特为代表的社交媒体在社会运动中发挥了重要的作用，详细记录了与各种社会运动相关的议题和参与者等众多内容，展现了舆论的形成与演化过程。

　　本章主要目的是分析"占领华尔街"运动在推特上的舆论演化过程。从 2011 年 9 月 17 日开始，源于纽约祖科蒂公园的"占领华尔街"运动迅速扩散到整个美国，并蔓延至全球。"占领华尔街"运动爆发的根本原因在于美国社会中普遍存在的收入不平等现象。例如，占总人口数量超过 99% 的美国人，收入不足美国社会总收入的 1%。"占领华尔街"运动的参与者认为以华尔街为代表的金融资本直接造成了美国收入不平等现象，因而这次社会运动的直接目标是持续占领纽约市的金融中心区华尔街。

　　从文森特·普赖斯（Vincent Price）所总结的舆论演化的讨论模型出发，本章提出舆论的三个要素（即参与者、议题和行动）推动了舆论的形成和演化。虽然关于讨论模型的研究已经积累了一系列的理论思考和经验观察，但尚未形成一个可计算的模型，遑论系统地分析舆论的驱动因素与舆论演化之间的关系。虽然讨论模型从理论和逻辑上讲更有吸引力，但在操作层面存在很多问题。这在相当大程度上导致了无法在实际的社会场景中真正使用讨论模型，导致讨论模型在与其他模型的博弈中落于下风，无法与以民意调查为主要范式的草根模型抗争，甚至逐渐被研究者遗忘。本章采用文本挖掘的方法提取舆论的三要素及其演化过程，进而采用贝叶斯预测模型分析舆论三要素与作为整体概念的舆论演化之间的关系，尝试为舆论演化的讨论模型提供一个可计算的方案。

第二节　舆论的讨论模型

舆论演化的讨论模型是普赖斯（Price，1992）在其所著的《公众舆论》（*Public Opinion*）中提出来的一种总结已有舆论研究的分析视角。普赖斯回到舆论学研究的起点，强调最初舆论是一个社会或群体层面的概念，而非个体层面所表达的意见。20世纪初在欧美发生的众多社会运动、罢工和暴动等事件体现了群体行为的重要性和复杂性。舆论是群体行为的结果，并推动了群体行为的发展。讨论模型最早由芝加哥学派的代表人物罗伯特·帕克（Robert Park）正式提出，后经过布鲁默改进而趋于完善。讨论模型把舆论与集体行为紧密联系起来，将舆论看作社会借助（作为集体行为的）讨论和争论来适应环境变化的一种机制。讨论模型认为公共舆论可以被看作是更大的社会过程的一个组成部分。作为社会整体概念的公共舆论是一个社会过程，它源于复杂社会系统内部（包括个体与个体、个体与群体、群体与群体之间）的社会互动，因此不能也不应该被还原为原子化的个体行为。

随着民意调查产业的崛起，研究者更加倾向于从个体层面来理解舆论。这种个体层面的舆论契合选举过程当中"一人一票"的投票逻辑。采用民意调查方法，研究者可以获得个体对于某个议题的意见。把这些个人意见汇聚起来，通过取百分比或者平均数的方法就得到了民意调查的结果。这种民意调查的方法被称为草根模型（grassroots model）。草根模型以投票为中心，而讨论模型是以讨论为中心（Carpini et al.，2004）。草根模型认为民主是固定的偏好和利益通过公平的聚合机制而展开竞争的竞技场，但是实际上正反双方并不交锋。与之相对，讨论模型重在辩论和讨论，旨在产生合理的和知情的意见；参与者愿意根据讨论、新信息和其他参与者的意见而修改个人偏好。虽然共识不一定是讨论的最终目的，但是对结果合法性和合理性的首要兴趣是讨论模型的理想特征。

基于民意调查的草根模型所获得的只是大众意见（mass opinion），而非公众意见或者舆论（public opinion）。草根模型所考虑的对象是近乎原子化的大众，它仅仅考虑汇总大众当中的个体意见，不关注个体之间就公共议题产生的社会互动。大众是由很多匿名个体所组成的松散集合。大众仅仅是个体的聚集，他们是孤立的、不相关的、匿名的，其成员内部缺乏互动或交流。大众之所以可以聚集在一起，在于其对共同利益的关注。共同利益是联系大众内部成员的唯一纽带，他们无法基于共同利益之外的其他原因采取一致的行动。大众对构成公共议题的大多数事务既缺乏兴趣，也不太知情（Lippmann，1922）。不能把全部人口看作对大部分议题进行深入思考和讨论的团体。草根模型主导下的民意调查所得到的意见通常是无组织的、不系统的个人反应，是在公共讨论领域之外形成的，换句话说，它们是大众意见。

讨论模型关注的核心是公众，而公众所关注的则是公共议题，他们就富有争议的公共议题展开公开讨论。除了特别强调公共议题这个概念之外，讨论模型更加关注的是公众如何针对某个议题采取行动（例如表态、讨论甚至是辩论）（Price，1992）。舆论强调公众针对争议性议题展开公共讨论的过程，并非通过草根模型进行的一人一票式的民意调查。在集体讨论的过程中，参与讨论的群体才体现出作为公众的特点①。

舆论的形成和演化满足具有明显的生命周期特征。其中，主要的理论以公共议题（public issue）的形成与解决为主线。舆论形成和演化的机理类似于一般事件的发生发展过程，包括潜伏期、活跃期和衰减期，这一划分为研究者理解舆论事件提供了理论基础。舆论是为了应对社会变化所产生的问题而存在的，普赖斯对舆论演化过程的划分就充分体现出这一点。他将舆论过程总结为五个阶段，分别是问题阶段（problem phase）、建议阶段（proposal phase）、对策阶段（policy phase）、执行阶段（program phase）、评估阶段（appraisal phase）。简而言之，舆论的形成首先要经过问题阶段。在问题阶段，公众明确了所面临的社会问题。接下来，针对这些问题，公众会通过讨论的方式给出各种各样的建议，也就是建议阶段。公众需要从各种各样的意见当中凝练出解决问题的对策。解决问题不仅需要现实的行动方案，更重要的是付诸行动。因此，接下来舆论演化就会进入执行阶段。最后，公众将对行动的结果进行评估。如果问题解决，舆论演化就会终止；如果问题没有解决，或者又出现了新的问题，就需要重复迭代之前的步骤。

社交媒体在建构舆论议题过程中发挥了重要作用。一方面，社交媒体为参与者提供了在线公共讨论的空间，他们可以基于社交媒体进行多种形式的讨论和互动；另一方面，社交媒体上的内容直接反映了舆论参与者的意见和主张。"占领华尔街"（#OccupyWallstreet）的话题标签在 2011 年 9 月 16 日晚间（即占领者驻扎祖科蒂公园前夜）11 点左右开始大量出现；脸书网站上"占领华尔街"的话题页面出现于 2011 年 9 月 19 日，有用户在上面写道："欢迎各位新来者！请自由发表言论。发泄你们的不满情绪。"社交媒体为社会运动参与者提供了表达个人意见并进行集体讨论的空间。社会化媒体时代的舆论研究更强调这些意见形成的过程，特别是其中必须包含的公共讨论。网络意见的增加并不简单地等同于舆论的繁荣；舆论绝不仅是通过民意调查或者基于对社交媒体内容的挖掘所发现的意见结果，尽管它们也是舆论的一部分（周葆华，2014）。

---

① 毫无疑问，讨论模型是一种理想模型。一个重要的问题出在舆论的主体身上。舆论参与者可能是具有公共性的公众，也可能是随波逐流的乌合之众。舆论参与者是公众和乌合之众的混合体。

　　按照普赖斯所总结的舆论演化的讨论模型（Price，1992），本书认为舆论作为一个不断演化的社会过程包含三个核心要素，分别是参与者、议题和行动。只有当公众作为参与者针对公共议题采取集体行动的时候，舆论才能真正形成并随时间演化。切身相关的公共议题、参与者及其积极行动可以有效推动舆论的演化发展。对于舆论演化的过程已经有了很多理论思考和经验观察，但是并未发展出可以描述舆论驱动因素与其演化的可计算模型。社交媒体可以捕捉到那些推动舆论演化的内部因素。这些内部因素往往源于社会结构和社会性需求之间存在的矛盾关系，并以文本的形式凝固于社交媒体用户创作的内容当中。分析这些用户创造的内容，一方面可以帮助理解推动决定舆论演化的力量，另一方面也有助于构建舆论演化的模型。

一、议题

　　舆论演化的讨论模型认为舆论演化以公共议题为主线展开。议题的公共性是构成舆论的必要条件。舆论演化的不同阶段都围绕公共议题展开，包括最初的确认议题、中间过程围绕议题所展开的争论以及到最后解决公共议题中的问题。只有触及社会公众的利益，才具有激发舆论的意义和可能。因此议题公共性直接决定了人们参与的程度。议题与公众利益的关联越紧密，公众越可能参与公共讨论。Shorter 和 Tilly（1974）分析了从 1830 年到 1968 年的法国罢工，他们发现资本主义是法国一百年来罢工形式变迁的主要驱动力。"占领华尔街"运动的主要议题是反对经济收入的不平等。收入不平等直接关系到绝大多数人的生活状态，具备形成舆论的基本条件。尽管语言、场景和程度不同，但是"占领华尔街"运动都有一个共同特点：对不断扩大的贫富差距抱有沮丧情绪。议题对于舆论形成和演化发挥着重要作用，几乎所有的舆论形成和演化都与公共议题紧密相关。议题的这种影响在舆论形成过程中普遍存在，因而具有很强的可推广性。

　　从 2011 年开始算起，"占领华尔街"运动已经过去超过 10 年。毫无疑问，作为一个反抗收入不平等的社会运动，"占领华尔街"运动取得了重要的社会影响。然而，占领运动未能从根本上解决问题，这与盘根错节的社会结构有关。美国的"占领华尔街"运动只能算是一场温和的改良型社会运动。这与美国社会当中相对丰富的中层组织有关，各类抗议活动被合法化和制度化，可以通过制度化的意见表达来释放对于社会结构的不满。但收入不均是一个根深蒂固的结构性问题，无法从根本上得到解决。席卷美国的"占领华尔街"运动最终也以失败告终。结构性的问题会不断积累、不断演化，并产生新的、与之相关的舆论议题。

　　议题本身的属性不仅在社会运动类的舆论形成当中发挥着重要作用，对于分析其他类型的舆论演化也一样适用。例如，环境问题已经成为人们日益关注的重要议题，公众普遍担心建立垃圾焚烧发电厂将会直接影响周围的环境和公众的健康（胡丹，2010）。当广州番禺要建立垃圾焚烧发电厂的消息公布之后，当地公众快速动员起来，持续地推动了舆论的发展以及问题解决。反之，如果议题不重要，舆论的演化也会受到限制（胡丹，2010）。虽然娱乐类消息爆出时往往引发网民的围观和评论，但很快就会因为没有劲爆信息爆出而散去。根据以上分析，提出以下假设。

H1：议题的属性可以推动社交媒体上的舆论演化。

二、参与者

舆论参与者的变化必然影响舆论的演化。讨论模型认为舆论的参与者是动态、松散的群体。公众通过围绕某个议题进行讨论甚至是争论来解决社会问题。在舆论演化的过程中，公众的规模与构成也在不断发生变化。普赖斯将公共舆论过程中的公众界定为这样几类，即政治参与者、新闻记者、积极公众、热心公众、旁观者（Price，1992）。但是舆论参与者不仅包括一般公众，还包括意见领袖和媒体。在数字媒介发展起来之后，数字媒介平台本身也成为重要的舆论参与者。讨论不仅发生在同一种类型的参与者内部，也发生在不同的舆论参与者之间。因此，讨论模型需要厘清不同参与者之间的相互影响过程。

在舆论演化的不同阶段，不同类别的舆论参与者的规模和互动各不相同。有一类舆论是从社会的中层和下层中酝酿产生的，是一种自下而上的舆论组织方式。例如，在广州番禺垃圾焚烧发电厂事件当中，公众是舆论形成的主要力量，政府和媒体之后才参与进来（胡丹，2010）。另外一类舆论是由意见领袖推动的、经过媒体建构而产生的，是一种自上而下的舆论组织方式。对于自上而下的舆论，意见领袖和媒体会较早地参与进来。当然，也存在这两种方式混合的舆论组织方式，尤其是在数字媒介发展起来以后，不同的舆论参与者共存于一个网络平台之上。一方面，意见领袖可以直接影响公众；另一方面，公众也可以直接游说意见领袖。在大众媒体时代，媒体介乎二者之间。现在，媒体的这种中介作用似乎被削弱。同理，意见领袖可能是另一类传播能力被强化的舆论参与者。意见领袖的参与可有效地缩短突发舆情事件的发酵时间，此外政府介入有助于突发事件网络舆情史快平息（强韶华和吴鹏，2014）。以魏某西事件为例，受害人魏某西通过网络披露了自己的遭遇；微信公众平台上的相关文章进一步揭开了百度竞价排名和莆田系医院之间的关系；公众在社交媒体上对百度和莆田系的声讨暴露了互联网搜索和医疗行业缺乏监管的问题，进一步引发了政府部门对魏某西事件的调查及问题的解决。

现代社会当中的舆论本身存在天然的弱点，集中体现在公众身上。普赖斯在

《公共舆论》一书中归纳了公众存在的五个弱点：缺乏能力、缺少资源、易被说服、易陷入多数人暴政、易被操纵（Price，1992）。当公众参与舆论讨论时，公众的这种弱点就进入集体行为中，成为舆论本身的弱点。公众的五个弱点可以分为两类：第一类表征了公众的潜在肤浅性（superficiality），主要表现在缺乏能力和缺少资源。例如，公众往往对政治事务不感兴趣，对公共事务缺乏准确的信息和知识，往往依靠刻板印象等偏见和恐惧来做出决策（Lippmann，1922）。对于这个难题，Lippmann 和 Dewey 都给出了自己的答案。Lippmann（1922）寄希望于建立独立的专家组织，让社会科学家帮助公众认识到那些被忽略、被隐藏和被偏见遮蔽的事实；Dewey（1927）则寄希望于教育和地方社区，将社区对新闻的解读扩散到公众，改善公众参与辩论、讨论和说服的方法和条件。当公众无法在日常生活的制度框架内解决面临的个人困扰时，其就会成为舆论参与者并尝试通过集体行动来解决社会问题。互联网和社交媒体的发展为公众提供了新的媒体资源，拓展了公众获取和表达信息的渠道，但并未能增强公众参与公共传播的能力。以推特上的关于"占领华尔街"的讨论为例，活跃而持久的参与者数量很少，他们构成了推动运动发展的"铁打的营盘"；然而，绝大多数人并不活跃或长久参与，恰如"流水的兵"（Wang et al.，2013）。

　　公众的第二类弱点表现在易感性（susceptibility）方面。公众的易感性主要包括易被说服、易被操纵、易陷入多数人暴政。首先，公众的认知和判断在很大程度上不是理性的，情感和非理性因素发挥着重要的作用。例如，人们更加喜欢听故事（Gerrig，1993）。如果说服性信息当中包含叙事性的元素，就可以更容易地将人们的注意力、情感和想象带入到故事当中。这个过程通常被称为"叙事传输"（narrative transportation，也被翻译为"叙事代入"）（Green and Brock，2000；Green et al.，2004）。数字媒介和机器学习算法的发展，使得基于在线人类行为数据的人格分类研究成为可能。相关研究表明使用机器学习和脸书上的行为数据可以较为准确地预测个体的大五人格，并且可以运用于大规模说服（Matz et al.，2017；Michal et al.，2013；Wu et al.，2015）。其次，公众容易受到精英的控制。按照 Entman（2009）所主张的瀑流理论，权力沿着精英、媒体、新闻框架、公众这一顺序进行投射；影响力层层传递，如同倾泻而下的瀑布。虽然也存在自下而上的传导过程，但自上而下的传导过程居主导地位。随着数字媒介平台的崛起和传统媒体的式微，平台化逻辑开始扮演重要的角色。此时，精英可以更加直接地接触和影响公众，精英对公众的影响进一步加强。①最后，"多数人暴政"最早由阿历克西·德·托克维尔（Alexis de Tocqueville）在其名作《论美国的民主》（*De la démocratie en Amérique*）一书中提出，主要针对法国大革命期间雅各宾派以多数人名义行使无

---

① 反过来，作为集体的公众也可能通过民粹主义的方式影响精英的决策和行为方式。

限权力这一现象。沉默的螺旋就是一种典型的多数人暴政情况，本书将在第九章进一步讨论。据此，提出以下假设。

H2：社交媒体中参与者本身可以推动舆论的演化。

三、行动

讨论模型强调公众之间的理性的争辩和行动推动了舆论的真正演化发展。参与者的行动（包括讨论）能否契合舆论演化的过程是检验讨论模型有效性的重要标准。参与者的行动是讨论模型不同于草根模型的关键之处。草根模型强调一人一票，将舆论过程简化为一个投票过程，忽略了参与者之间的互动，尤其是互动所产生的"一加一大于二"的效果。舆论中并非只有讨论行为，更多的是沉默的围观。与行动相比，沉默往往不利于推动舆论演化和解决问题。参与者的行动具有如此大的影响力，以至于可以大幅度放大或者彻底翻转初始意见；忽略参与者的行动意味着遗漏了推动舆论演化的关键因素。因此，分析舆论内容中的行动及其类型有助于理解舆论演化。

舆论演化是以讨论和争论等实际行动的形式展开的。公共舆论中的行动有助于社会调整其结构和资源（Price，1992）。讨论模型始终坚持着早期的自由主义思想所孕育的公共舆论思想，把公共舆论当作实现公众利益的一种途径。讨论模型认为只有通过让公众持续参与公共事务，通过理性、平等、激烈的讨论，才能最大限度地让最终结果代表公共意志。以广州番禺垃圾焚烧发电厂事件为例，在该事件爆发的四个月当中，民众、媒体和政府三方力量展开互动，而正是这种互动最终促成了这一事件得以获得双赢的结果（胡丹，2010）。

通过分析舆论演化过程中的行动及其类型，有助于理解舆论动态。例如，2011年10月7日，"占领华尔街"运动中的参与者们通过社交媒体向全球发出呼吁，倡导共同参与10月15日的"为世界的改变而联合"（United for Global Change）的活动，号召全世界的人们共同进行和平示威。此后全球多地出现抗议当时金融体系的活动。参与者的行动作为舆论的三要素之一直接推动了舆论的传播。推特上的讨论与线下的"占领华尔街"运动之间也存在互动关系。显然，这里存在两种类型的行动。第一种类型的行动是作为舆论表达的行动，这种行动涉及人与人之间的沟通和交流，主要涉及舆论演化的问题阶段、建议阶段、对策阶段和评估阶段。通过线上讨论，舆论参与者之间共享了信息、明确了问题、找到了行动方案，构成了第二种类型行动的基础。第二种类型的行动则是舆论参与者的执行行动，主要对应舆论演化的执行阶段。这种行动往往涉及利益方（如华尔街所代表的金融资本）和仲裁者（如政府、媒体），既可以通过线上的行动进行，也可以通过线下的行动进行。在"占领华尔街"运动中，美国总统的推特账号是舆论参与者在线上的重要行动对象，线下的游行活动则针对华尔街和美国政府。据此，提出以下假设。

H3：参与者的行动可以推动社交媒体上的舆论演化。

第三节　研究方法

本章研究主要是基于社交媒体（推特数据）的量化研究。虽然讨论模型相关的研究不少，但多数止步于从理论上论证其合理性与有效性，尚未建立有效的计算方法。虽然存在不少关于舆论演化的分析模型和计算机仿真模型，但大部分研究集中于进行数学分析或模拟，而不是描述和分析现实生活中的舆论演化数据。这些研究往往对现实中复杂的人类互动行为做了极大的简化，不利于描述现实社会中的舆论形成过程。本章试图在研究方法方面弥补这一缺陷。本章研究采用计算社会科学的方法来推进对舆论演化的研究，对舆论的议题、参与者及其行动进行测量。具体解决思路是采用文本挖掘和时间序列分析相结合的方法，从讨论模型角度更为细致地理解社交网络中的舆论演化。

一、贝叶斯预测模型

时间序列分析将用于分析"占领华尔街"运动相关推文随时间的演化以及不同时间序列之间的相互影响。时间序列分析不仅可以从数量上揭示某一现象的发展变化规律，而且可以从动态的角度刻画现象之间的关系。它是一种根据数据揭示系统动态结构和规律的统计方法，其基本思想是根据数字媒介记录的文本数据提取时间序列，并建立分析时间序列数据的统计模型，实现对未来趋势的预测。通过统计每天"占领华尔街运动"相关的推文数量，可以得到推特上对于"占领华尔街运动"的时间序列。同理，也可以得到每天包含某个关键词的推文数量，这样也就得到了该关键词的"占领华尔街运动"时间序列。另外，根据讨论模型理论，通过定义什么是社交媒体上的讨论，也可以计算出每天推特用户之间发生的讨论次数，可以得到相应的时间序列。基于以上构造时间序列的方法，可以进行多变量的时间序列分析。

使用文本特征构造时间序列会面临变量过多的问题。基于文本提取时间序列的最简单的方式是切词然后对每个词构造时间序列。如果词的数量过多，就会造成模型变量过多，甚至超过时间单位的跨度（也就是样本的数量）。针对此问题，本章研究一方面基于词语的重要性进行过滤，另一方面采用贝叶斯结构化时间序列方法（Bayesian Structural Time Series，BSTS）对数据进行分析。BSTS 模型采用三种方法来处理变量过多的问题：卡尔曼滤波法、钉板回归、贝叶斯模型平均法（Scott and Varian，2014）。卡尔曼滤波方法将时间序列分解为趋势、周期、回归三个部分，而后估计趋势和季节性影响；钉板回归方法在模型中做变量选择，选择对模型贡献最大、效果最好的变量组合；贝叶斯模型平均法对模型进行平滑处理，最后用蒙特卡罗最大似然算法模拟后验分布生成的样本集来进行估计。因此 BSTS 方法可以从多个变量中遴选出对于预测因变量最重要的一组因素，起到降维的作用。当明确用于分析的自变量之后，可以采用聚类分析对其进一步分类和拟合。

本章研究使用 Python 语言对数据清洗并提取特征，然后使用 R 软件包 bsts 建立贝叶斯结构化时间序列模型。bsts 包是由来自谷歌的计算广告研究者 Scott 使用 R 语言编写的分析工具。因此，可以在 R 语言的 CRAN 平台下载。[①]谷歌流感趋势等研究使得使用搜索引擎数据预测临近的社会现象成为研究热点。2014 年，Scott 和 Varian 两人发表了题为"使用贝叶斯结构化时间序列模型预测现在"（"Predicting the present with Bayesian structural time series"）的论文，系统地介绍了贝叶斯结构化时间序列模型。同年 6 月 27 日，名为 bsts 的 R 包在 CRAN 平台发布，理论发展和软件开发同步进行。Scott 和 Varian 都是经济学背景，其中，Varian 是研究微观经济学的著名学者，他撰写了两部非常畅销的教科书《中级微观经济学》（*Intermediate Microeconomics*）、《微观经济分析》（*Microeconomic Analysis*）。在离开学术界后，Scott 和 Varian 加入谷歌，分别担任谷歌资深经济分析师和首席经济学家。谷歌最早提出并使用广义次价拍卖的方式来拍卖其搜索引擎广告位。然而，谷歌一开始并不真正了解广义次价拍卖的特性。Varian（2007）采用博弈论对此问题进行了深入分析，成为计算广告领域的奠基性工作者。基于时间序列的预测同样可以应用于对广告效果等外部冲击或干预的测量，为此另外一组研究者开发了名为 CausalImpact 的 R 包。[②]

二、数据来源

本章研究收集了从 2011 年 10 月 6 日至 2012 年 2 月 18 日推特上关于"占领华尔街"运动的全部 136 天的推文数据，共计 6 602 141 条。其中，产生推文数量最多的一天是 2011 年 11 月 15 日，共计 409 075 条，最少的一天是 2012 年 2 月 18 日，共计 4859 条，平均每天产生的推文数量 48 545 条。通过搜索相关资料，可以找到 2011 年 11 月 15 日这一天推文数量爆发的原因。2011 年 11 月 15 日凌晨，

①　参见 https://cran.r-project.org/web/packages/bsts/.

②　参见 https://cran.r-project.org/web/packages/CausalImpact/l.

纽约市当局要强制驱离祖科蒂公园示威者，在驱离过程中双方爆发了激烈的冲突，200 多名示威者被警方拘捕，在整个社会引起了轩然大波，引发美国各地媒体、名人和普通用户的热烈讨论。2012 年 2 月 18 日是数据收集的最后一天。整个运动在经历酝酿、扩散、爆发、落幕等阶段后，在社交媒体上的热度已经降低，相关的新闻和信息也开始淡出公众视野。本数据涵盖了"占领华尔街"运动期间574 543 个推特用户的信息，平均每人生产 11.49 条推文。参与用户最多的一天是2011 年 11 月 15 日（共计 98 934 人）；参与用户最少的一天是 2012 年 2 月 18 日（共计 2012 人）。

数据的基本结构包括以下字段：时间、推文内容、发推人、作者、作者@的用户、转发推文的原作者、推文中的标签、推文中的超链接。数据未能涵盖 2011 年9 月 17 日占领运动开始至 10 月 6 日之间的数据。尽管如此，本章研究所使用的数据基本上贯穿了运动始终，提供了一个观察和反思社会运动的文本资料。

本章研究采用 TF-IDF（Term Frequency-Inverse Document Frequency）算法对每天所有文本的话题标签的重要性进行了计算。TF-IDF 是一种测量文本特征重要性的方法，通常用以评估一字词对于语料库中的一个文本的重要程度。词的重要性与它在文件中出现的次数成正比，与它在语料库的不同文本中出现的频率成反比。TF-IDF 由词频（Term Frequency，TF）和逆文本频数（Inverse Document Frequency，IDF）两部分组成。首先，词频衡量了某一个词在某一个文本中出现的频率。词频需要使用文本的词语数量（term count）进行归一化，以避免文本长度所带来的偏差。其次，逆文本频数是一个词在不同文本中普遍存在的概率的倒数。因此，包含这个词的文本数量越多，这个词的逆文本频数就越小。一个词的逆文本频数，可以由文本数量除以包含该词的文本数目然后取对数得到。

第四节　研究发现

"占领华尔街"运动在推特上的讨论可以分为三个阶段（图 7-1）：第一个阶段从 2011 年 10 月初持续到 11 月初，在 10 月中下旬掀起了两次小高潮。10 月 14 日的峰值可以归因于上千名示威者在美国首都华盛顿举行的游行活动，示威者抗议大企业对美国政治的影响、美国政府发动的阿富汗战争和伊拉克战争，并且与警方和安保人员发生了严重的冲突；10 月 25 和 26 日的小爆发则是因为加利福尼亚的奥克兰警方强制拆除了当地示威者的营地，警察使用了催泪瓦斯并逮捕了大量示威者。第二个阶段从 2011 年 11 月初开始持续至 2011 年 12 月初。在这个阶段，"占领华尔街"运动在推特上掀起了一次舆论讨论的大高潮。这个阶段的爆发是因为 11 月 15 日纽约市当局与示威者在祖科蒂公园发生了激烈冲突，纽约市当局对示威者进行了强制清场，并且逮捕了 200 多名示威者。第三阶段从 2011 年 12 月初开始持续到 2012 年 2 月。随着 2011 年 11 月 15 日纽约市当局对"占领华尔街"示威者的清场,"占领华尔街"运动逐渐归于平静,推特上的热度也逐渐降低。

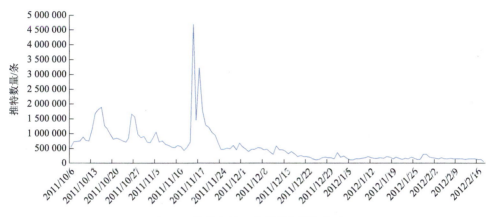

图 7-1 推特上的"占领华尔街"运动

本章研究拟合了"占领华尔街"话题在推特上每天的参与者数量和推文的转发、讨论之间的关系。每日的推文数量和用户数量在双对数坐标下呈现一条直线($B = 1.06$,$R^2 = 0.99$),具有典型的幂律分布的特征;每日用户数量和每日转发推文(retweet)数量在双对数坐标下也呈现直线特征($B = 1.2$,$R^2 = 0.98$),也具有典型的幂律或长尾特征;同理,每日活跃用户和推文中提及的用户数(以@为标志)($B = 1.15$,$R^2 = 0.99$)也呈现典型幂律或长尾特征。综上,少数几天是社交媒体上推文发布、互动、转推等的集中爆发时期,这一点从活动期间推文变化的曲线中也可发现。

为了探索讨论行为与舆论演化的相关性,首先计算每天发生的讨论行为次数构造出"占领华尔街"运动期间讨论行为的时间序列。用户 A 对用户 B 发起讨论的次数使用用户 A 提及用户 B 的不同推文的数量来进行计算。与之类似,也可以计算用户 B 对用户 A 发起讨论的次数。在本章研究中这样定义讨论行为,当用户 A 在发表意见时提及了另外一个用户 B 后,用户 B 也提及用户 A,他们之间发生了讨论行为。①综上所述,绘制了讨论行为与舆论演化的关系图(图 7-2)。讨论行为的时间序列变化趋势与舆论的演化发展高度一致。二者的皮尔逊相关系数高达 0.88,讨论行为与舆论演化高度相关。社交媒体上的讨论与舆论的演化发展同步,因此社交媒体中的讨论行为可以很好地反映舆论演化。

---

① 如果某个用户 C 发表了意见后@了其他用户但是其他用户没有反馈,本章研究不认为这是一次有效的讨论,这只是用户 C 的自言自语,并未产生实际效果。

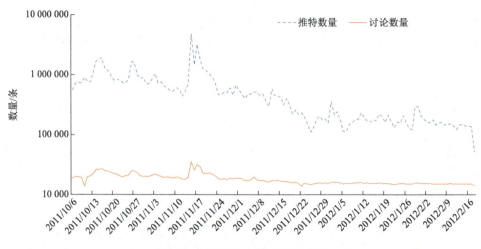

图 7-2　讨论行为与舆论演化关系

通过计算"占领华尔街"运动 136 天以来每天所有推文包含的话题标签的 TF-IDF 值，可以得到"占领华尔街"运动中的话题标签重要性排序。排名前 50 的话题标签依次是：ows、rt、quot、occupy、you、occupyWallStreet、that、p2、police、they、amp、wall、street、people、protesters、what、via、tcot、occupyOakland、will、up、your、nypd、oo、who、park、their、live、video、movement、99、don、there、protest、why、arrested、n17、Obama、Oakland、news、support、when、them、nyc、teaparty、solidarity、today、world、anonymous、time。从分析结果可以看出，这 50 个词（缩写词）大致可以分为舆论参与者、议题、行动三个部分。

第一，舆论参与者包括抗议者（protesters）、奥巴马（Obama）、推特上最保守的人（tcot）[①]、茶党（teaparty）、警察（police）、纽约警察（nypd）、人民（people）、纽约市（nyc）。这些词体现了占领运动中涉及的一些政客或参与者。奥巴马（Obama）是时任美国总统，理所当然成了普通公众抨击的对象，nypd 代表纽约警方，他们是和抗议者直接冲突的一方。纽约警方充当急先锋多次强制驱逐占领运动的参与者。与民主党和奥巴马等相比，保守派对"占领华尔街"持反对态度。"占领华尔街"运动直接反对的是保守派势力，包括共和党和茶党等保守派。

第二，舆论议题包括"占领华尔街"（ows、occupyWallStreet）、我们代表了 99%的人（99，we are the 99%）、团结（solidarity）、纪念"占领华尔街"运动持续两个月（n17）[②]等词。这些词集中反映了"占领华尔街"运动中的重要舆论议

---

① tcot 是 Top Conservatives on Twitter 的缩写。

② "占领华尔街"运动从 9 月 17 日开始，11 月 17 日（November 17，缩写为 n17）为两个月纪念日。

题。"占领华尔街"（ows）议题在整个"占领华尔街"运动期间一直是公众的关注重点，也是舆论参与者的最重要的口号，直接将矛头指向了金融资本。我们代表了99%的人议题则论证了"占领华尔街"运动中的合法性。团结和两个月纪念等议题进一步凝聚了参与者的共识，具有一定的组织和激励作用。然而，这些议题缺乏现实、具体的实现路径，限制了社会问题的真正解决。

第三，舆论行动包括转推（rt）、引用（quot）、占领（occupy）、抗议（protest）、被捕（arrested）、支持（support）。舆论参与者较好地使用了转发、引用等方式扩散舆论信息，倡导推特用户加入支持、占领、抗议的行动。奥克兰（Oakland）以及占领奥克兰（occupyOakland）这些话题标签展现了"占领华尔街"运动在空间上的扩散。从最初的"占领华尔街"扩散到"占领纽约""占领洛杉矶""占领奥克兰"等行动。"占领华尔街"运动在现实世界中的蔓延必然带来暴力现象以及与警察的冲突。被捕（arrested）就成为"占领华尔街"运动中的重要现象。面对参与者被捕的问题，舆论参与者在推特上进行了声援，并对美国警察和政府的行为进行谴责。综上，前50个话题标签较好地代表讨论模型的三个要素。

为了探索在舆论演化过程中是哪些因素左右着舆论的演化，采用了 BSTS 来对"占领华尔街"运动数据进行分析。首先，在上一部分的基础上，通过计算TF-IDF从文本中提取出前200个关键词。通过在每天的数据中寻找这200个关键词，可以构造每个关键词每天出现的频数。由此，可以分别构造出200个关键词的时间序列。这些关键词的时间序列长度与整个运动的时间跨度相同，均为136天。随后，将这200个关键词的时间序列放入贝叶斯结构化时间序列模型当中，通过钉板回归提取出了62个可以纳入最终模型的变量。

为了检验这62个最佳拟合变量是否可以对模型演化发展起到很好的预测作用，需要测试这62个最佳拟合变量在拟合舆论演化上的绝对误差值。绝对误差值越小，说明预测的准确度越高，拟合效果越好。具体来说，除趋势模型和全模型外，采用递增变量的方法建立了三个模型，加入重要性程度最高词的时间序列。其中，模型1包括"国家"（country）与"国会"（congress）这两个词，模型2包括"人民"（people）与"工作"（job）这两个词，模型3包括"占领华尔街"（ows）与"和平的"（peaceful）这两个词。趋势模型随时间演化的基本趋势，不包括其他所有变量对模型的影响。全模型则与其恰好相反，全模型代表着在加入所有变量后模型演化走势。结果如图7-3所示，从模型1到模型3的累积绝对误差不断下降，拟合效果提升明显。当模型加入所有变量后，累积绝对误差最小。值得注意的是模型3与模型4相差很小。综上，本章研究发现上述核心变量可以很好地拟合舆论的演化过程。

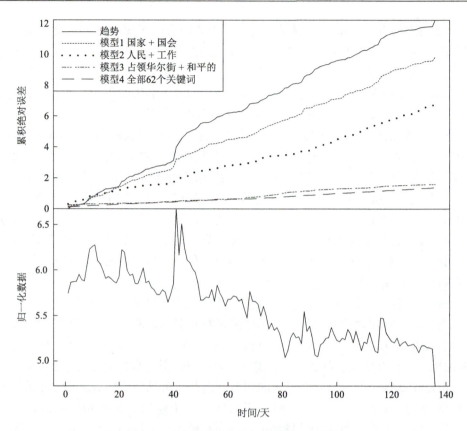

图 7-3 "占领华尔街" 运动的 BSTS 模型

通过上面的研究，可以看到 62 个关键词对舆论的演化可以很好地预测出来。但是，还需要模型具有较好的可解释性。具体来说，需要删除一些无意义的词。经过人工遴选之后，对剩下的 32 个词进行了聚类分析，以便更清楚地认识这些词到底代表了什么含义。如图 7-4 所示，结果可以分成以下四类：行动和参与者（occupywallst，march，arrested，cops）；行动（occupydc，occupyla，action 等）；议题与参与者（jobs，democracy，power，party，americans 等）；议题（gas，crowd，violence，tomorrow 等）。聚类结果可以很好地代表舆论讨论模型的三要素，即讨

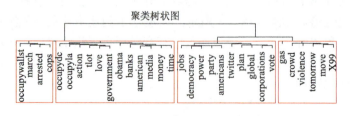

图 7-4 对 32 个关键词进行聚类分析

论模型三要素在舆论的演化中起着核心作用。综上，讨论模型的三要素（参与者、议题和行动）共同决定了舆论演化的过程，假设 H1、H2、H3 得到数据的支持。

第五节　结论与讨论

本章通过讨论模型的视角分析社交媒体上的舆论演化机制。讨论模型承继 18 世纪的启蒙思想，重视公共议题和作为社会统一体的公众，强调公共意见源自群体在公共领域（如咖啡馆、沙龙）当中的讨论。舆论是相互关联的群体成员针对关涉其利益或价值的有争议性议题展开公共讨论的过程，形成舆论的讨论必须基于个人独立自主的表达，以及这些表达必须在信息自由充分的流通环境中进行。在社交媒体上，公众可以自由地分享信息、讨论社会热点、寻找解决方案、付诸实际行动，这使得草根模型的舆论演化观念出现了水土不服，更符合讨论模型对于舆论的理解。本章在前人研究的基础上，通过对推特上"占领华尔街事件"的数据进行挖掘分析，希望可以通过量化的手段从讨论模型视角对社交媒体上的舆论演化进行观察分析，探索社交媒体上舆论演化的动力机制。此外，对社交媒体上舆论演化的新特征进行观察探索。因此，本章研究不仅是对讨论模型的探索与完善，研究发现也有利于理解社交媒体上关于社会运动的舆论演化。

本章发现参与者、议题、行动三要素贯穿舆论演化始终，是决定舆论演化过程中兴衰起落的核心机制。参与者作为社会公众，进入了公共讨论中，他们围绕某个共同关心的议题发生分歧并进行激烈的辩论争执，通过共同投入注意力来解决社会问题。在"占领华尔街"运动中，由于华尔街精英的行为已经切实损害到大部分群体的利益，公众通过参与舆论讨论，在线上聚集抱团，在线下集会抗议。随着运动的深入，他们的诉求也从最初占领华尔街发展为控诉社会不平等问题。在此基础上，"占领华尔街"运动的参与者们提出了"我们代表了99%的人"（we are the 99%）的运动口号，一针见血地指出在美国社会当中，占人口99%的绝大多数人所占有的财富不足1%。随着舆论的演化升级，"占领华尔街"运动扩散至了美国全境乃至全世界，引发了"占领西雅图""占领纽约"等一系列运动。线下的大规模扩散，反过来又促进了更多的线上舆论。最终，参与者、议题、行动三者互相影响、互相加持引导着舆论的演化。

本章从量化层面证明了舆论演化讨论模型的有效性，这是对草根理论舆论观的一种纠偏。草根理论的舆论观认为通过问卷调查收集来的未经过公众广泛地、理性地讨论的结果就能代表舆论的本质，实际上通过对讨论模型的量化分析可以看出，只有经过公众广泛、理性的讨论后形成的舆论才能代表舆论演化的本质，才能根据此规律对舆论进行有效的理解和规范。至于草根理论的结果，仅仅是 $1+1=2$ 的结果而已。通过文本挖掘、贝叶斯结构化时间序列以及网络科学的方法，本章研究将舆论的讨论模型转化为一个可计算的理论框架，通过量化模型成功抽取出了舆论演化的三要素，证明了讨论模型的有效性，形式化地表达并证明了以帕克和布鲁默为代表的芝加哥学派关于社会运动及舆论演化的理论洞见。

本章发现了一些不同于过往讨论模型研究的结果。"占领华尔街"这一运动的舆论演化不同于传统媒体情景下的舆论演化。例如，讨论模型认为传统媒体是一股很强的力量，对于舆论的演化、公众之间的讨论有着很强的影响力。但是，在社交媒体情景下，媒体参与者的强大影响力已经潜移默化地让位给了活动组织者、普通公众和自媒体用户，其中心地位被消解了。此外，由很少一部分节点组成的保守派群体，始终游离于主流讨论之外。他们封闭在少数节点组成的社团中，只和自己人进行交流。

本章研究面临社会科学中的宏观和微观解释困境。社会科学解释的对象多是宏观结果，但与微观个体的行为相关。舆论的元素就其分析单位而言对应的依然是整个舆论，例如不同议题随时间变化的过程。本章研究实际上在运用宏观社会结构来分析其社会后果，更接近于韦伯使用新教伦理解释资本主义兴起的做法。这一做法缺乏对微观行动者的观察，导致其解释出现漏洞。科尔曼所提出的"科尔曼之舟"是对这一问题的一个解决方案，即找到宏观社会结构如何制约微观行动者的认知结构，进而分析行动者的认知如何驱动其行动和相互之间的互动，最终分析微观行动者的行动如何产生宏观的社会结果——舆论的产生。这一做法的一个好处是避免了"方法论个人主义"或者"原子论"的解释困境，允许舆论中涌现出 $1+1>2$ 的结果。

此外，本章研究依然存在不少缺陷，在未来研究中可以就以下方面进行改进。首先，对于舆论的测量，至少从舆论情感等多个维度进行理论化和操作化。本章研究主要采用舆论强度作为测量舆论的主要维度，并以数量作为测量方式，可以在后续的研究中进一步丰富。其次，本章研究仅仅通过一个舆论事件作为论据来证明讨论模型的有效性，未来可以考虑增加实例，通过多个不同领域、不同地区的数据来加强结果的说服力。最后，本章研究使用舆论的元素预测舆论本身的发展，这种做法存在一个重要问题，即缺乏明确的预测目标，应当将舆论等叙事同其他的社会后果结合起来进行分析。对于这个问题，叙事经济学提供了有益的视角。

第六节　延伸：计算叙事

一、叙事经济学

诺贝尔经济学奖得主希勒是行为经济学的重要代表人物。他的研究致力于反驳经济学当中的理性人假设，强调从心理和行为理解经济现象。2017年，希勒在《美国经济评论》杂志发表题为"叙事经济学"的论文，提出人类创造的叙事会驱动人类的行为，将行为与人类深层的价值观和需求联系起来；叙事可以像病毒一样扩散深远，甚至席卷全球，并因此对经济波动产生影响（Shiller，2017）。此后，希勒出版《叙事经济学》一书，更加系统地介绍了其基本观点。他采用一种类似框架分析的策略将经济叙事分解为不同维度，提出存在九种长期经济叙事，包括：①恐慌与信心；②节约与炫耀性消费；③金本位制与金银复本位制；④劳动节约型机器取代多种工作岗位；⑤自动化和人工智能取代几乎所有工作；⑥房地产繁荣与萧条；⑦股市泡沫；⑧抵制、奸商和邪恶企业；⑨工资-物价螺旋式上升和邪恶工会。具体的经济叙事又可以进一步分解为不同的分析维度，以比特币为例，其叙事可以分解为去中心化或无政府主义、（神秘的）英雄人物、经济赋权、参与未来、国际化等维度。

　　叙事经济学的特点在于将经济叙事与经济波动紧密地联系起来。希勒提出可以采用这些关键词的时间序列数据来描述叙事的病毒式扩散过程。谷歌图书的文化研究为这种类型的研究提供了操作化路径（Michel et al.，2011）。研究者使用数百万条数字化的谷歌图书数据，提取每一年不同关键词在这些图书中出现的词频，并将单个的关键词拓展为词组（N元组）。基于这个数据，研究者就可以分析不同关键词随着时间如何变化。对谷歌图书数据感兴趣的读者可以使用谷歌图书N元组浏览器进行检索[①]。除了采用谷歌图书的数据之外，希勒还使用了新闻数据库来展示九种长期经济叙事的变化过程。类似的经典研究还有谷歌流感趋势的研究，研究者使用谷歌搜索查询的时间序列数据来预测季节性流感的暴发（Ginsberg et al.，2008）。后来的研究者进一步明确了如何使用搜索引擎数据来预测短期经济指标，比如汽车销售、失业救济申请、旅游目的地规划、消费者信心（Choi and Varian，2012）。

　　最后，Mooijman等（2018）研究了社交网络上的道德化讨论与2015年巴尔的摩抗议中的暴力行为之间的关系。他们将社会运动的推文分为道德化和非道德化两种类别，使用机器学习模型进行自动化分类，并使用被警察逮捕的抗议者人数来测量抗议暴力，结果发现道德化讨论的推文数量可以预测被警察逮捕的抗议者人数。

　　推特上的公共讨论会对线下社会运动产生影响[②]。本章研究收集了"占领华尔街"运动期间每天被警察逮捕的人数，用来表征线下社会运动的激烈程度。首先，分析提及"逮捕"（arrest）一词的频数与被捕人数之间的关系，结果如图7-5所示。

---

① 参见 https://books.google.com/ngrams.

② 类似于这种思路，也可以分析在推特上关于"占领华尔街"的讨论对股票市场的影响。

显然，二者之间具有较好的相关关系，计算其皮尔逊相关系数为 0.63（$p < 0.001$）。对二者之间的关系进行格兰杰因果关系检验表明，arrest 一词的时间序列二阶滞后项可以预测"占领华尔街"运动中被逮捕人数（$F = 6.10$，$p < 0.05$）；反过来，"占领华尔街"运动中被逮捕人数不能显著地预测 arrest 一词的时间序列（包括其滞后项）。虽然相关并不代表因果，但这一发现依然让研究者有更多信心认为：在推特上关于被逮捕话题的讨论可以激化线下的暴力抗议活动，并因此导致更多的被警察逮捕人数。

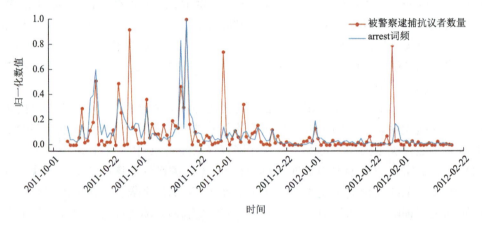

图 7-5　"占领华尔街"运动中被逮捕人数与推特中 arrest 一词的频数

二、叙事的形状

故事是有形状的。这是美国作家库尔特·冯内古特（Kurt Vonnegut）的洞见。他在 29 岁的时候发表了长篇小说《自动钢琴》（*Player Piano*），41 岁发表了成名作《猫的摇篮》（*Cat's Cradle*），47 岁发表了根据个人经历创作的代表作《第五号屠宰场》（*Slaughterhouse-Five*）。在去世前两年，冯内古特发表了《没有国家的人》（*A man without a country*）。在这本书当中，他再次介绍了自己对于叙事的形状的理解[①]。几年前，我通过一个非常有趣的视频第一次看到冯内古特[②]。在这个视频里，老态龙钟的冯内古特向观众介绍了他自己关于故事的形状的想法，他在一个小黑板上使用粉笔绘制了一个坐标轴，y 轴表示主角的命运，x 轴表示时间箭头。

① 冯内古特曾经写了一篇人类学的硕士毕业论文，他认为这是他最重要的贡献。但这篇论文因为太简单和太有趣而没有通过评审。在这篇论文当中，他提出一个想法：可以通过绘制一个坐标轴来刻画故事的形状。对于这个故事，读者可以阅读 Vonnegut, K. 1981. Palm Sunday. New York: Rosetta Books LLC.

② 对这个视频感兴趣的读者可以搜索 Kurt Vonnegut on Shape of Stories。

他首先画了一个类似余弦曲线的 U 形，这个故事的形状表明主角一开始很幸福，然后随着故事的进展陷入麻烦，最后经过努力摆脱困境，恢复幸福的生活。这种故事形状叫作"陷入困境的人"（the man in a hole）。冯内古特说这正是人们最喜欢、永不厌烦的故事。[①]

然后，他画了一条人们同样不会感到厌倦的故事形状。这是一条类似正弦波的曲线，在这个故事里主角一开始过着平静的生活（$y = 0$），然后他或她因为发现了可以让自己快乐的事物而越来越开心，但很快就因为失去而陷入悲伤，此后凭借努力主角最终重新变得快乐。冯内古特将这种故事的形状称为"男孩遇见女孩"（boy meets a girl），比如爱情小说《简·爱》（*Jane Eyre*）中的故事。

接下来，冯内古特画了第三条线，也就是灰姑娘的故事。在这个故事当中，艾拉（Ella，也就是灰姑娘）一开始就陷入极度的悲伤，因为她心爱的母亲去世了，爸爸再婚了。艾拉的爸爸是一个商人，常年在外。继母带着两个比艾拉大的姐姐来到艾拉的家中。艾拉被继母和两个姐姐嫌弃，只能睡在厨房里，每天要做沉重的家务。因此，艾拉的衣服上沾满了炉灰，被继母和姐姐们称作身上沾满炉灰的女孩，也就是灰姑娘。幸运的是，一个身为仙女的教母出现了。仙女送给她水晶鞋、礼服、首饰、南瓜车，于是艾拉的命运曲线出现了锯齿状的连续上升。当艾拉参加晚会并和王子跳舞时，她变得非常快乐[②]。但是，当夜晚十二点的钟声敲响，艾拉仓皇逃走，并丢下一只水晶鞋。于是，她的命运曲线出现断崖式下降。回到家中的艾拉恢复了故事一开始时的悲伤。但是，当王子凭借水晶鞋找到她之后，艾拉嫁给了王子，实现了无限的快乐。有趣的是，《新约》的故事形状和灰姑娘的故事形状非常相似。这种相似性具有一种难以抵抗的吸引力，也是驱动冯内古特探索并思考故事形状的重要原因。

在另外一个视频中，冯内古特其实还画了第四条线，也就是卡夫卡（Kafka）式的故事。在卡夫卡的《变形记》（*The Metamorphosis*）一书中，主角一出场就极度悲伤。然而，命运往往异常冷酷。随着故事的展开，主角变成了一只蟑螂，并因此迅速陷入无限的悲伤。这是一个"越来越糟"（from bad to worse）类型的故事。

生活有时候虽然并非死水无波，但却一成不变。冯内古特画了第五条线：一条平行于 x 轴的直线。这是一个关于哈姆雷特（Hamlet）的故事。哈姆雷特的命运曲线看似波谲云诡，实则是一成不变的悲剧。身为丹麦王子的哈姆雷特在故事开端就得知父亲去世、叔父成为国王、母亲嫁给叔父。接下来，父亲托梦给哈姆

[①] 前任美国总统特朗普的竞选口号"让美国重新伟大"（make America great again）就使用了这种叙事。特朗普暗示选民美国已经陷入困境的泥潭，而他正是可以解决困境的总统候选人。这种类型的故事也很多，推荐电影《毒药与老妇》。

[②] 冯内古特幽默地说灰姑娘化的妆如此浓，以至于她的两个姐姐都没有认出来。

雷特让他为自己复仇。然而，命运的女神并未垂青这个可怜的王子。哈姆雷特误杀了爱人的父亲，爱人因此自杀。哈姆雷特不得不接受爱人兄长的决斗，结果两个人都中了剑上的毒，母亲也因误饮叔父准备的毒酒而死。虽然，哈姆雷特在死前杀死了叔父，然而悲剧的命运依旧毫无转变。活着还是死去？这是一个问题，哈姆雷特的命运了无生趣并且无法扭转，友情、爱情、亲情都随着复仇而消亡，活着已经与死亡无异。

　　冯内古特认为使用计算机可以帮助人们更好地认识故事的形状。他说"没有理由不把简单的故事形状输入电脑，它们是美丽的形状"。邓肯·瓦茨曾经的同事彼得·道兹（Peter Dodds）对故事非常感兴趣。道兹很早就组建了计算故事实验室（computational story lab），他对使用计算的方法理解故事非常着迷。道兹和他的合作者们构建了情感字典并以此来刻画故事中的情感曲线（Reagan et al.，2016）。他们发现复杂的故事可以分为六种基本的形状：持续上升型、持续下降型（"越来越糟"）、先下降再上升型（"陷入困境的人"）、先上升后下降型、先上升再下降最后又上升型（"男孩遇见女孩"）、先下降再上升最后又下降型。其中，"越来越糟"、"陷入困境的人"和"男孩遇见女孩"这三种冯内古特总结出来的故事形状展现出强大的生命力。显然，另外三种类型与冯内古特总结的这三种故事形状恰好相反。比如，持续上升型和持续下降型（"越来越糟"）是相反的，其他的叙事形状也是这样。比如，"灰姑娘"类型的故事其实就是不平滑的"男孩遇见女孩"。

　　道兹的研究团队开发了名为"快乐测量仪"的工具（http://hedonometer.org/），用来测量推特上的平均快乐程度的时间序列。"快乐测量仪"完整记录了推特从2009年到现在的每一天的平均快乐程度。人们往往在过节的时候比较快乐，尤其是圣诞节、感恩节、复活节、情人节、母亲节、父亲节等。有趣的是，当拜登当选美国总统以及拜登就职典礼的时候，人们也比较快乐。当发生一些灾难事件的时候（如地震、海啸、恐怖袭击、大规模枪击案、传染病暴发），人们会比较悲伤。另外，新冠疫情暴发、人们因乔治·弗洛伊德被杀而抗议警察暴力的时候，推特用户整体上比较悲伤。2021年，道兹的研究团队发布了Storywrangler平台，可以查询推特上的词语及其N元组，为探索推特中的社会、语言、文化、经济、政治提供时间序列数据（Alshaabi et al.，2021）。

　　叙事不仅可以通过主角的命运来进行刻画，而且可以从其他叙事元素的角度进行分析。19世纪的学者Freytag（1986）提出故事场景的搭建为叙事结构奠定了基础。叙事结构由三个基本过程构成，分别是搭建舞台（staging）、情节发展（plot progression）、认知紧张（cognitive tension）。搭建舞台是叙事的起点，叙述者通过搭建舞台介绍故事发生的基本语境；情节发展通过人物在时空中的移动及其相互之间的互动展开，而且需要在搭建舞台之后才能展开；认知紧张构成故事的焦点，一个故事的展开往往是认知紧张（或者冲突）形成、增强并最终消失的过程。追踪这三种叙事结构如何随着故事（或者时间）展开就可以得到叙事弧（narrative arc）。Boyd 等（2020）通过文本分析的方法来测量三种叙事结构：首先，使用助词、介词等功能性词语刻画搭建舞台的叙事；其次，使用代词、助动词、否定词、连词和非指称助词测量情节发展；最后，使用 LIWC2015 字典中的认知紧张类词语来测量认知紧张。随着叙事时间的展开，Boyd 等的研究发现搭建舞台在叙事中的比例不断下降、情节发展的比例不断增加、认知紧张所占的比例先上升后下降。这些叙事结构在传统叙事（小说、电影）中非常稳定地存在，与叙事的流行度无关，与叙事的长度无关，与是否是浪漫类型的小说也无关。

值得称道的是，Boyd 等区分了传统叙事和现实叙事。但是，除了情节展开之外，传统叙事中的搭建舞台和认知紧张的叙事弧往往不同于现实叙事（如纽约时报上的科学报道类新闻、TED 演讲稿、高级法庭意见记录）。例如，搭建舞台在高级法庭意见中是 W 形，而认知紧张在科学报道类新闻、TED 演讲稿、高级法庭意见记录三类现实的叙事中都不是钟形曲线。

叙事结构影响叙事效果。Toubia 等（2021）分析了三种叙事结构，分别是叙事速度、叙事容量和叙事迂回。第一，叙事速度对读者的阅读感受具有重要的影响，故事的节奏太慢容易让读者失去耐心，反过来，节奏太快会导致读者跟不上等问题。第二，叙事容量描述了故事包含的信息量，覆盖足够大的语义空间对于营造叙事氛围具有重要意义。同样，叙事容量也是一把双刃剑：如果细节太多，会导致叙事的主线受影响；细节太少可能不利于读者的理解。第三，叙事迂回是衡量叙事偏离最直截了当的叙事形式（或者序列）的程度。开门见山、直截了当的叙事适合传达简单的信息，迂回的叙事则因为更加婉转而适合表达更加复杂的意义。

为了测量这些传统研究很难自动化计算的变量，Toubia 等首先采用词向量模型的方式将文本中的每个词嵌入 300 维的空间（Toubia et al.，2021）。然后，将故事按照从前到后的顺序分成相同大小的段，一段包含 250 个词（为了避免将句子截断，有些段当中的词会稍微超过 250 个词）。接下来，根据每一段所覆盖的所有词的向量计算出一个平均向量，用来表征每一段的位置。按照时间顺序，可以计算一个故事跨越的总距离（欧氏距离）。使用总距离除以时间窗口的数量就可以得到叙事速度。给定一个 300 维的空间，假设一个故事包含了 N 段。这 N 个点在词向量空间中所覆盖的大小就是叙事容量（Moshtagh，2005）。叙事迂回的计算除了需要知道故事跨越的距离之外，还需要知道最短路径长度，使用总距离除以最短路径长度就可以得到叙事迂回的数值。N 个点在一个高维空间的最短路径长度的计算是"旅行商问题"（traveling salesman problem）的一个变种，因而采用对应的算法进行求解。

基于以上逻辑和方法，Toubia 等发现：第一，对于电影和电视剧而言，平均叙事速度越快，故事越成功；对于学术论文而言，平均叙事速度越快，该论文被引用的数量反而越少。第二，对于电视剧，叙事容量越大，电视剧越不受欢迎；对于学术论文，叙事容量越大，论文的引用数量越多。第三，对于学术论文而言，叙事迂回的程度越强，论文的引用数量越多。显然，科学知识的叙事与传统的叙事截然不同，传统叙事需要速度快、容量小，科学知识的叙事则需要速度慢、容量大、婉转迂回（Toubia et al.，2021）。

三、灰姑娘情结

人类需要叙事或者说讲故事。故事是功能性的，尤其在道德判断方面。人类创造的故事不仅用来娱乐，还用来指导人们如何生活。《伊索寓言》（Aesop's Fables）可能是最著名的道德故事，它产生于公元前 6 世纪，由古希腊奴隶伊索创作。后来，又加入了来自印度、阿拉伯和基督教的故事，于公元前 3 世纪成书。《伊索寓言》当中描述了各种各样的动物和人的故事，蕴含着人生感悟和生活经验。虽然伊索早已不在，但这些寓言依然在不同的文化中一遍又一遍地传播着伊索的人生经验。

故事的功能决定了故事的命运。嵌入刻板印象的故事因为迎合了人类的需求而在集体记忆中生存下来。跌宕起伏的戏剧形象、扁平化的人物、简单化的原因，所有这些技巧使故事更容易被接受、复述和联系起来，从而增加了故事在社会中的适应性，也增加了成为文化基因的可能性。然而，这些技巧也使故事成为社会生活中固有观念的主要来源之一。

对性别的固有成见在现实社会中根深蒂固，文化产品仍然在不断强化这种偏见。性别刻板印象反映了人们对男性和女性的社会角色的期待。例如，女性是集体性的、善良的、以家庭为导向的、热情的和善于交际的，而男性应该是能动的、有技能的、以工作为导向的、有竞争力的和有主见的，因而，男人和女人有不同的社会形象。关于性别刻板印象的丰富文献指出了在识别和量化刻板印象叙事结构时需要探索的假设，其中一个重要的性别刻板印象是女性对男性的情感依赖：男人强大，女人柔弱；男人主动，女人被动；男人给予，女人接受。这些性别偏见会导致人际关系中的错误期许。例如，那些认为女性能力不强的人会倾向于认为女性不能胜任一些工作任务并且需要男性的保护。

基于此，Xu 等（2019）提出刻板印象的叙事中存在的两种叙事结构及其社会后果。第一种叙事结构是女性的快乐依赖于男性，灰姑娘的故事就是一个典型的代表；第二种叙事结构是将女性看作是对男性的奖赏。"男人行动，女人出现"（Men act and women appear）。英国小说家约翰·伯格（John Berger）用这句话来描述叙事中的性别对立。考虑到男性的刻板角色和特征，与女性角色相比，叙事中使用更多动词用来描述男性角色。不幸的是，性别刻板印象具有一种社会强化机制，即嵌入了性别刻板印象的叙事存在广泛的社会认可。例如，人们往往喜欢看这种带有性别偏见的电影。性别刻板印象的社会和文化根源使得人们的行动或观念很难形成对刻板印象的否定性力量。赞成性别刻板印象的故事本身会获得更多的社会认可，而反对性别刻板印象的故事则会被忽视或反对。

灰姑娘情结就是一种隐藏得非常巧妙的性别刻板印象。它起源于灰姑娘的故事。灰姑娘的故事原型在埃及、中国、阿拉伯等不同的人类文化中都存在。最著名的版本则来自法国作家夏尔·佩罗（Charles Perrault）以及德国作家格林兄弟。在这些故事中，女主角都受到了不公正对待，得到了超自然力量的帮助并与男主角相遇，男主角都通过一个物品再次找到女主角，最终男女主角幸福地生活在一起。不管灰姑娘如何善良、勇敢、勤劳、美丽，她无法依靠个人力量改变命运，只能寄希望于仙女和王子。灰姑娘情结描述了女性对于独立的畏惧，在 20 世纪80 年代的女性运动中引起关注。"灰姑娘情结"一词最早出现在 Dowling（1981）的《灰姑娘情结：女性对独立的隐秘恐惧》（*The Cinderella Complex：Women's Hidden Fear of Independence*）一书中，它描述了刻板印象中的女性对独立的恐惧和无意识地希望被他人照顾的愿望，揭示了观念和叙事中的性别刻板印象。

Xu 等（2019）将情感字典和词向量嵌入的方法结合起来，识别男、女主角在小说、电影剧本、电影大纲三种叙事当中的叙事形状，基于叙事的形状，计算男女主角相遇时谁的情感波动更大。结果发现：女性主角比男性主角的情感波动更大；男主角使用更多动词；包含灰姑娘情结的电影更受欢迎；此外，灰姑娘情结广泛地存在于不同类型的叙事和不同的时间阶段当中。灰姑娘情结在不同时期和不同文化中广泛存在，提醒人们有必要通过在教育、政策和其他方面创造新的叙述方式来与之对抗。

四、通往计算叙事的道路

可能大家对歌手周深并不陌生，尤其是他所演唱的《达拉崩吧》这首歌。《达拉崩吧》描述了很久以前，巨龙劫走公主并给王国带来危机的故事。英雄达拉崩吧骑马出发寻找巨龙，然后与巨龙展开战斗，最终战胜巨龙并迎娶公主。《达拉崩吧》正是一个非常典型的"英雄之旅"。如同 Campell（1949）所言，神话所描述的是一个千面英雄：英雄走的道路是相似的。

那么现实社会当中的叙事是怎样的呢？查尔斯·蒂利（Charles Tilly）在《为什么：社会生活中的理由》（*Why：What happens when people give reasons…and why*）一书中给出一些答案。蒂利是著名的社会运动研究者，于 1958 年在哈佛大学获得社会学博士学位。与格兰诺维特等的经历相似，他也经历了结构功能理论甚嚣尘上的时代。结构功能理论将社会类比于生物系统，将社会看作由相互关联的不同部分所构成的复杂系统，不同部分发挥着不同的功能。结构功能学派一方面对结构和系统过度强调，忽视了微观行动者的能动性，另一方面执着于构建宏大理论，而与经验研究脱节，因而，蒂利的学术生涯一直在试图走出帕森斯的"阴影"。蒂利非常重视叙事在社会运动中发挥的作用。他甚至将革命比喻为剧场行为，舞台、演员、冲动和行动构成这种现实叙事的基础（Tilly，1973：428）。1977 年，蒂利提出"集体行动的剧目"（repertoire of collective action）这一概念。剧目属于一系列行动者，剧目中的惯例由双方或多方的互动组成。20 世纪 80 年代之后，蒂利开始从量化历史回归到历史叙事，更加关注社会过程，而非变量之间的静态关系。在 1986 年出版的《抗争的法国人》（*The Contentious French*）一书中，蒂利正式提出"抗争剧目"（repertoire of contention）的概念，抗争剧目是政治过程中的互动的结果。2001 年，蒂利与合作者出版了《斗争的动力》（*Dynamics of Contention*）一书，将机制、过程、剧集作为分析抗争行为的基石（MacAdam et al.，2003）。事件、序列、持续事件分别构成了抗争的机制、过程、剧集。具体而言，可以改变特定要素组合之间的关系的事件构成机制；可以带来机制改变的常规序列构成过程；持续的抗争事件以及与利益相关的集体诉求构成剧集。2008 年蒂利出版了他最后一部作品《抗争表演》（*Contentious Performances*），以社会关系为核心来理解抗争剧目，将社会结构看成不同行动者、群体、关系网络长期互动的结果（Tilly，2008）。

故事只是社会生活中的一种理由。除了故事之外，还有惯例、准则、技术性说明（Tilly，2006）。惯例是人们在日常生活中的惯常性理由；故事是一种解释性叙事；准则即现行的规则（如法律、规章、宗教戒律）；技术性说明则基于科学的逻辑给出机制性的解释。这四种理由按照通俗-专业、因果-程式两个维度可以划分为一个 2×2 的列联表。通俗的理由包括惯例和故事，专业的理由包括准则和技术性说明。因果的理由包括故事和技术性说明，程式性理由包括惯例和准则。四种理由宣示、确认、修复或否认了理由给出者和接收者之间的社会关系（查尔斯·蒂利，2020：18）。作为一种理由的形式，惯例非常广泛地存在于日常生活场景当中。但是，惯例是程式性的，不会给出因果性的解释。如果涉及重大的事件或行为（如犯罪），就需要给出更有分量的理由。准则可以用来应对更为复杂和重要的问题，但是也不需要给出因果性的解释。对于更加重要的、需要给出因果解释的问题，就需要使用故事或技术性说明。技术性说明是一把双刃剑：一方面，技术性说明非常严谨，可以应用于专业人员之间的沟通和交流；另一方面，技术性说明因为严谨而不容易表达、不容易理解，限制了其使用的范围。故事重构并简化了对社会过程的理解，包含明确的道德判断和责任归属。故事从属于行动者之间的关系，并随着关系的变化而变化。此外，故事还简化了因果关系的解释。

显然，使用故事做出解释虽然看上去很有说服力，但可能缺乏科学层面的解释力。

计算方法的发展使得分析叙事的结构成为可能。自然语言处理和深度学习的方法为理解叙事提供了基础。基于自然语言处理和深度学习，研究者提出了词向量嵌入的方法。使用这种方法可以将任意一个词嵌入到一个有限维度的高维空间，这个语义空间表征了词语之间的语义关系。基于词语的坐标（或者说向量）可以定位一个文本在这个语义空间的位置，还可以计算不同时间窗口中的文本的位置。有了这些空间坐标的数据，就可以探索任意两个词之间的余弦相似性，并可以计算它们之间的距离。Toubia 等（2021）对语义空间的分析是一个很好的例子，它们不仅计算了距离，还纳入时间和空间的逻辑，进一步计算了叙事速度、容量和迂回。Boyd 等（2020）则给出了另外一种计算的思路，基于 LIWC 字典当中的功能词和认知紧张词列表刻画了叙事结构当中的搭建舞台、情节发展和认知紧张。与之类似，道兹和他的合作者们则构建了情感字典来刻画故事中的情感曲线（Reagan et al.，2016）。Xu 等（2019）综合使用了情感字典和词向量嵌入的方法，刻画男女主角的情感曲线。希勒（Shiller，2020）在《叙事经济学》一书尝试将病毒性叙事纳入对人类行为的分析中，基于字典的方法和时间序列的方式捕捉叙事对于社会现实的影响。通往计算叙事的道路已经基本铺好了。信息扩散、注意力流动到计算叙事，构成了笔者过去十年学术研究的一条主线。

第八章　信息扩散的"富人俱乐部"效应

"权力精英的崛起，我们现在将看到，是建立在美国公众向大众转变的过程中，而且在某些方面也是这一过程的一部分。"

赖特·米尔斯（Mills，1956）

第一节　引　言

意见领袖之间的联系往往比他们与其他人的联系更多，在信息扩散中发挥着"富人俱乐部"的作用。为数极少的具有高度中心性的节点之间的联系要比他们与外围节点的联系紧密得多。这些联系紧密的节点被称为"富人俱乐部"。网络中的"富人"节点内部联系更紧密的现象被定义为富人俱乐部效应（Opsahl et al.，2008；Zhou and Mondragón，2004）。富人俱乐部效应所谈到的"富人"并不一定掌握大量物质财富，但是在网络中占据结构优势地位。对于富人俱乐部成员有两个假设：第一，一部分人比其他人更有影响力；第二，这些人可以引发更强的扩散过程。但是富人俱乐部的影响力容易被高估。正如Watts（2011）所言，"在大多数情况下，极具影响力的人确实比一般人更能引发社会潮流，但是他们的相对重要性远没有人们想象得那么大"，他认为人们对意见领袖的误解来自依赖常识进行的推理。[①]

富人俱乐部现象的研究最早出现在网络科学领域。Zhou和Mondragón在分析互联网的拓扑结构时发现互联网中存在一种富人俱乐部现象：少数具有大量连接的节点彼此之间联系非常紧密（Zhou and Mondragón，2004）。富人俱乐部现象对于网络输运效率、鲁棒性和冗余性至关重要，因而吸引了众多研究者的注意力。Colizza等（2006）提出了一个用于测量富人俱乐部效应的零模型。Opsahl等（2008）则着力于寻找一个系统的度量方法来量化富人俱乐部效应，特别是量化突出节点

---

① 瓦茨在《反常识》一书当中详尽梳理了四种类别的常识推理误区：第一，人们过于依赖诸如动机、意愿等心理认知因素来解释个体行为，而忽略其他重要的因素；第二，基于个人行为逻辑解释集体行为；第三，夸大意见领袖的重要性；第四，忽略了那些没有发生的历史事件，因此从历史当中学到的内容比想象的少，并因此扭曲了人们对未来的理解。故事、神话、常识的作用是一样的，对于任何一种情境，它们都可以提供一种现成的解释。来自故事和常识的解释虽然缓解了人的认知焦虑，却遮蔽了对于社会事实的真实理解。瓦茨提醒人们要警惕常识、让数据说话。尤其是在科学研究和政策制定过程当中，不要用一个看似合理的故事掩盖对社会事实的理解。

对系统资源的排他性控制倾向。Serrano 及其他学者为加权网络提供了另一种替代性的富人俱乐部效应测量方法（Serrano, 2008; Zlatic et al., 2009）。Xu 等（2011）的研究表明，富人俱乐部对大型网络的分类性、聚类系数和模分布起着决定性作用。

已有许多关于富人俱乐部效应的研究（Colizza et al., 2006; Xu et al., 2011; Xu et al., 2010; Zhou and Mondragón, 2004; Zlatic et al., 2009），但富人俱乐部对社交媒体信息扩散的影响还没有得到充分重视。富人俱乐部现象首先在自然科学中得到了广泛的研究，如生物学（$N = 930$）、医学（$N = 741$）、化学（$N = 321$）和物理学（$N = 194$）。近年来，它也被频繁地用于社会科学研究，如教育学（$N = 40$）、心理学（$N = 36$）、管理学（$N = 31$）和社会学（$N = 29$）。富人俱乐部效应对理解社会和数字媒介具有重要意义。本章尝试从富人俱乐部效应的角度来分析新浪微博上的信息扩散，并检验富人俱乐部对信息扩散的影响。本章主要关注以下核心问题：社交媒体上的信息扩散是否存在显著的富人俱乐部效应？如果存在，其底层社会机制是怎样的？

微博上的富人俱乐部成员是指那些具有较高网络中心度的用户，也就是那些有影响力的微博用户。实际上，富人俱乐部成员往往被认为可以主导信息的传播。微博的兴起凸显了不同人群和社会群体之间的互动，微博成为一个微型社会和一个强大的公共领域。在中国，特别是在 2013 年之前，新浪微博大 V 用户的重要性被普遍认可。因此，富人俱乐部内部的不同人群和社会群体之间如何进行交流也成为一个重要的研究课题。微博用户之间通过相互关注和互动形成一个有向网络。微博用户可以关注其他人，也可以被其他人关注；既可以发推文，也可以转发推文。富人俱乐部的影响力不仅体现在社交网络当中，也体现在信息扩散网络当中。信息扩散和富人俱乐部效应是社交媒体最突出的特征，有必要将二者联系起来，检验信息扩散过程中是否存在富人俱乐部效应，并分析影响富人俱乐部内部信息扩散的因素。因此，富人俱乐部成员包括大 V 用户，也包括其他对信息扩散有较大影响的用户。

本章研究认为富人俱乐部现象对理解社会中的网络信息扩散具有重要意义。具体来说，由于富人俱乐部可以影响大量的人，因此仅仅通过影响富人俱乐部中的信息扩散就可以影响甚至决定信息扩散的规模，进而塑造公众舆论。一个直接的论据来自信息扩散的深度有限而宽度很大，导致普通人围绕在富人俱乐部成员周围并因此形成放射状的信息扩散。本章着重于分析富人俱乐部内部的信息扩散机制的问题。为了回答研究问题，将基于传播网络分析的逻辑来建立理论框架（Monge and Contractor, 2003）。在本章研究当中，节点的富有程度根据节点的实际流量来定义，研究所构建的信息扩散网络的节点依然是用户，连接是人与人之间的信息流动。基于这种办法，将富人俱乐部效应的研究推广到信息扩散网络。

本章首先分析了从富人俱乐部到大众用户的信息扩散模式，然后研究了富人俱乐部内部的信息扩散，最后综合起来，可以对信息扩散中的富人俱乐部效应有一个更全面的认识，以便更好地把握社交媒体上的信息扩散。

第二节　信息扩散的富人俱乐部

富人俱乐部对信息扩散正在发挥着越来越重要的作用。富人俱乐部成员在网络中占据着重要的结构性地位，因而可以充当意见领袖，控制资源的流动（Opsahl et al.，2008）。富人俱乐部成员在信息过滤和信息传递方面发挥着重要作用。根据两级传播模型，信息首先从大众媒体流向意见领袖，然后再经他们流向公众（Katz，1957）。在推特上也发现了这种两级传播现象，例如，Wu 等（2011）研究了推特上的信息是如何流动的，发现普通用户的转发只有 15%是直接从媒体获得的，而占用户总数不到 0.05%的两万名精英用户吸引了近 50%的转发。

网络科学中的优先连接模型可以很好地解释富人俱乐部在信息扩散网络中的优势地位（Barabási and Albert，1999）。网络中一个节点所拥有的连接或边的数量被定义为节点的度，Barabási 和 Albert 发现根据优先连接机制，当一个新的节点在一个成长中的网络中被创建时，它将优先连接到更中心的节点，从而导致明显的幂律度分布（Barabási and Albert，1999）。在信息扩散中，用户更倾向于优先转发那些富人俱乐部成员的微博。如果上述逻辑成立，预期能够在新浪微博上找到信息扩散网络的幂律度分布（高度偏斜）。因此，可以建立第一个假设。

H1：信息扩散网络的度分布是高度偏斜的。

富人俱乐部内部的信息扩散可以使用传播网络的理论框架来理解。结构化理论（structuration theory）试图将网络方法整合到一个结构化框架中（Barley，1990；Haines，1988）。本章研究希望能够从这一角度出发，建立富人俱乐部的信息扩散模型。本章研究同时考虑个体节点（如朋友的数量、粉丝的数量、社会群体的类别、地理位置）和网络结构（如网络规模、互惠性、传递性）。除了对个体节点层次和网络结构层次的分析外，边缘层次的属性也可以纳入结构化理论。Lewis（2011）总结了网络动力学的四种机制：关系机制、相称机制、接近机制和隐私机制。在本章研究的分析中没有涉及隐私问题，而是将其他三种机制归纳为影响机制（如社会影响）和相似机制（如同质性、社会选择或地理邻近性）。

影响机制往往容易与相似机制混淆（Shalizi and Thomas，2011）。例如，朋友之间的相似不仅仅是因为他们倾向于与相似的人发展人际关系，还可能因为他们之间的互相影响而使得他们相似。前一种机制被称为社会选择，后一种机制被称为社会影响。本章研究使用是否存在关注与被关注的关系来衡量社会影响，而根据网络节点的同配性（assortativity）来衡量社会选择。同配性衡量了度相近的节点倾向于相互连接的程度。从本质上来说，同配性是一种特殊的相似性。衡量两个节点相似性的维度很多，除了度的大小之外，还包括其他众多方面。综合以上理论基础，可以形成一个完整的结构化理论框架（图 8-1）。图 8-1 的 x 轴是本章研究的两个分析层次：个体节点和网络结构。在节点和结构之间，还对网络中的连接进行了分析，对应图 8-1 的 y 轴（社会影响）和 z 轴（相似性，如社会选择、地理邻近性）。接下来，将进行更详细的介绍。

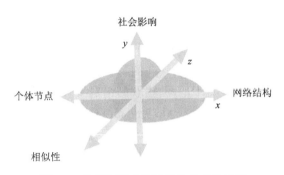

图 8-1 传播网络分析的结构化理论框架

一、网络结构与社会规范

图 8-1 的 x 轴右侧方向关注了通常作为社会规范指标的网络结构（Lusher and Ackland，2011）。在网络结构层面上，社会规范有两个重要的衡量标准——互惠性（reciprocity）和传递性（transtivity），它们是因为社会规范在联结中形成而产生的。互惠性表示的是有向网络中两个节点之间相互连接的程度。如果节点 A 指向节点 B，同时节点 B 也指向节点 A，那么在 A 和 B 之间就存在互惠性。传递性考虑了网络中三元组的比例。对于 A、B、C 三个节点构成的三元组，传递性意味着当 A 与 B 之间存在连接且 B 与 C 之间也存在连接时，A 与 C 之间也存在连接。互惠性和传递性是纯粹结构性的网络效应，因为它们与参与者的属性无关。

微博上的转发行为表明了用户的分享偏好。本章研究认为互惠性和传递性的逻辑适用于信息扩散网络，特别是富人俱乐部内部的信息扩散。因为富人俱乐部成员之间的联系更加紧密，具有更强的互惠性和传递性。互惠的基本规范本身就是激励、创造、维持和调节社交系统自我运转所需合作行为的强大动力；传递性则抓住了"朋友的朋友就是朋友"的理念，在信息扩散网络中发挥着重要作用。基于上述论点，提出以下假设。

H2a：网络的互惠性越高，任意一对节点之间存在连接的概率越大。

H2b：网络的传递性越高，任意一对节点之间存在连接的概率越大。

二、流行度与活跃度

网络节点的流行度往往对信息扩散产生重要影响，在网络科学中，个人的流行度通常以入度来衡量，入度测量的是终止于该节点处的弧的数目；同样，个体的活跃程度通常以出度来衡量，出度是起始于该顶点的弧的数目（Wasserman and Faust，1994）。

可以通过测量接收效应（receiver effect）和发送效应（sender effect）来衡量节点的流行度和活跃度。接收效应指的是某些特性的流行度，并衡量这一特性的存在（或不存在）对接收关系倾向的影响，如果是正向接收效应，则表明具有该特性的节点获取的消息比随机获取的消息要多；发送效应衡量的是该特性的存在与否对发送倾向的影响（Ackland and O'Neil，2011；Goodreau et al.，2008）。从接收效应和发送效应角度，本章研究想要评估节点特性对两个体之间发生信息扩散概率的影响。在微博的信息扩散网络中，每个人都关注很多人也被很多人关注。据此，可以合理地推断那些关注了很多人的人倾向于转发更多的信息，而那些被很多人关注的人所发的信息则很大概率上会被转发。因此，提出以下假设。

H3a：在定向社交网络中，一个人关注的人越多，他产生转发行为的可能性就越大。

H3b：在定向社交网络中，一个人被越多的人关注，他的信息被转发的可能性就越大。

三、地理邻近性

地理邻近性是网络中关系形成的一个重要决定因素。如果一个网络中的两个参与者在物理距离上接近，就更有可能进行交流，因为他们有相似的环境刺激、组织符号和文化。Choi 和 Danowski（2002）的研究表明，每个亚组在何种程度上具有相似的传播模型，是由区域地缘政治邻近度构成的。研究者发现地理位置或语言相同的国家更有可能进行电影交易（Chung，2011）。Barnett 和 Choi 发现物理位置解释了超过 17% 的国际电信网络的形成（Barnett and Choi，1995）。Takhteyev 等（2012）发现地理距离可以预测推特关系，双方之间的航班频率是最好的预测因素。这表明在互联网时代，物理距离仍然很重要。基于上述论点，提出以下假设。

H4：地理距离较近的人转发彼此微博的概率更高。

四、社会选择与信息扩散

社会选择或同质性是指相似的人互相交往的倾向。正如谚语所说"物以类聚，人以群分"。当个体基于自己所拥有的某些特质建立社交关系时，就会发生社会选择或同质性（Goodreau et al.，2009；Lewis et al.，2012）。社会选择是友谊建立的关键，Goodreau 等（2009）发现在种族、年级、性别以及三角形关系中（朋友的朋友更有可能成为朋友）存在选择性交往。与之类似，Ugander 等（2012）研究者发现脸书的传播受到个人与社区连接数量的严格控制，而不是社区的实际规模。

社会选择在扩散研究中起着重要的作用，这是由个人的社会身份或社会类别所决定的。社会认同是个人自我概念的一部分，来自对相关社会群体成员身份的感知（Turner and Oakes，2011）。基于社会分类和社会认同理论，信息扩散更有可能发生在相同社会类别的成员之间（Deaux and Martin，2003）。Aral 等（2009）发现以前的方法将同龄人对产品采纳决策的影响高估了 300%～700%，而社会选择则解释了超过一半的感知行为传播。因此，提出以下假设。

H5：同一社会类别的富人俱乐部成员更有可能转发彼此的微博。

五、社会影响力与信息扩散

社会影响力在网络中起着重要作用。社会影响以从众、社会化、同侪压力、服从、领导、说服、销售和营销的形式出现。如果社会选择是关于相似的人如何以相同的方式行事，那么社会影响力理论认为，两个人之所以以相同的方式行事，只是因为一个人影响了另一个人。Lazarsfeld（1944）发现新闻从大众媒体流向意见领袖，并从他们流向更广大的人群。研究者分析新闻在推特上扩散，结果发现被点击的网址中有一半是由 20 000 名精英用户生成的，尽管媒体产生的信息最多，但最受关注的却是那些名人（Wu et al.，2011）。

大多数研究将信息扩散视为由社会影响力驱动的传播过程（Bakshy et al.，2009），普遍强调社交网络的人际作用（Lerman and Ghosh，2010；Shao et al.，2009；Wu et al.，2011）。例如，研究发现人类行为（如吸烟、饮酒等）也可以通过社交网络传播（Christakis and Fowler，2007，2008；Fowler and Christakis，2008）。然而，在以往的研究中，不同的竞争机制还没有在一个完整的模型中得到系统的检验。基于上述论点，提出关于信息扩散中社会影响力的假设。

H6：如果两个微博用户之间存在社会关系，他们有更大的可能性转发对方的微博。

第三节　研究方法

一、数据

　　新浪微博官方以被转发和被提及的数量作为衡量标准，一直维护着一个最具影响力的用户榜单。该榜单分为名人影响力榜、媒体影响力榜、政府影响力榜、网站影响力榜、校园影响力榜。本章研究使用了 2012 年的影响力榜单数据，其中包括 400 个媒体用户（100 个广播用户、100 个电视用户、100 个杂志用户、100 个报纸用户）、100 个网站用户、100 个政府用户、100 个名人用户和 100 个草根用户。将新浪微博官方发布的 800 个最有影响力的账号（八种社会身份）归为富人俱乐部。在这些富人俱乐部成员中，最受欢迎的是名人。通过对这 800 个最有影响力用户进行人工检查，本章研究认为这些数据有很好的表面效度。为了进一步弥补可能存在的不足，我们随机添加了 6 万名新浪微博用户的样本，以检验其有效性。新浪微博的随机用户是通过随机数字搜索（Zhu et al.，2011）来识别的。

　　为了研究信息扩散，本章研究通过新浪微博的开放 API，收集了 60 800 名微博用户在 2012 年 6 月之前的所有历史微博。此外，还收集了关注关系及其元数据。本章研究选择 2013 年之前的数据来研究新浪微博的富人俱乐部。因为在 2013 年之后，由于平台化等多种因素，新浪微博大 V 用户的影响力受到了很大的限制。如图 8-2 所示，800 名最有影响力的用户确实是扩散网络的"核心"，而随机抽样的用户倾向于转发有影响力的用户的信息，充当扩散网络中的"叶子"，此图直观地显示了富人俱乐部在新浪微博信息扩散中的重要性。

二、指数随机图模型

　　传播网络分析的视角为本章研究提供了许多有用的工具，指数随机图模型（Exponential Random Graph Model，ERGM）就是其中之一。ERGM 是检验社交网络形成的社会过程假说的有用工具。根据一组预测变量，如网络结构（三角形结构、连接度、环形结构等）、个人属性（地位、年龄、性别等）和二元协变量（个体间的距离、过去的互动等），ERGM 可以检测网络中个体间形成社会关系的概率。在许多方面，ERGM 与逻辑回归模型存在相似之处。不同的是，它适用马尔可夫链蒙特卡罗方法（Robins et al.，2007）。

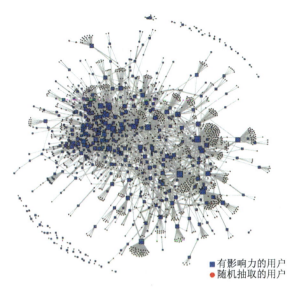

图 8-2 新浪微博中的信息扩散

三、测量

富人俱乐部 富人俱乐部成员与富人俱乐部内部的联系甚至比与外部普通人的联系更加紧密。富人俱乐部连通性 $\phi(r)$ 被定义为富人俱乐部成员之间实际连接总数与最大可能连接数之比。

流行度 流行度是以追随者的数量来衡量的。它也可以通过点赞、转发和评论的数量来衡量。然而,由于这些变量之间存在强烈的相关关系,使用其中一个就足够了。可以预见的是,流行度的分布（$M = 1\,170\,000$,$\mathrm{Med} = 271\,400$,$\mathrm{SD} = 2\,556\,546$）是严重不均衡的,因此需要取对数进行正态化处理。

活跃度 富人俱乐部成员的活跃度是通过他们发微博的数量（$M = 6303$,$\mathrm{Med} = 4174$,$\mathrm{SD} = 6885$）和他们转发微博的数量（$M = 456$,$\mathrm{Med} = 143$,$\mathrm{SD} = 1216$）来衡量的,也需要取对数进行正态化处理。

社会身份 新浪微博区分了八种常见的社会身份,包括广播用户、电视用户、杂志用户、报纸用户、网站用户、政府用户、名人用户和草根用户。本章研究涵盖了每一类别的前 100 个用户。

社会影响力 本章研究还搜集了这些用户的社交图谱。利用 ERGM 中的 dyadcov 参数,根据社交关系的方向来衡量社会影响力。在 ERGM 模型中加入三个统计量:双向二元组（mutual dyad）、上三角不对称二元组（upper-triangular asymmetric dyad）和下三角不对称二元组（lower-triangular asymmetric dyad）。双向二元组的影响是双向的,而其他两种二元组的影响是单向的。

第四节　研究发现

本章研究使用 Opsahl 等（2008）提出的方法对加权富人俱乐部效应进行测量。通过对扩散网络的连接和权重进行重组，构造了零模型。通过比较实际网络和零模型，可以得到富人俱乐部效应，并计算出加权的富人俱乐部系数。如果富人俱乐部系数的值大于 1，则意味着存在富人俱乐部效应，结果如图 8-3 所示。图 8-3a 和图 8-3b 为有影响力用户和随机用户联合扩散网络的加权富人俱乐部效应，图 8-3c 和图 8-3d 为随机用户扩散网络的加权富人俱乐部效应，图 8-3e 和图 8-3f 为有影响力用户扩散网络的加权富人俱乐部效应。本章研究以连接数量和关系强度两种方式来度量节点的富有程度，并进一步测量富人俱乐部效应。显然，在随机用户和有影响力用户中都存在着明显的富人俱乐部效应。加权富人俱乐部系数一般总是大于 1，说明有影响力的用户、随机用户以及涵盖两者的整体中都存在强烈的富人俱乐部效应。[①]

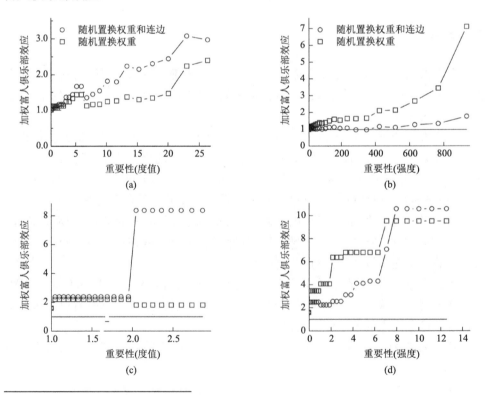

---

① 有趣的是，对于最有影响力的用户来说，当权重大于一个阈值（连接数量大于 80 或关系强度大于 400），富人俱乐部效应将消失。取而代之的是用户之间的竞争关系，见图 8-3e 和图 8-3f。换言之，对于最有影响力的用户，其影响力更像是繁星满天而非众星捧月。

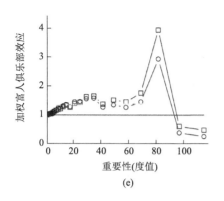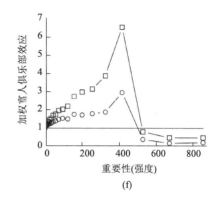

图 8-3　考虑权重的富人俱乐部效应

第一个假设是关于信息扩散网络的度分布。为此，我们构建了完整的信息扩散网络。本章研究认为网络的度分布是高度偏斜的。更确切地说，它遵循幂律分布。根据幂律分布理论，度 k 的概率 $p(k)$可以表示为 $p(k)\sim k^{-\alpha}$。这样，参数可以在双对数坐标系下拟合成一条直线。图 8-4 显示了度概率 $p(k)$和度 k 之间的关系。图 8-4 中的虚线符合幂律。本章研究使用 Python 包 powerlaw（Alstott et al.，2014）拟合了幂律关系，发现 $\alpha = 2$。因此，度分布为幂律分布，假设 H1 得到支持。

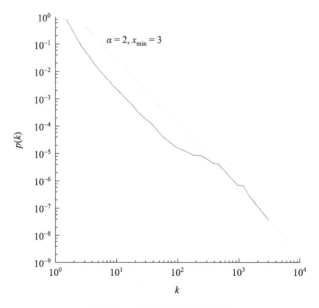

图 8-4　扩散网络的度分布

为了检验假设 H2 到 H6，本章研究建立了一个指数随机图模型（表 8-1）。根据该模型，网络的互惠性越高，任意一对节点之间存在连边的概率越大(exp(1.382) = 3.98，$p < 0.001$)。而网络的传递性越高，任意一对节点之间存在连边的概率就越小(exp(–0.111) = 0.89，$p < 0.001$)。因此假设 H2a 得到支持，但假设 H2b 被拒绝。

假设 H4 为地理位置相近的人更有可能转发彼此的微博。根据表 8-1，地理邻近性对 14 个省有积极的影响。因此，假设 H4 也得到了数据的支持。

假设 H5 是关于社会选择的影响。社会选择测量了相似性如何影响网络中的关系形成。同一类型的富人俱乐部成员（如名人、政府、草根、杂志、报纸、广播、电视和网站）更有可能转发彼此的微博（表 8-1）。因此，假设 H5 也得到了很好的支持。

假设 H6 的重点是社会影响对信息扩散的作用。根据表 8-1，如果两个微博用户之间存在社会关系，他们有更大的可能性转发彼此的微博。例如，如果网络中有越多的相互联系，则在任意一对节点之间存在信息扩散的概率就越高(exp(23.78) = 21 258 018 451，$p < 0.001$)。因此，数据支持假设 H6。

表 8-1　富人俱乐部内部信息扩散的 ERGM 模型

项目	回归系数
接收者效应	
朋友数量（千人）	0.4***
粉丝数量（百万人）	0.1***
发送者效应	
微博数量（十万条）	5***
同质性	
名人	0.835***
政府	1.978***
草根	1.380***
杂志	0.161***
报纸	1.781***
广播	0.645***
电视	0.537***
网站	0.188***
地理邻近性	
其他	0.546***

续表

项目	回归系数
河北	0.977***
辽宁	2.570***
上海	0.424***
江苏	2.295***
浙江	2.486***
福建	2.017***
山东	1.387***
北京	0.660***
湖北	2.688***
湖南	1.329***
重庆	2.138***
四川	1.715***
台湾	0.877***
香港	0.655***
海外	1.301***
社会影响	
双向二元组	23.780***
上三角不对称二元组	3.142***
下三角不对称二元组	21.500***
结构效应	
连边数	−5.989***
互惠	1.382***
GWDSP[①]	−0.111***

赤池信息准则（Akaike Information Criterion，AIC）：26 397
贝叶斯信息准则（Bayesian Information Criterion，BIC）：26 782

注：* 表示 $p<0.05$，**表示 $p<0.01$，***表示 $p<0.001$。自我展露的接收者效应的参照组为未进行展露。指数随机图模型对回归系数的解释与其他对数似然比率回归模型的系数的解释类似。

---

① GWDSP 是 geometrically weighted dyadwise shared partner 的缩写，即几何加权二元共享伙伴。推荐对此感兴趣的研究者阅读 Dean Lusher、Johan Koskinen 和 Garry Robins 编写的 *Exponential Random Graph Models for Social Networks：Theory，Methods，and Applications* 一书。

如果一个人在一个有向社交网络中关注的人越多，那么他转发微博的概率就更大($\exp(0.4) = 1.49, p < 0.001$)。一个人在有向社交网络中被越多的人关注，他的微博被转发的概率也越大($\exp(0.1) = 1.11, p < 0.001$)。因此，假设 H3a 和 H3b 得到数据较好的支持。

第五节　讨论和结论

本章研究基于信息扩散中的社会互动，检验了富人俱乐部现象在形成紧密联系社区中占据主导作用的倾向。通过使用传播网络中的数字痕迹（转发网络）和潜在的社交网络（社交图谱），将研究置于传播网络分析的框架内。

首先，测量了有影响力用户、随机用户和囊括两者的整体用户的加权富人俱乐部系数。结果表明，信息扩散过程中存在很强的富人俱乐部效应。因此，根据富人俱乐部效应的定义，人们倾向于根据他们的个人影响力选择性地转发彼此的微博。

其次，进一步分析了富人俱乐部成员内部信息扩散的内部机制。研究结果表明，富人俱乐部成员内部的信息扩散存在显著的社会选择效应和地理邻近效应，而决定性的因素是社会影响力。这意味着社交图谱（即新浪微博上的关注关系）是主要的传播渠道，并形成了富人俱乐部中不同社会群体之间的信息扩散。

新浪微博上的信息扩散以富人俱乐部现象为特征，这是一种层次结构的标志，不仅存在于有影响力的用户和随机用户中，也存在于囊括两者的整体用户中。研究发现了强富人俱乐部效应，这意味着这些突出的节点可以有效地控制新浪微博上的信息扩散。因此，研究结果支持大 V 用户对新浪微博的信息扩散有很强的影响。这一发现与推特研究先前的发现是一致的（Cha et al., 2012；Wu et al., 2011）。然而，这项研究的结果表明富人俱乐部的影响。尽管理想的社交媒体是一个自由的意见市场，但是用户的影响力是不平等的或者说异质性的。富人俱乐部成员的影响力最大，而其他大众使用者的影响力有限。这些富人俱乐部成员可以通过相互转发有效地扩大他们的影响力，这进一步加剧了不平等，导致操纵舆论的风险增大。

富人俱乐部强烈依赖微博上作为主要信息渠道的社交图谱，有助于解释其巨大的社会影响力。尽管微博用户可以直接从信息聚合器获取信息（如通过搜索引擎或者热门话题），但他们却仍然主要从那些他们关注的人处获取信息。正如 De Klepper 等（2010）所指出的那样，微博的网络化传播结构是其强大的语境条件，对于理解其内部机制至关重要。例如，在组织约束较强的情况下，个体需要共同合作才能满足工作的要求，社会影响力才将强于社会选择。在本章研究中，由于人们的信息主要来自社交网络，因此社交网络可以很好地预测传播网络。

此外，社交图谱的形成受到用户社会身份（所属的社会群体）的影响。图 8-5a 分析了不同社会群体的关注关系，将其转化为一个矩阵，采用可视化的形式揭示富人俱乐部的注意力流动结构。在图 8-5a 当中，行表示被关注者，列表示关注者，注意力从行流向列，颜色越深表示注意力权重越大。固定某一行，就可以观察这一类微博账号被其他类型的用户所关注的情况。同质性较强的关注关系主要存在于杂志、名人、报纸、草根、广播这一类账号内部。因此，图 8-5a 表明微博用户的关注关系具有较强的同质性现象。政府账号被网站类账号大量转发，而不会被其他政府类账号转发；网站虽然也会被网站较多关注，但是更多关注网站的账号类型是电视、报纸和广播；电视类型的账号的同质性关注程度也不强；政府类账号更关注电视，其次是名人和杂志。图 8-5b 根据注意力流动网络进一步计算网络节点之间的皮尔逊相关系数，并将相关矩阵通过可视化的形式展现。结果表明微博用户可以分为三类：草根、名人、杂志聚成一类，广播、报纸、电视、网站四种媒体聚成一类，政府独自聚成一类。社交图谱是由不同的用户类别构成的，而社交媒体用户的类别实际上在社会群体的交流中扮演着重要角色。因此，同质性与社会影响力之间存在着一种递归关系。指数随机图模型让网络研究者得以比较多个变量，得到可以明确解决这些争议的结果。

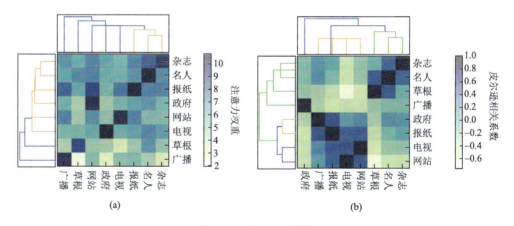

图 8-5　信息扩散矩阵

本章研究的局限同样不容忽视。首先，本章采用静态和聚合的转发网络数据而不是纵向数据来剖析不同的扩散机制（Snijders et al.，2010）。在未来的研究中，应该使用更大的数据集和更先进的分析模型，以更好地探索未解决的研究问题。其次，在 2013 年之后，平台化发展的逻辑进一步凸显（尤其突出的是娱乐化和商业化），新浪微博大 V 用户的构成经历了结构化的转变（比如网红的崛起），其行为方式也发生了显著的变化。最后，本章研究对新浪微博大 V 用户内部的信息扩散研究未能控制具体的信息内容和事件类型。以上这些问题，构成了未来研究的方向。例如，Yan 等对 2013 年之后新浪微博大 V 用户如何参与公共事件进行了研究，结果发现并非能力越大责任越大（Yan and Wang，2021）。

　　微博上的扩散网络呈现出显著的富人俱乐部结构，社会影响力或社会关系在决定层级结构中起着重要作用。这些发现对理解信息扩散具有重要意义。富人俱乐部成员为控制信息扩散的突出节点，而富人俱乐部成员的粉丝则是第二阶段的信息扩散者。这样，微博上的信息扩散就形成了一种"茎-叶"结构。受到这些强大的富人节点的影响，信息扩散的级联以其广度而非深度为特征。由于处于边缘位置的叶子节点主要从富人俱乐部成员那里获取信息，因此扩散的深度非常有限。社交媒体上的信息扩散流于"表面"，这与已有研究发现一致（Fabrega and Paredes，2013）。在社交媒体时代，Price（1992）对舆论中的精英控制问题的担忧值得重视。

第九章　找回失落的参考群体：对"沉默的螺旋"进行多主体建模

"公众得到了关于真实的两种看法、对意见气候的两种不同的印象：一种印象来自自己的原始观察，另一种印象来自通过电视的眼睛的观察。因此形成了令人不可思议的想象——一种双重意见气候。"

伊丽莎白·诺尔-诺伊曼（Noelle-Neumann，1993）

第一节　引　　言

媒体意见与参考群体的意见构成了个体所能感知到的"双重意见气候"。伊丽莎白·诺尔-诺伊曼（Elisabeth Noelle-Neumann）在 1993 年出版的《沉默的螺旋：舆论——我们的社会皮肤》（*The Spiral of Silence：Public Opinion—Our Social Skin*）一书中就提到了"双重意见气候"：个人通过两种途径观察多数人的意见，直接观察现实环境中的意见和通过媒体观察多数人的意见（Noelle-Neumann，1993）。然而，诺尔-诺伊曼仅仅将参考群体视为"异常的环境形势或远景"。在随后的一系列研究中，"双重意见气候"的概念也没有被很好地包含在沉默的螺旋模型之中。缺乏对参考群体的分析使沉默的螺旋理论饱受争议（Donsbach and Traugott，2007；Glynn and McLeod，1984；Glynn and Park，1997；Kennamer，1990；Salmon and Kline，1983；Salwen et al.，1994），经验研究中不一致的研究结果更增强了人们对该理论的批判（Donsbach and Traugott，2007；Glynn and Park，1997；Scheufle and Moy，2000）。

被低估的参考群体所营造的意见气候值得重新予以思考。参考群体概念由 Hyman 在 1942 年提出，用以表示与个人具有互动基础的群体（Hyman，1942）。参考群体能够对个人判断产生影响，能够对群体成员给予奖励或施加惩罚（Kelley，1952）。沉默的螺旋理论忽略了参考群体，可能导致过高地估计媒体影响。本章研究认为当找回失落的参考群体之后，沉默的螺旋的出现并非必然。本章研究应用多主体建模的方法完整地模拟个人层面（如表达意愿）、群体层面（如参考群体）以及社会层面（如大众媒体）的各种影响因素及其互动。研究的目的在于将参考群体重新引入沉默的螺旋理论研究之中，提出基于双重意见气候的理论框架，以期探究沉默的螺旋效果的边界条件及其演化过程中的特征，在此基础上同以往的研究发现进行对话。

第二节　沉默的螺旋理论

诺尔-诺伊曼在 1974 年发表的《沉默的螺旋：一个舆论的理论》（"The spiral of silence：A theory of public opinion"）一文中，首次提出沉默的螺旋理论（Noelle-Neumann，1974）。她认为舆论的力量源于社会对被禁止的观点和行为实施的严刑峻法以及个人对于被孤立的恐惧。这一理论由三个命题构成：第一，个人意见的表明是一个社会心理过程，社会使背离社会的个人产生孤立感，对孤立的恐惧使得个人不断地估计社会接受的观点到底是什么，而估计的结果影响个人公开表达或者隐藏自己的观点。第二，意见的表明和"沉默"的扩散是一个螺旋式的社会传播过程，当个人的意见与其所属群体或周围环境的观念发生背离时，人们便会因孤立和恐惧感放弃自己的看法，逐渐变得沉默，最后转变支持方向，使得优势意见更加强大，这种强大反过来又迫使更多的持不同意见者转向沉默，如此循环便形成一边越来越大声疾呼，一边越来越沉默的螺旋式过程。第三，大众媒体通过营造意见气候来影响和制约舆论，舆论的形成不是社会公众"理性讨论"的结果，而是意见气候的压力作用于人们恐惧孤立的心理，强制人们对优势意见采取趋同行为这一非合理过程的产物。大众传媒所传播的意见由于具有公开性和传播的广泛性，容易被当作多数或优势意见所认知，也就达成了媒介对舆论的控制。综上，在沉默的螺旋过程中，公众的弱点暴露无遗。

诺尔-诺伊曼关于沉默的螺旋的研究来自德国 1965 年选举迷局（Noelle-Neumann，1993）。这场选举的竞争主要在基督教民主/社会联盟、社会民主党之间展开。两党从 1964 年 12 月到 1965 年 8 月的公众选举意愿势均力敌，相差不大；但预测基督教民主/社会联盟胜出的比例不断攀升。对于选举的预期导致选举最后阶段出现了最后一分钟的动摇：选民在选举接近尾声的时候开始随大流，两党之间的差距因此被拉大。最终，基督教民主/社会联盟赢得选举。类似的结果在德国 1972 年的选举中再次出现，唯一不同的是这一次赢得大选的政党是社会民主党。诺尔-诺伊曼发现人类具有感知意见气候的能力，她将这种能力称为"准统计官能"；选举意愿作为一种意见，随时间波动的幅度远小于感知到的意见气候，导致选举意愿不如感知意见气候敏感。因此，她主张测量感知意见气候（比如"大部分人赞成某件事"）而非意见本身（比如"我赞成某件事"）。诺尔-诺伊曼发现意见的实际变化情况能在对意见气候的感知中得到可靠的反映。"坐火车测试"进一步显示有获胜保障者愿意表达，而可能失败者趋于沉默。

沉默的螺旋模型经验研究中的缺陷激发了研究者尝试对该模型进行扩展和修补，引进参考群体是理论拓展的一个很重要的方面。从双重意见气候视角研究舆论的形成以及沉默的螺旋效应主要有两条研究路径。一条研究路径采用典型的分析框架，聚焦在测试和检验理论推导中的潜在假设的合理性，包含：感知媒体意见（Kim et al.，2004）、虚假一致偏差（false consensus bias，即倾向于认为别人的选择与自己一致，并且自己的选择具有普遍性）、多数无知（即群体多数成员内心拒绝某种行为或意见，但误以为其他多数人会接受这种行为或意见的现象）（Taylor，1982）、中坚分子（即不论外界持什么见解都坚持己见者）（Glynn and McLeod，1984）、跨文化差异（Huang，2005；Lee et al.，2004；McDonald et al.，2001）。另外一条研究路径则认为，无论社会层面的意见气候如何，重要的不是诺尔-诺伊曼所说的多数或少数意见，而是人们所在乎的群体的主导意见，参考群体所建构的局部意见气候对人们的意见形成具有更强烈的影响。

参考群体在意见的形成与保持中扮演着非常重要的角色。首先，参考群体建构了人们日常生活中直接接触的局部意见气候。Salmon 和 Kline（1983）认为个体所认识到的社会现实正是参考群体所建构的社会现实。其次，参考群体扮演了多层级的不同因素的代理角色，群组层面的交流传播勾连了个人层面的感知与社会层面的影响，这个判断得到了意见领袖理论、门槛模型、社会影响理论等多种理论观点的支持。最后，在个体形成对主流意见的判断过程中，大众媒体和参考群体之间存在着明显的竞争关系。Salmon 和 Kline 甚至认为参考群体意见比全民意见扮演更重要的角色（Salmon and Kline，1983）。Krassa（1988）认为观察到参考群体的意见分布影响人们表达意愿的最主要因素。Kennamer（1990）认为只有在人们的观点得不到同龄群体的支持并感受到充满敌意的反对时，才会产生沉默的螺旋效应。

越来越多的研究发现了参考群体的重要性。Salwen 等（1994）发现人们更倾向于表达与局部意见气候一致的观点而不是跟全局的意见气候一致的观点。Oshagan（1996）研究发现当参考群体意见与全社会主流意见得到同样的凸显的时候，参考群体具有更大的影响力。Glynn 和 Park 发现参考群体对沉默的螺旋效应具有间接的影响（Glynn and Park，1997）。Moy 等（2001）进一步证明了人们更乐于说出从亲戚朋友那里得知的意见而不是从全社会范围内得知的意见。Bowen 和 Blackmon 研究发现团体中的个人如果能得到他所在的组织的支持则更倾向于说出他的观点（Bowen and Blackmon，2003）。Neuwirth 和 Frederick 比较计划行为理论所提出的同龄人群体影响和沉默的螺旋理论所提出的多数人意见影响，发现同龄人意见具有更大的影响（Neuwirth and Frederick，2004）。

第三节　综合的沉默的螺旋模型

虽然参考群体的影响不断得到确认，但同时研究参考群体和媒体意见对于个体意见表达影响的研究依然匮乏。在沉默的螺旋研究中引入参考群体因素已经显得越来越重要。依据双重意见气候观点，本章研究试图通过引进参考群体因素延展经典的沉默的螺旋理论。为此，提出了一种综合的模型（图 9-1），在这个模型中双重意见气候共同形塑了个体对多数意见的认知。

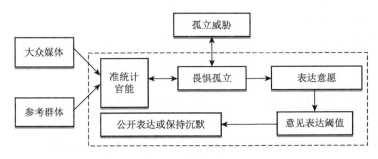

图 9-1　沉默的螺旋理论完整分析框架

如同 Scheufele 所言，双重意见气候观点勾连了微观、中观以及宏观三个层面的分析（Scheufele，2008）。首先，作为微观理论，沉默的螺旋考察人们的表达愿望、害怕孤立感、准统计官能以及个体层面的人口统计学属性。其次，作为中观理论，沉默的螺旋理论强调参考群体的影响力——参考群体的大小、意见气候、群体来源都会影响个人对主流意见的判断；作为个体因素和社会影响的代理，参考群体在信息传达和影响力发挥方面拥有更重要的作用。最后，作为一个宏观理论，沉默的螺旋增加了大众媒体在社会层面的影响，提出三个主要概念来解释大众媒体的影响力：共鸣效果，即不同媒体的报道有一种相同的倾向；累积效果，即媒体不断地重复播出同样的报道；遍在效果，即媒体存在于社会各处，人们非常容易接触媒体发布的信息，因而，大众媒体成了全社会层面的重要因素，直接影响了个体对社会强势意见的认知判断；大众媒体所报道的意见成了全社会的意见气候，从这层意义上讲，大众媒体达成一种社会控制。

本章研究对沉默的螺旋模型进行拓展的一个最主要方向，是找回被忽视的参考群体。作为一个理论概念，“参考群体”主要用以描述与个人具有互动基础的群体（Hyman，1942）。通过对群体成员给予奖励或施加惩罚的方式，参考群体能够对个人判断产生影响（Shibutani，1955）。本章从社会网络的角度对参考群体的概念进行拓展：处于舆论环境中的个体在面对大众舆论时，从其所在的社交网络感受到他人的观点和态度，往往会受到这些人的影响并以这些人的态度作为行为的基础。这些位于个体的社交网络当中的具有影响力的人即为其参考群体。参考群体的这一定义有利于研究者捕捉社交网络对沉默的螺旋的影响。

模型延展的另外一个方向是引入意见阈值。大量文献应用托马斯·谢林（Thomas Schelling）提出的种族动力学理论，并将阈值理论引入近期的研究之中（Schelling，1971）。谢林指出人们对于社区内与自己肤色不同的人群有一个能够接受的最大限度，如果其居住的社区中与自己肤色不同的人群数量超过了一定比例，为了避免成为少数，人们将倾向于搬往别的社区。基于谢林的研究，格兰诺维特等正式提出了门槛模型理论，该模型认为个体的态度取决于有多大数量的人们具有同样的态度（Granovetter et al.，1983，1986，1988），被广泛地应用于人际交往对集体行动的影响研究之中，例如居住隔离研究、消费需求研究、创新扩散研究。在沉默的螺旋研究中，意见表达阈值被定义为个体表达意见所需要的公共支持的最低限度（Glynn and Park，1997；Krassa，1988）。只有超过这个阈值人们才倾向于表达他们的意见，否则将保持沉默。与格兰诺维特等的观点一致，意见的表达阈值同样可以采用社会网络的视角进行界定，即当一个个体由沉默变为表达的时候，其社交网络群体选择表达的比例。

沉默的螺旋是一个动态变化的过程，人们综合参考群体和媒介分别呈现的意见气候作出判断。如图 9-1 所示，虚线内表示处于意见气候中的个体，他们害怕被孤立，通过采纳大众媒体的意见减少孤立感，然而，人们并不是彼此分割的个体，他们可以从参考群体中获得信息以及支持或反对的意见。通过准统计官能，人们察觉和判断意见气候，并且依据他们自己的意见阈值选择是公开表达还是保持沉默。

第四节 研究设计

参考群体推动个人局部社交网络的意见扩散。局部意见可能与大众媒体相同（促进沉默的螺旋），也可能不同（抑制沉默的螺旋）。本章研究的核心即在于考察这种双重影响。为更清晰地理解这一洞见，本章研究采用提出研究问题的方式对理论框架进行进一步阐明。研究重点在于揭示人们怎样应对大众媒体意见气候和参考群体意见气候，从而对这两个相互竞争的因素进行比较。

首先，根据沉默的螺旋理论，就社会危机方面而言，媒体意见表明了大多数公众的意见，人们对大众媒体所做出的反应证明了社会结构对人们的强大影响力，因此大众媒体能够明显地促使沉默的螺旋效应的产生。大众媒体的作用体现了其社会控制功能，已经存在很多研究，本章研究对此不做重点考察。

其次，参考群体的影响是双重的，如果个体的意见与参考群体的意见一致则会得到参考群体的肯定支持，否则将会被反对（Kelley，1952）。在参考群体的意见与大众媒体的意见相同的情况下，参考群体将增加大众媒体的影响；在参考群体的意见与大众媒体的意见相反的情况下，人们倾向于去寻求参考群体的支持。因此，参考群体可以减弱甚至完全逆转大众媒体的影响。为了详细分析参考群体的这种双重影响，本章提出了以下研究问题。

RQ1：参考群体如何影响人们的表达意愿和表达行为？

当参考群体对于舆论存在双重意向的时候，意味着参考群体的意见可能不同于大众媒体的意见，二者之间存在竞争关系。当参考群体的影响较大的时候，大众媒体的作用将会受到抑制，此时沉默的螺旋将不会出现，或者变得不稳定。那么思考引入参考群体之后的沉默的螺旋的稳定性问题就变得非常有必要。据此，提出第二个研究问题。

RQ2：在引进参考群体后，沉默的螺旋效果稳定存在的边界条件是什么？

参考群体的影响受到其群体规模的限制。从社会网络分析视角来理解参考群体可以带来更多洞见。参考群体的作用可以看作社会网络的影响，这种影响受到网络规模的限制。"小世界"是分析网络结构的重要视角，它描述绝大多数社会网络结构的特点（Watts and Strogatz，1998）。在这种网络结构里，网络的直径较小（任何两个人的网络距离小），而网络的聚集系数较大（任何两个人之间的共同朋友多）。然而，一个网络的"小世界"特性同样与网络规模相关。比如，"小世界网络"的网络直径与网络规模的对数成正比。社区总人口规模和参考群体规模分别约束了社会影响在当地范围与全社会层面的作用。根据诺尔-诺伊曼（Noelle-Neumann，1994）提出的观点，人口的总量规模越大，害怕被孤立感越强，这个理论对于参考群体同样适用。以此类推，可以假设沉默的螺旋效果的强弱依赖于社区总人口规模和参考群体规模。因此，去辨析社区总人口规模和参考群体规模如何影响沉默的螺旋效果就显得很有意义，提出以下两个研究问题。

RQ3：参考群体规模如何影响沉默的螺旋？

RQ4：社区总人口规模如何影响沉默的螺旋？

沉默的螺旋是一个随着时间演化的过程。参考群体的作用通过社交网络进行传递而扩散，这种群体意见从一个节点扩散到另外一个节点的过程具有明显的时间依赖特征。从时间的维度调查社会过程可以为理解舆论动力学带来很多启发，也有利于正确地评估沉默的螺旋效果的演化动力过程，尤其是可以揭示沉默的人群的数量如何随着时间的推进而演变（Allport，1937）。基于此，提出了本章研究的最后一个研究问题。

RQ5：沉默者的数量如何随着时间而改变？

第五节　研　究　方　法

大众媒体与参考群体共同作用于个体行动者，沉默的螺旋表现为群体层面的一种宏观规律。正如 Scheufele（2008）所述："更重要的（一个方面），将来的研究必须考察整体层面的差异与个体层面预测公开表达行为的变量之间的相互作用。"不幸的是，以往大多数研究的统计模型没有考虑到整体因素和个体因素之间的动态影响过程（Donsbach and Traugott，2007）。多主体建模方法可以很好地解决这种不足，将微观、中观以及宏观层面连接起来综合考察。

一、多主体建模

作为计算社会科学的一种研究方法，多主体建模（Multi-Agent Modeling）或基于主体建模（Agent-based Modeling）是 20 世纪 90 年代兴起的一种新的建模仿真范式，它以自下向上（bottom-up）的视角来刻画整个系统行为，被认为是研究复杂系统的一个有效途径。多主体建模方法源于约翰·冯·诺依曼（John von Neumann）的元胞自动机理论，已在物理学、数学、生物学、军事作战、生态学、经济学以及社会学等众多学科领域中得到广泛应用（Neumann and Burks，1966）。通过约翰·何顿·康韦（John Horton Conway）的"生命游戏"模型（Gardner，1970）、Axelrod 和 Hamilton 的针锋相对模型（Axelrod and Hamilton，1981）、谢林的种族隔离模型（Schelling，1971）等应用把这种方法引入社会科学领域。就传播学而言，多主体建模也得到了舆论动力学（Suo and Chen，2008；Weisbuch et al.，2002，2005，）和创新扩散研究领域（Bullnheimer et al.，1998；Rosenkopf and Abrahamson，1999；Strang and Macy，2001）的关注。

社会结构呈现的宏观现象往往是由极其细微的因素引起的。多主体建模可以模拟具体的限制性条件对社会现象进行探索，从微观到宏观跟踪并捕捉完整社会过程（如多米诺效应、舆论的出现、危机的形成），对全面分析事件的演化过程非常有利。

二、多主体建模如何实现?

多主体建模构造出一个网格空间，一定数量的行动元散布在网格之中，行动元和网格都具有明确的属性。行动元或者主体是多主体建模当中的行动者。对应于具体的情景，行动元可以代表车辆（交通流模拟）、不同肤色人群（种族隔离模拟）、网站（互联网节点数量增长模拟）等。行动元相互之间、行动元与环境之间可以依据简单的规则进行互动，例如表达个人观点、了解对方的态度、修正自己的表达意愿。当表达意愿低于某一个阈值的时候，个体就陷入沉默。行动元之间相互依赖、相互适应、共同演化，并在群体层面表现出特定的属性（Macy and Willer，2002；Nowak et al.，1990）。观察整个网格空间的群体表达行为随事件的变化，就可以分析影响其演化的因素。

本章研究使用 NetLogo 软件建立沉默的螺旋模型。该软件由乌里·威伦斯基（Uri Wilensky）教授开发，被广泛地应用于模拟复杂系统随时间的演变、探索个体微观行为和宏观模式之间的联系（Sklar，2007；Wilensky and Rand，2015）。

随着计算社会科学在传播学研究领域的进一步拓展，在舆论研究领域有一些研究已经开始尝试采用多主体模型来刻画沉默的螺旋（Sohn and Geidner，2015；Song and Boomgaarden，2017）。Sohn 和 Geidner 的多主体模型构建也使用了意见表达的门槛，同时主要控制了行动元的意见表达的意愿（或信心）（Sohn and Geidner，2015）。不过，虽然 Sohn 和 Geidner 的模型定位为测量随着社交媒体的崛起得到普遍重视的社交网络的作用（相当于沉默的螺旋理论中所强调的参考群体的影响），但大众媒体的影响反而没有得到很好的测量，因而，他们的研究仅仅把握住了"双层意见气候"当中的一层。Sohn 和 Geidner 在文末也认为这是未来研究当中需要考虑的一个重要方面。Sohn 和 Geidner 的研究的核心发现在于当意见极化时，如果衔接极化群体的人群足够多，就可能出现全局层面的沉默的螺旋。

Song 和 Boomgaarden 的研究将沉默的螺旋模型放在了政党选举这样一个具体的情景中进行解释，重点考察媒体的选择性接触的影响（因而考虑了大众媒体的作用），同时控制了社交网络的影响，为沉默的螺旋研究提供了一个更加综合的研究框架（Song and Boomgaarden，2017）。从具体操作而言，Song 和 Boomgaarden 根据选民的态度将行动元区分为共和党支持者、民主党支持者和中立者，测量了每一个行动元个体的总媒介接触和总媒介影响，并且认为媒体对个体的影响来自根据政治态度进行的选择性媒介接触。比如，可以不失一般性地把共和党选民倾向接触的媒体称为红色媒体（red media），把民主党选民倾向接触的媒体称为蓝色媒体（blue media）。更进一步，红色媒体和蓝色媒体是行动元所在的局部环境（网格）的属性。这样，一个网格上的行动元的媒介影响可以定义为蓝色媒体的接触量减去红色媒体的接触量。例如，当行动元的政治态度小于−1 和 0 的时候（共和党选民），如果是强度和中度共和党支持者就必然接触红色媒体；如果仅仅是低度共和党支持者，就只会随机地接触红色媒体。基于以上策略，Song 和 Boomgaarden 发现态度极化和（不同政治派别的）选择性媒介接触的相互作用强烈地依赖于行动元的讨论网络和选举情境。

与 Song 和 Boomgaarden（2017）的策略类似，本章研究也将大众媒体的影响看成一种弥漫的传播，并采用行动元所处的局部空间的属性来定义大众媒体的影响。与之不同，本章研究考虑一个更简单也更一般化的刻画大众媒体作用的策略：将媒介影响看成从 0 到 5 的一个均匀分布，采用一个随机数来代表媒体接触的强度。同时，本章研究设置了一小部分无媒介影响的区域（此时的媒体接触为 0）来刻画顽固派和前卫派的媒介环境。另外，设置了调节媒介影响的参数 α（一个全局的系数），它类似于回归系数，通过调整 α 参数，可以刻画具有不同程度媒体信任的社会中的意见演化情况。

具体而言，在本章研究所建立的关于沉默的螺旋的多主体模型当中，行动元遵循随着时间 t 变化的行为规则如下：使用 N 代表行动元的总数量，W 代表倾向公开表达的数量，$W_{n,t}$ 代表第 n 个行动元在时间 t 倾向于表达的数量，第 n 个行动元停留在第 n 个网格上，$M_{n,t}$ 代表第 n 个网格在时间 t 时受媒体影响的频率，$R_{n,t}$ 代表参考群体在时间 t 时对第 n 个行动元形成的意见气候，α 表示 $M_{n,t}$ 的系数，β 表示 $R_{n,t}$ 的系数。基于以上介绍，第 n 个行动元在时间 t 倾向于去公开表达意见可以表述为公式（9-1）

$$W_{n,t} = W_{n,(t-1)} + \alpha M_{n,(t-1)} + \beta R_{n,(t-1)} \tag{9-1}$$

此处，需要强调的是，在 Sohn 和 Geidner 的模型当中，行动元在每一个时间步（time stamp）都可以随机移动一步，因而，在 Sohn 和 Geidner（2015）的研究当中，行动元的社会网络是在不断变化的。本章研究与其不同，考虑到社交网络的相对稳定性，本章研究中不允许行动元做这种随机移动。

在初始阶段，让 1000 个行动元随机地散布在整个环境之中，通过设定每个行动元的观察半径数为 3 确定其参考群体的数量边界。随后，可以通过改变行动元的观察半径来控制参考群体的规模数量。为了简洁地模拟再现两方面齐头并进的竞争关系，在初始阶段设定有一半行动元倾向于意见表达，另一半倾向于保持沉默。多主体建模是一种计算机模拟的社会实验，通过控制每个因素的影响，在给定的精确条件下，能够方便地测试出大众媒体和参考群体各自的影响。通过重复试验的方式，可以对某种行为模式的出现进行统计分析。

使用 NetLogo 编写代码可以概括为以下七步：①定义全局变量；②定义行动者（NetLogo 称为 turtles）变量；③定义方格变量；④模型初始化；⑤设置模型更新的规则；⑥迭代运行；⑦添加按钮和滑块等元素。数据收集策略类似于实验研究方法。基于不同的参数将计算机仿真实验分为实验组和对照组，然后让两组模型运行足够多的次数，并记录下发言者和沉默者人数随时间的变化数据。接下来，需要对通过多主体模型仿真得到的数据进行分析。数据分析主要使用 R 语言进行，因内容较为简单，不再赘述。完整的数据和代码（包括多主体模型代码）见GitHub 代码仓库。①读者可以在浏览器中直接打开脚注中的链接并运行本案

---

① 参见 https://github.com/socrateslab/sos。

例的代码[①]，也可以在 GitHub 代码仓库中下载后缀为.nlogo 的代码到本地，安装 NetLogo 软件后运行。

三、测量

尽管多主体建模采用模拟仿真的研究方法，但目的并不是提供对经验现实的精确陈述，相反地，多主体建模方法的目的是增强人们对可能出现的多种应用的基本过程的理解（Axelrod and Hamilton，1981）。有很多因素影响沉默的螺旋效果，本章研究依据分析的三个层面将目光聚焦于三个概念：人们的表达意愿、参考群体的影响、大众媒体的影响。

参考群体和大众媒体的影响：参考群体的影响和大众媒体的影响在本章研究当中是以模型参数的形式存在的，见公式（9-1），用 α 代表媒体影响，用 β 代表参考群体影响。另外，本章研究明确界定了对参考群体参与强度的测量以及媒体使用频次的测量。

表达意愿与意见阈值：多主体模型可以设置行动元的表达意愿都符合正态分布，其均值是 0，标准偏差是 1。本章研究将持有负向表达意愿的行动元定义为沉默的人群，而持有正表达意愿的人们，无论他们的意见是否与主流意见（如媒体意见）保持一致，都倾向于表达出来。因此，在这种情况下，0 成了表达意愿的平均值以及意见阈值。受到双重意见气候的驱使，表达意愿会随着事件的变化而改变，为了避免孤立，人们在观察到意见气候与自己的观点不一致的情况下将保持沉默（Noelle-Neumann，1974）。表达意愿的测量非常简单，按照公式（9-1），模型将会记录每一个时间点行动元如何受到大众媒体与参考群体的影响，进而计算随着时间的变化，每一个行动元的表达意愿的变化。研究假设每个人的意见阈值为零，这一假设不影响模型的一般适用性，因为每个行动元的行为变化（由表达变为沉默，或者由沉默变为表达）需要付出的实际成本是由初始的表达意愿的绝对值决定的，因而它的意见阈值的绝对值也就等于初始的表达意愿的绝对值，即意见阈值也是正态分布的。

沉默的人数：沉默的人数和表达的人数是测量沉默的螺旋的主要指标。为了便于进行分析，模型初始状态沉默的人数和表达的人数相等。随着模型的演化，按照公式（9-1），每个行动元感受到大众媒体和参考群体的影响，表达意愿发生变化，当表达意愿达到阈值的时候就会发生行为变化。多主体模型将会统计每一个时间点的沉默的人数和表达的人数。

群体参与强度：每一个行动元处于他的社会网络之中，得到他的参考群体的

---

① 参见 https://socrateslab.github.io/sos/index.html.

支持。根据诺尔-诺伊曼的准统计官能观点，每一个行动元都可以准确地评估他周围的意见气候（Noelle-Neumann，1974）。每一个行动元都有一个用以测量参考群体规模的最大观察范围，在多主体建模中，行动元不像想象中那样观察整个社会环境范围，而是具有一定的观测假设半径。因此，行动元只可以感知局部范围内的双重意见气候，并据此计算群体对行动元 i 的作用强度，即在 i 的参考群体里面有意愿去表达的每一个行动元作用之和。

媒体使用频率：因为媒体的影响无所不在，因而不需要设置专门的行动元代表大众媒体。每一个网格配置一个从 0 到 5 的随机数值，用来表示这个网格受大众媒体影响的程度。数值越大，这个网格受大众媒体影响越大。

一个重要的影响来自顽固派和前卫派，他们都可能抵制主流意见气候（Donsbach and Traugott，2007；Noelle-Neumann，1993）。为了把他们包含进来，设置了一些没有媒体使用的区域（媒体频次属性为 0）。当顽固派和前卫派与参考群体的意见一致时，参考群体将为他们提供一个保护环境，但是当参考群体被大众媒体所操纵，例如参考群体的意见与大众媒体保持一致而与顽固派及前卫派不同时，参考群体将迫使顽固派及前卫派保持沉默。

第六节　研究发现

一、大众媒体的影响

本章研究从大众媒体的影响开始，为了说明大众媒体的影响，本章研究指定初始模型如下：人口数量 = 1000，观察半径（radius）= 3，$\beta = 0$，$\alpha = 0.02$，将此实验运行了 100 次。结果表明：仅仅通过大众媒体，沉默的行动元数量呈现线性增长模式（$\beta = 0.997$，$R^2 = 0.993$，$p < 0.001$）。大众媒体的效果非常明显和稳定：随着时间流逝，越来越多的人保持沉默。这一发现支持了依赖大众媒体形成的公共舆论可以被看作是一种社会控制的观点（Noelle-Neumann，1993；Scheufle and Moy，2000）。

二、参考群体影响

RQ1 涉及参考群体的影响，在人口数量 = 1000，观察半径 = 3，$\beta = 0.02$，$\alpha = 0$ 的条件下，通过 100 次实验，发现结果是混杂和不稳定的。在没有大众媒体参与的全社会层面的影响条件下，沉默的螺旋（48%）和公开表达的螺旋（52%）都可能出现。

　　更进一步，结果还表明，距离比较近的行动元之间容易形成聚集，几轮互动之后，沉默的群体和公开表达的群体分开到不同的聚类之中，双方在边界处展开争夺，强的一边占据主导意见并孤立弱的一方（图 9-2）。在图 9-2 中，不同的行动元表现为不同的颜色，根据沉默（红色）与表达（绿色），社会群体可以划分为两个大的社群。在没有大众媒体影响的环境下，竞争意见的汇集将取决于行动元的地理位置分布，就如同下围棋一样，将行动元放在对的位置非常重要。因此仅仅依赖参考群体驱动的舆论演化对于社会网络结构具有路径依赖。

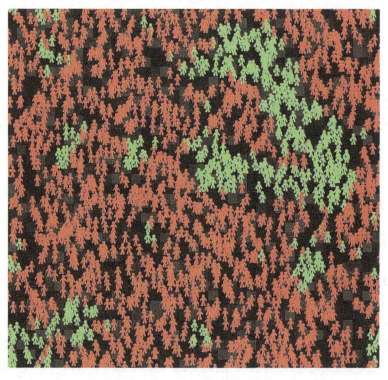

图 9-2　邻近行动元的聚集

三、沉默的螺旋的边界条件

　　沉默的螺旋的边界条件是本章研究的重点。参照群体和大众媒体共同影响着舆论过程。定义大众媒体的影响因子是 α，参考群体的影响因子是 β，因此 α/β 的比值代表大众媒体与参考群体的相对强度，形成了一个辨别沉默的螺旋的边界条件的很好的方法。在这种逻辑下，当 $\alpha/\beta < 0.1$ 时，定义参考群体为强参考群体，当 $\alpha/\beta > 10$，定义大众媒体为强大众媒体。与 RQ1 保持一致，定义观察半径 = 3，

$N = 1000$，α/β 等于 0.1 和 10，将每个模型运行 100 次并比较其差异。

在强大众媒体情况下，设置 $\alpha/\beta = 10$、观察半径 = 3、$N = 1000$ 建立模型，群体行为引发的沉默的螺旋效果呈现出稳定的状态；在强参考群体状态下（$\alpha/\beta < 0.1$），沉默的螺旋效果呈不稳定的出现状态，结果与只有参考群体时相似，沉默的螺旋效应（62%）和公开表达的螺旋效应（38%）同时出现。

更进一步，在强大众媒体环境下，参考群体如何影响沉默的螺旋的形成过程？本章研究设计了两个实验：控制组设置 $\alpha = 0.002$，$\beta = 0.0001$；测试组设置 $\alpha = 0.002$，$\beta = 0.0005$。结果表明，控制组需要 52.8 步达到稳定状态，测试组需要 43.55 步达到稳定状态。因此，对比强大众媒体环境下的参考群体可以发现：强大众媒体环境下，处于强势参考群体下的人们比处于弱势参考群体下的人们更容易成为沉默的大多数（$t(37.4) = 10.7$，$p < 0.001$），也就是说当参考群体意见被大众媒体操纵时，参考群体将加强大众媒体的影响力。

综上所述，沉默的螺旋发生效果的边界条件取决于大众媒体与参考群体之间的力量对比。在参考群体起决定性作用的情况下，不会出现稳定的沉默的螺旋效果；相反，如果大众媒体影响比参考群体更强大，参考群体的作用将会被逆反，参考群体会强化大众媒体影响。

四、参考群体的规模

RQ3 是关于参考群体规模的问题。为了回答 RQ3，设置 $\alpha = 0.002$，$N = 1000$，$\beta = 0.0001$，调整的观察半径分别为 2、4、6。当可见范围为 2 时，行动元只接受他周围两步范围内行动元的意见影响。可见范围越大，参考群体的规模越大，行动元可以从周围得到的信息越多。

如图 9-3 所示，三组平均时间分别是 200、150、110。参考群体越大，群体达到一致的速度越快。使用方差分析比较三种规模的参考群体的差异性，发现明显差异（$F(1, 298) = 2524.5$，$p < 0.001$）。

五、人群规模

RQ4 关注社区总人口规模的影响。分别设置行动元的规模（P）为 1000、1500、2000，每种情况下运行实验程序 100 次。实验结果如图 9-4 所示，三组的平均时间分别为 200、180 和 170。通过方法分析测试三种人口规模的差异，结果发现明显差异（$F(1, 298) = 774.67$，$p < 0.001$）。因此，社区总人口规模越大，人群越快陷入沉默。

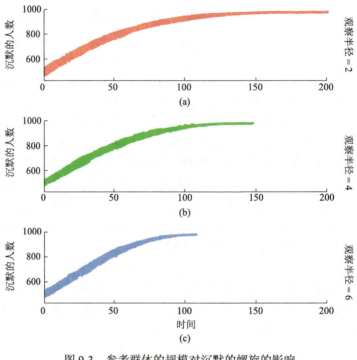

图 9-3　参考群体的规模对沉默的螺旋的影响

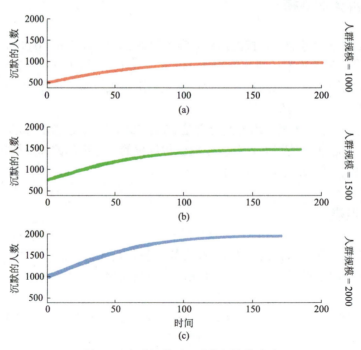

图 9-4　人群规模对沉默的螺旋的影响

六、沉默的螺旋随时间的演变

为了回答 RQ5，探索在相同的模拟人口数量下，陷入沉默的螺旋的人口数量如何随时间的流转而变化。结果表明：单位时间内陷入沉默的螺旋的人口数量与时间变量负相关($r(7970) = 0.746, p < 0.001$)。因此，舆论意见开始阶段单位时间内陷入沉默的人口数量较大，随着时间的推移，单位时间内陷入沉默的人口数量将越来越少。

第七节　结论与讨论

互联网变革了人类传播环境，各种社交媒体进一步增强了参考群体的影响而弱化了大众媒体的影响。在这一人的时代背景下，分析参考群体对于沉默的螺旋的意义具有不可否认的理论意义和实际应用价值。在很多社交网络中，我们都观察到了反沉默的螺旋的现象。关于如何理解社交网络时代沉默的螺旋理论的适用性，本章研究提供了一个适用的理论框架和分析方法。

本章研究将沉默的螺旋效应视为一种时间序列中个体在双重意见气候共同影响下产生的群体行为模式。研究的首要发现聚焦在参考群体功能上，个体在局部范围内受到参考群体的影响可能增强，大众媒体所促成的沉默的螺旋效应，也可能抵消甚至反转沉默的螺旋效应。大众媒体影响力与参考群体影响力的相对强度不仅是沉默的螺旋效应是否发生的边界条件，也决定了参考群体是增强沉默的螺旋还是减弱沉默的螺旋。

研究结果与参考群体的基本功能相一致：倾向于惩罚与参考群体意见不一致的个体，增强与参考群体意见相一致的个体的行为（Kelley，1952），因而，沉默的螺旋发生在个体失去参考群体的支持的情况下（此时参考群体的意见被大众媒体所操纵），否则（尤其在大众媒体的影响力小于参考群体的情况下）将不一定发生沉默的螺旋效应。这个研究发现证明了使用双重意见气候作为分析框架的重要性。事实上，尽管诺尔·诺伊曼声称双重意见气候只产生了非常特殊的情况下，但她仍然承认双重意见气候是一个非常具有研究吸引力的领域，尤其在人群的意见与主流媒体的意见不同的时候，这种双重意见气候可能扮演反对沉默的螺旋效应的角色。

另外，本章研究分析了参考群体发挥作用的边界条件。在边界条件内，参考群体的影响相对于大众媒体较小时，参考群体中的意见气候将逐渐被大众媒体所操控。此时，作为媒体的代理人，参考群体将进一步延展媒体的影响，迫使个体陷入沉默的螺旋：参考群体越强大，沉默的螺旋现象越早出现；参考群体数量越大，整体人口数量越大，沉默的螺旋效应越早出现。例如，Krassa（1988）声称，社会整合程度高的社区（参考群体的作用更强）不用担心沉默的螺旋效应（多数人的暴政），因为在一个联系密切的社会或社区，人们对别人的行为或者观点更敏感，更容易被动员。依据本章的研究发现，当参考群体意见与大众媒体意见不同而媒体作用相对较弱时，Krassa 的观点成立；然而当媒体作用相对较强时，社会整合程度越高，社会系统却容易陷入沉默。这一讨论对于理解纳粹在德国的发展具有启发意义，因而，本章的研究结果丰富了人们对参考群体在沉默的螺旋过程中所扮演的角色的理解。

同样地，Salmon 和 Oshagan 假定大社区里人们的意见更加多元（Salmon and Oshagan，1990）。因此，在大社区里，人们将难以判断什么是多数意见，也将使得大众媒体更难达成统一意见。根据本章研究的发现，在参考群体相对较强时，这一论断显然是正确的；然而，如果参考群体相对较弱，社区人口越多，越容易出现沉默的螺旋效应。这符合诺尔-诺伊曼所声称的害怕孤立会随着社区总人口规模的增加而增加的判断，因而，辨析沉默的螺旋的边界条件非常必要。

本章研究通过引入参考群体，勾连了沉默的螺旋理论的微观、中观以及宏观三个层面的相互作用。首先，延展了沉默的螺旋模型，有助于理解在特定社会环境下，参考群体所扮演的增强媒体影响效果的角色，有助于解释其他公共意见模式。例如，Brosius 和 Kepplinger 研究借助媒体获取信息时，议程设置效果的凸显模式（Brosius and Kepplinger，1990）；Weimann 和 Brosius 提出的议程设置两步过程理论（Weimann and Brosius，1994）。其次，边界条件决定了沉默的螺旋现象能否发生。本章研究提供了一种分析这种边界条件的可选方案，并且得出以下结论：当参考群体的意见不同于媒体意见，参考群体可能抵消、停止甚至反转沉默的螺旋效果出现的趋势；当参考群体的意见与大众媒体的意见相同或者被大众媒体所操纵，参考群体将加强沉默的螺旋效果。在关注参考群体的功能属性这条研究线索方面，个人主义或者集体主义价值观都与参考群体的特征密切相关（Chen and West，2008）。本章研究聚焦于沉默的螺旋理论的动力特征，研究得出：沉默的螺旋理论的有效性依赖于参考群体以及整体社区总人口规模；沉默的螺旋效应的增长率随着时间的流转而递减。

除此之外，相对于在具体的社会环境中寻求沉默的螺旋效应，本章的贡献在于设计了一个整体的规范模型，并将其用于分析沉默的螺旋效果的潜在机制。本章研究也有一定的局限性，例如，使用规则化的网格作为测试沉默的螺旋的仿真环境，而现实社会网络可能是小世界网络或者无标度网络（Barabási and Albert，1999；Watts and Strogatz，1998），因而，将来有必要使用更为现实的网络结构进行多主体建模和分析。

第十章　结论和讨论

本书的目的是解决信息扩散的规模有限性困扰。通过研究各种相互竞争或互补的扩散机制，本书提出了信息共享网站上信息扩散的门槛模型，并且展示了人际作用、群体把关、公众注意力的爆发以及内容特征如何决定信息共享网站（例如新浪微博、Digg 和 YouTube）上的信息扩散；本书将研究扩展到更为广阔的舆论演化研究领域，将舆论的讨论模型作为理论框架分析推特上的"占领华尔街"运动、分析微博信息扩散中的富人俱乐部效应、采用多主体模型模拟沉默的螺旋效应。本章将综合整理已有的研究发现并给出总体的讨论和结论。首先，对实证结果进行总结、解释和讨论，以回答研究问题；其次，讨论理论贡献、意义和局限性，并对今后的研究提出建议；最后，对计算传播学的基本思路和计算社会科学的研究逻辑进行分析，聚焦于"科学的四重境界"和拉图尔的"计算中心"概念。

第一节　总结研究发现

本节将总结和比较三项研究的总体结果（表 10-1），以期更加全面地了解人际作用、群体把关、公众注意力的爆发和信息扩散的规模有限性。

一、人际作用

扩散研究的理论视角已从个人转向网络。在线社交网络越来越受到各种社交媒体提供的社交网络服务的支持，突出了人际作用的重要性，这对于网络信息扩散来说尤为重要。在社交网络中，信息沿着其中的关系纽带和不同社区流动。然而，人际作用如何影响信息在信息共享网站上的信息扩散仍然是一个经验性问题。零门槛的测量有助于估计信息扩散中人际渠道所占的百分比。

表 10-1　实证研究（上篇）所涉及的数据集

数据	类别	扩散机制	流行度	爆发
新浪微博	微博	人际作用	对数正态和幂律 （最大值 = 422 500 转推）	强 （$M = 0.8$）

数据	类别	扩散机制	流行度	爆发
Digg	社交新闻网站	1. 群体把关 2. 人际作用	对数正态 （最大值＝47 260 浏览量； 24 100 转发）	强 （$M = 0.7$）
YouTube	视频分享网站	1. 推荐 2. 搜索 3. 人际作用	对数正态 （最大值＝175 700 000 浏览量）	中等 （$M = 0.3$）

信息扩散中的人际作用因信息类型和扩散机制不同而呈现差异。对于微博上的特定信息的扩散（如推文的扩散），人际渠道占的比例高达 77%；对于 Digg 上的新闻扩散，人际渠道所占的百分比为 32%；对于 YouTube 上视频的扩散，人际渠道所占的比例只有 7%。因此，信息扩散研究的关键在于寻找信息共享网站上除了人际网络之外的其他替代性的扩散渠道。对于微博上的信息扩散，具体微博内容的扩散主要依赖于人际网络；微博上的超链接扩散同时依赖于外部影响和人际网络。但是，微博上的超链接转发不如推特上那么频繁。

人际作用的门槛假设认为网络门槛（用来测量的人际作用）与扩散规模之间存在非线性关系。关于这种非线性关系存在两种竞争性的解释路径：J 形曲线模型和门槛模型。J 形曲线模型基于信息内容的重要性来进行解释：对于少数人感兴趣的信息，它只会感染一小部分相关人员，其分享行为只会在局部的网络中更为活跃，难以扩散到其他社群，因此人际作用与扩散规模之间存在负相关关系；而对于大多数人都感兴趣的信息来说，人际作用越大，信息穿透社群传播的能力越强，人际作用与扩散规模之间存在正相关关系（Greenberg，1964b）。门槛模型则认为人际作用和扩散规模之间存在钟形曲线关系：存在一个最优化的门槛可以使得扩散规模最大化，低于这个最优化的门槛数值，网络门槛对扩散规模具有正向影响；高于这个最优化的门槛数值，网络门槛将会抑制扩散。基于数据的发现支持门槛模型的解释（Granovetter，1978），这一发现并非否认信息内容的重要性。事实上，信息的重要性（如可以充当社交货币、具有实用价值、可以激发情感反应、具有故事性）对推动信息扩散起着至关重要的作用。一种可能性是，这种内容的重要性已经通过网络结构被纳入网络门槛的计算当中。比如，大家都愿意谈论的信息其网络门槛必然较低，并且显著地低于最优化的门槛数值。此时，人际作用增强就可以推动信息的扩散。综合在一起，可以更好地理解人际作用与扩散规模之间的关系。

网络门槛高的信息存在一种锁定效应。这种类型的信息可以"感染"一些与这个信息紧密相关的人。但是，除了这些人之外没有更多人会对这一类信息感兴趣，因此这种信息容易被"锁定"在局部网络中，无法进一步扩散出去，其扩散网络的深度会更加有限。例如，尽管信息共享网站上有一个庞大的网络将人们连接起来，但公众的日常生活信息只能在小社交圈中传播，很少有机会大范围地传播到网络中的其他节点那里。作为一个"小世界"，人们可以直接或者只需要几个步骤就能联系到任何网络中的人。但是，如果人们不够活跃或者不够受欢迎，共享的信息就不会被广泛地扩散出去。因此，这一发现有助于理解网络信息扩散的规模有限性。

网络门槛低（大众感兴趣）的信息存在一种强化效应。这种类型的信息人际作用越强，信息扩散的规模越大。这种模式首先在新浪微博的信息转发数据中被发现，然后再次在 Digg 的新闻扩散数据中得到支持。尽管临界点的具体数量可能取决于许多其他因素，但它的存在明确暗示了信息共享网站上存在信息传播的两种社会影响机制。

二、群体把关

群体把关构成了另外一种重要的扩散机制。基于信息共享网站用户的协同过滤行为和信息整合服务，在 Digg 的新闻扩散中，群体把关比人际作用的影响更强大。分析结果表明只有32%的人是通过他们的朋友接触到信息的，而绝大多数人直接从信息聚合的网页上了解新闻。此外，研究发现群体把关对于扩散规模有着正向影响。这自然产生了一个问题：当群体把关和人际作用都可用于信息传播时，为什么群体把关比人际作用的影响更强大？本书认为人们倾向于在社交新闻网站的新闻扩散中跳上群体把关人的乐队花车，这符合传播学研究者所提出的乐队花车启发假设（Fu，2012；Fu and Sim，2011；Sundar et al.，2008）。

与其全面考虑所有可用的信息，个人往往倾向于依靠心理捷径（mental shortcut）来做出决定，这恰好符合 Zipf（1949）所提出的最小努力原则。最小努力原则假定人类在行为上倾向于选择阻力最小的路径。例如，信息搜寻者倾向于尽量减少他们寻求信息的努力，特别是在选择信息渠道方面（Allen，1977；Rosenberg，1967）。站在乐队花车上的群体把关人推荐的流行信息构成了用户判断信息流行程度的心理捷径（流行度启发），有助于用户更快地做出决策，驱动信息分享行为的产生。显然，群体把关可以有效地最小化搜索成本（Lorenz et al.，2011）。因此，对于社交新闻网站的用户来说，从信息聚合器或群体把关人那里获得新闻比从他们的在线朋友那里读新闻更有效率。

三、公众注意力的爆发

除了扩散机制之外，时间维度也是本书的一个重要关注点。从驱动信息扩散因素的时间维度出发，本书着眼于公众注意力的爆发——日常扩散曲线上的时间戳或时间性指纹。基于前人的研究（Crane and Sornette，2008），本书测量了爆发的峰值分数（即峰值日的信息扩散比例）。结果表明，新浪微博上信息传播的平均峰值分数为 0.827，Digg 上新闻扩散的平均峰值分数为 0.71，YouTube 上视频扩散的平均峰值分数为 0.33。除爆发之外，信息的寿命是时间性的另一个指标。新浪微博上信息扩散的平均寿命为 18.7 天（Mdn = 9，M = 18.7，SD = 29.0），Digg 上新闻扩散的平均寿命为 14 天（M = 14.20，SD = 8.04），YouTube 上视频扩散的平均寿命则超过 150 天（M = 149.9，SD = 300.1）。因此，与文本形式的信息相比，视频形式的信息具有明显较小的（在时间维度上的）暂时性。

同样有趣的发现是爆发和信息寿命之间呈现负相关的关系。新浪微博的信息爆发和信息寿命相关系数为 -0.37（$r(3498) = -0.37$，$p < 0.001$），Digg 上信息爆发和信息寿命的相关系数为 -0.1（$r(3551) = -0.1$，$p < 0.001$）。对于 YouTube 上视频的扩散，信息爆发和信息寿命之间的回归系数为 -0.61（$B = -0.61$，$p < 0.001$）。显然，采用短时间爆发方式扩散的信息在时间上不容易长久。与之相关，研究发现信息寿命与扩散规模呈正相关。在新浪微博上，信息寿命与扩散规模的回归系数为 0.39（$B = 0.39$，$p < 0.001$）；在 Digg 上，信息寿命与扩散规模之间回归系数为 0.02（$B = 0.02$，$p < 0.01$）。因此，逻辑非常简单，如果信息能够存活更长时间，它可以传播到更多的人那里。

四、信息扩散的规模有限性

理论命题与实证结果之间的张力是本书研究网络信息扩散有限扩散规模的实证原因。在总结了关于人际作用、群体把关和公众注意力的爆发的研究发现之后，现在可以回到最初的研究问题——关于有限扩散规模的困惑。

本书通过三项不同的研究来探讨信息扩散的规模及其决定因素（尤其是驱动力和爆发性）。所有的研究都表明扩散规模的分布具有长尾或重尾的特征，具体而言，信息扩散规模的分布可能是对数正态分布或幂律分布。如果考察转发次数超过 100 次的热门信息，其分布通常是对数正态分布的。对于涵盖全部扩散规模的信息，其分布通常呈现出明显的幂律分布。这一发现表明全局扩散的确是存在的，但是很少见，这与瓦茨的观点一致。

然而，研究结果表明信息扩散的规模依然非常有限，并因不同的信息共享网站而异。新浪微博和 Digg 上的信息扩散规模是通过分享（如转发、diggs）的频数来衡量的。在研究中，新浪微博上的信息转发的最大次数为 422 500 次；Digg 上最大的分享次数为 24 100 次；Digg 上新闻的最大浏览量为 47 260 次；而 YouTube 视频的最大浏览量为 1.76 亿次。如果微博和社交新闻网站上的信息扩散规模与注册用户数相比非常有限，那么 YouTube 视频的最大的扩散规模显然非常大。正如长尾分布所暗示的那样，虽然全局扩散是罕见的，但它仍然以特殊的形式存在于特殊情况下。例如，与新闻和社交网站上的信息相比，YouTube 视频的病毒式传播概率相对较高。然而，对于大多数信息来说，扩散规模是非常小的。在公众注意力的竞争中，胜出的信息即使不能获得全部的注意力，也可以获得更大规模的注意力。

第一，人际作用加剧了扩散规模的不均匀分布。由于扩散规模的分布高度有偏，绝大多数信息只能影响到一个很小规模的人群。这些信息通常不太重要，但与网络中极小部分用户高度相关。根据人际作用的 J 形曲线模型，人际作用对扩散规模有负面影响。因此，这些信息往往会被困在局部的社交网络中。由于这些信息所占的比例通常较大（超过80%甚至更多），因此观察到全局扩散的可能性非常小。当然，对于重要性较高的信息，人际作用往往会增加其扩散规模。

第二，群体把关同样也会加剧网络信息扩散的不平等分配。对流行新闻的分析结果表明，群体把关对于扩散规模具有正面影响。事实上，群体把关对于聚合信息的人气起到了重要作用。根据信息共享网站的技术特点，信息聚合页面上的信息总是根据信息的新近程度和受欢迎程度进行排序。因此，当群体把关人把流行信息推到排行榜的前面时，流行信息将会获得更多注意力，流行信息与非流行信息之间的差距将会进一步扩大，甚至出现"赢家拿走全部注意力"的情形。例如，按照聚合流行度（aggregated popularity）的乐队花车效应，前人的研究发现，当一个视频的观看次数较高时，它会变得比其他视频更加流行（Fu，2012；Fu and Sim，2011）。

第三，另一种解释认为信息扩散规模的有限性源于信息扩散深度的有限性。尽管扩散规模可能大于数百或数千，但信息扩散的深度出乎意料地小（Mdn = 4，$M = 4.9$，SD = 2.9）。在信息经历几级扩散之后，网络信息扩散会马上止步，似乎面临着更高的网络门槛，无法越雷池半步。这与以前关于长链接较为薄弱的论断相一致（Centola and Macy，2007）。一种可能的解释是信息共享网站的用户中具有类似兴趣或品味的人倾向于聚集在一起。因此，在信息共享网站的社交网络中存在很多相互分散的社交圈。在一个社交圈内传播的信息很难跨越这个社交圈和其他相邻社交圈之间的边界（Ugander et al.，2012；Zhang et al，2013）。然而，这个关于结构洞和长链接脆弱性的观点仍有待进一步研究。

第四，网络信息扩散的时间模式也倾向于限制扩散规模。在线信息传播的时间模式主要表现在两个方面——短周期和强爆发。首先，短暂的"上架"时间毫无疑问缩短了信息扩散的规模。其次，这种短暂的寿命往往与公众注意力的强烈爆发有关。正如之前讨论过的那样，公众注意力的爆发与信息的短暂寿命息息相关。例如，社交新闻网站上的新闻扩散由于新颖性的衰退而表现出在时间维度上的暂时性，有助于解释新闻传播的有限规模（Steeg et al., 2011；Wu and Huberman，2007）。新闻故事为了争夺公众的注意力而相互竞争，具有典型的零和博弈特征，一个议题的出现是以牺牲其他议题为代价的（McCombs and Zhu，1995；Zhu，1992）。因此，新闻聚合网页的快速更新可以有效地限制新闻扩散的规模。

第二节　贡献与启发

　　本书以扩散研究的经典理论为基础，从三个方面对信息扩散的理论做出贡献：首先，概述了描述信息扩散整体情况的一般模型；其次，研究了信息扩散的具体机制，特别是人际作用的门槛假设，以及对群体把关的概念化；最后，阐述了信息扩散驱动力的暂时性假设。综合起来，从目前的研究中获得的洞见有助于理解网络信息扩散。本书的理论归纳有助于揭示信息扩散的基本机制，为建立更加符合现实的扩散模型铺平道路。

一、信息扩散的 ABXCT 模型

　　借鉴经典的传播模型，本书将 ABXCT 模型作为一个概念框架，用于描述和整合当前信息通信技术的发展，并理解信息共享网站上的信息扩散。作为社会现实的图解，ABXCT 模型帮助理解不同部分之间的关系，并确保不会忽略整体。

　　首先，作为经典传播模型的发展，ABXCT 模型试图将理论进展和涌现出来的信息传播技术综合在一起。过去几十年来最重要的技术发展是 web 2.0 的出现，特别是社交媒体的出现。社交媒体所提供的社交网络服务使个人彼此之间能够轻松地建立联系。事实上，社交媒体与社交网络服务已经占据了互联网市场的主导地位。例如，脸书、推特和谷歌＋（Google＋）已经成为最受欢迎的网站。因此，人际作用对于信息扩散具有重要的理论意义。相应地，网络个体之间的社会联系总是被假定为（或认为）是网络信息扩散的渠道。虽然自下而上的社会关系对信息扩散的影响非常强大，但不应忽视其他自上而下的扩散渠道。自上而下的扩散渠道的一个例子是信息共享网站中使用的信息聚合器和搜索引擎。正如第五章中已经表明的那样，基于协同过滤的信息聚合使得信息在社交网络中跳跃。这表明群体把关对 Digg 上新闻扩散的强大影响。

　　其次，ABXCT 模型可以作为一个地图以系统的方式"定位"具体的信息扩散研究。信息扩散研究者可以把他们的研究嵌入这个"地图"当中，以便将自己的研究与他人的研究进行比较。例如，本书主要讨论网络个体与信息共享网站之间的关系，特别是社交网络服务和信息聚合器如何促进信息扩散。因此，学者可以很容易地找出已经做了什么、没有做什么。比如，政治和商业组织意识到从社交媒体账号直接发布信息的重要性，不再完全依靠大众媒体与公众进行沟通。组织如何使用社交媒体以及这一现象对今天的媒介生产逻辑的影响，是非常值得研究的话题（Waters ct al.，2009）。

最后，ABXCT 模型强调了信息本身（X）和时间模式（T）的重要性。ABXCT 模型试图整合 J 形曲线模型的理论成分，不仅是信息的属性，还有不同信息之间的相互关系。注意力经济学主张不同的信息竞争公众的注意力（Davenport and Beck，2001；Goldhaber，1997）。尤其是在当信息过剩而注意力稀缺时，信息对注意力的争夺加剧了信息扩散在时间维度上的暂时性。此外，为了捕获信息扩散的时间模式，本书将时间维度详细说明并添加到模型中。ABXCT 模型的时间维度指引了本书关于信息扩散的时间模式的分析，尤其是驱动信息扩散的各种影响的暂时性。

二、人际作用的门槛假设

前人关于信息扩散的研究提出了很多测量人际作用的方法。先前的研究主要集中在人际渠道作为信息来源的程度。例如，早期的新闻扩散研究主要采用调查的方法测量从人际网络中获知新闻所占的比例。从新闻扩散这一研究领域得出的最重要的结论之一是 J 形曲线模型（Greenberg，1964b）。J 形曲线模型认为信息的相关性和重要性之间存在相互作用，并影响人际作用对扩散规模的影响。一方面，如果信息是少数人的兴趣并具有较高的相关性时，人际作用会更强，而扩散规模更小，此时人际作用与扩散规模之间存在负相关关系。另一方面，如果信息的重要性更高，则人际作用与扩散规模之间存在正相关关系。总的来说，人际作用和扩散规模之间存在曲线关系。但是，通过衡量从人际来源了解信息的总体比例来捕捉人际作用，无法充分捕捉传播网络的力量。

门槛模型提供了另一个视角来衡量人际作用对扩散规模的影响程度。门槛模型关注的是，当个人做出分享信息的决定时，他/她的个体中心网络（也就是其朋友们）被激活的程度有多大。本书使用门槛模型将分析的视角从个体转移到个人中心网络，并试图解决局部激活与全局扩散之间的关系问题，重点讨论了网络门槛与信息扩散规模之间的关系。

本书提出的人际作用的门槛假设有助于增强对信息扩散的理解。在 J 形曲线模型中，对于公众都感兴趣的信息，人际作用的平均门槛对扩散规模有正向影响；对于只有部分人才感兴趣的信息，人际作用的平均门槛对扩散规模有负面影响。与 J 形曲线模型一致，一项研究表明脸书 APP 的扩散同样存在两种社会影响的机制（Onnela and Reed-Tsochas，2010）。一旦跨越了特定的流行度门槛，社会影响就对脸书上的传播产生影响；低于这个门槛值，社会影响似乎就消失了。新浪微博对信息传播的研究也表明存在这种基于门槛值的影响机制，这加深了对人际作用的理解。

三、群体把关

在信息分享的过程中，每个人都是他/她的追随者的把关人。仅由人际作用驱动的信息扩散存在路径依赖问题。如果占据结构洞的个人拒绝分享信息，则信息扩散就会止步，信息扩散的规模也会显著减小。因此，信息扩散是脆弱的，正如在信息级联理论研究中发现的那样（Chamley，2004；Easley and Kleinberg，2010）。同样正如新浪微博上的信息传播研究所显示的，信息往往被困在一个网络直径有限的局部区域内。

信息聚合为信息扩散提供了一种克服在社交网络中路径依赖问题的方法，并使群体把关成为可能。群体把关包括两个阶段：第一阶段是早期扩散者作为群体把关者对信息的协同过滤；第二阶段是作为群体把关结果的系统推荐。到目前为止，推荐系统被各种网站广泛使用，其中基于流行度的推荐方式被广泛用于捕捉社交媒体上信息扩散的趋势。例如，在推特上一段时间内最受欢迎的信息将被汇总为一个热门话题列表；在 Digg 上一定时间内最受欢迎的信息也将在信息汇总页面上进行集中展示。

群体把关作为一个核心概念有助于建立完善的把关人理论（Lewin，1947；Shoemaker，1991）。把关指的是将"世界上数十亿条信息削减并转化为数百条信息，在特定日子内传达给特定人的过程"（Shoemaker and Vos，2009）。Lewin（1947）用"把关"这个词来形容家庭主妇是家庭食物的把关人。后来，把关人被用来描述媒体中的新闻选择过程（White，1950）。传播学研究中关于"把关"的主要关注点在于把关人如何选择新闻。经典的把关理论存在一些局限性。例如，只有一个主要的"门区"（gate area），并且只有少数专业人士担任把关人（McQuail and Windahl，1993）。

互联网的发展加剧了对把关理论中的把关机制的批评。与经典的把关理论所描述的情况不同，信息共享网站上的每个人都（可以）被连接在一起，每个人都扮演着把关人的角色。通过决定是否分享信息，个人在信息共享网站上充当着他们追随者的把关人。群体把关人通过其信息分享行为决定了哪些信息将会作为流行话题出现在信息聚合页面，因此群体把关人将把关变成了一个动态的群体过程。

群体把关可以扩大信息扩散的规模。如果人际作用对信息扩散的影响存在前文所说的锁定现象，群体把关则帮助信息绕过具有较高网络门槛的节点，使信息跨越网络门槛并得以传播得更远。因此，信息在社交网络中跳跃式传播。从门槛模型的角度来看，非人际作用（除了人际作用之外所有其他的影响）可以通过零门槛和零门槛比率来测量。结果显示，Digg 上新闻的扩散 70% 以上可归功于群体把关。

群体把关的力量可归因于最小努力原则（Zipf，1949）。按照最小努力原则，信息搜寻者倾向于尽量减少他们寻求信息的努力，特别是在选择信息渠道方面（Allen，1977；Rosenberg，1967）。根据乐队花车假说（Fu，2012；Fu and Sim，2011；Sundar et al.，2008），流行度为个人决策提供了一种思维捷径，因而人们倾向于跳上群体把关人的乐队花车。随着社交媒体的发展，信息量越来越大。有效地选择并分享高质量的信息变得更加困难。因此，公众越来越倾向于参考由群体把关人所提供的信息。

群体把关的相对优势有助于增强人们对信息级联理论的理解（Chamley，2004；Easlcy and Kleinberg，2010）。信息级联理论主要考虑个人如何利用私人信息和外部信息进行决策。当人们放弃他们自己的信息而倾向基于早期参与者的行为进行推论时，就会发生级联（Easley and Kleinberg，2010）。信息级联理论有一些基本的假设：首先，参与者依次做出决定；其次，参与者根据他们拥有的信息合理地做出决定；再次，参与者无法了解其他人的私人信息；最后，存在有限的行动空间（例如决定分享或者拒绝分享）。

然而，从网络分析的角度来看，门槛模型认为邻近的（处于局部网络中的）人们了解彼此的私人想法。按照这种观点，来自其人际网络的信息构成了个体私人信息的重要组成部分，这放宽了信息级联理论对于参与者没有关于其他人私人信息的假设。根据信息级联理论，Digg 中群体把关人（早期参与者）做出的决策构成后来参与者的外部信息，并且个体会因此倾向于放弃个人的想法而采纳这一外部信息，即外部信息压倒个人想法。这一发现与之前的研究一致。例如，Bala 和 Goyal（1998）的研究表明，如果一群人可以被所有参与者观察到，他们就可以启动信息级联。在对 Digg 的研究中发现群体把关压倒人际作用：人们不仅根据具体个人的可观察行为（局部信息）采取行动，更可能遵循由群体把关人做出的总体决定（全局信息）。

四、扩散驱动力的暂时性假设

爆发凸显了公众注意力在时间维度上的暂时性，这使得人们对公众注意力动态演变和潜在机制的认识更加完善。在生态环境中生活的动物依赖食草或者捕食其他动物获取能量，媒介产品依赖公众注意力生存。但是，由于公众注意力非常有限（Kahneman，1973；Norman and Bobrow，1975），媒介产品必须激烈竞争才能生存。公众注意力有限原则的一个自然的结果就是媒介产品在时间维度上的暂时性。新生的媒介产品倾向于在某一时间突然获得较多注意力，停留很短的时间后，往往在公众没有注意到的情况下就淡出公众的视线。信息扩散的爆发描述了公众注意力突然而激烈的增长和紧随其后的衰落过程。在时间维度上，信息扩散最显著的特征是爆发。爆发可以深入洞察作为社会群体的公众如何一起分配注意力，并反映出信息扩散驱动力在时间维度上的暂时性。

暂时性假设推测信息扩散不同驱动力的暂时性是公众注意力在特定的媒介产品上上升和下降的决定性因素。基于公众注意力分配的影响（如外部影响）和基本原则（如公众注意力的有限性），一种猜测是信息扩散的驱动力可延续时间有限并因此导致了公众注意力的爆发。通过测量 YouTube 视频扩散的峰值分数，结果显示爆发与在线视频的受欢迎程度、搜索量和社会影响三者均负相关，但与系统对视频的推荐量正相关。在各类视频中，新闻类视频会经历最强的爆发，而受版权保护的视频则有着最弱的爆发。本书试图阐明信息扩散在时间维度上的暂时性假设，这个假设建立了信息扩散的不同影响因素与公众注意力爆发之间的时间关联。

这项研究的发现在理论上支持了公众注意力的暂时性假设。从概念上讲，公众注意力的暂时性有两个方面：潜在的前因变量的暂时性和显在的时间模式（例如爆发）的暂时性。潜在的前因变量具有暂时性特征，例如，外部冲击往往是非常突然的；显在的时间模式的暂时性涉及爆发、爆发前的缓慢上升、爆发后的快速恢复三个过程。暂时性假说认为公众注意力的各种前因变量的暂时性会导致公众注意力的爆发。根据暂时性假设，本书进一步分析了潜在的前因变量的暂时性如何塑造公众注意力显在的爆发。例如，利用 YouTube 视频扩散的数字痕迹，将视频的扩散从公众注意力的角度进行理解，采用实证的方式分析公众注意力爆发的起源。

作为对公众注意力爆发起源的理论归纳，暂时性假设在许多具体方面表现出来，包括 YouTube 视频的受欢迎度、传播渠道和视频内容。第一，爆发与浏览量和信息寿命分别具有负相关的关系。那些更受欢迎的视频，它们的爆发相对较小。换句话说，随着时间的推移，病毒式视频的受欢迎度仍然存在。病毒式视频倾向于寻求持续的、渐进式的改进，而不是起伏不定。因此病毒式传播就意味着长期增长，而不是暂时的爆发。如果公众注意力碎片化意味着"赢家拿走全部"，公众注意力的暂时性意味着赢家会随着时间的推移稳步增长。第二，公众注意力的暂时性与 YouTube 视频的类别及其生存策略有关系。根据爆发的起源以及社交网络被激活的程度，Crane 和 Sornette（2008）将 YouTube 视频分为三类：病毒式视频、高质量视频和垃圾视频。病毒式视频（$0\% \leqslant f \leqslant 20\%$）是由口碑推动的视频，主要通过社交网络传播；高质量视频（$20\% < f < 80\%$）与病毒式视频类似，但经历了突然爆发，随后通过社交网络触发信息级联；垃圾视频（$80\% \leqslant f \leqslant 100\%$）由

于外部原因经历了一连串的活动，但无法通过社交网络传播。此外，考虑到爆发的峰值分数和分值时段，YouTube 视频可分为四种：大且早的爆发、小且早的爆发、小且晚的爆发、大且晚的爆发。

五、在理论和实际方面的启发

除了以上阐述的主要理论贡献之外，本书在理论和方法方面还具有一些其他的启发。

第一，本书阐述了在社交媒体时代网络个体的传播能力。根据 Wellman（2002）的观点，个体被分离并被困在密集连接的"小盒子"内。然而，随着社交网络的发展以及互联网和移动设备的出现，社交生活已经从密集的家庭、社区和群体关系转变为更加遥远、紧密、多样化的个体网络（Rainie and Wellman，2012）。人际关系网络表明社区可以超越群体界限。互联网，特别是社交媒体，大大推进了从小群体到更广泛的个体网络的社会变革。在信息共享网站中，网络个体变成具有传播能力的"创造性受众"（Castells，2009）。

第二，本书广泛运用了人类传播行为的数字痕迹数据。基于数字跟踪所产生的行为数据使测量结果更加确实可信。数字痕迹并不过分依赖潜在的心理中介变量（如态度、意图、意愿），为研究信息扩散的学者提供了一个可以非介入性地分析信息扩散动态过程的机会。正如 Salganik 等（2006）所强调的，行为数据的问题是缺乏构念效度（construct validity），作为一种新的研究方式，基于行为数据的研究面临难以概念化、难以测量的困境，因而需要搭建大数据研究与传统研究的桥梁。一种思路是同时收集行为数据和传统数据（例如调查数据），探索行为数据与传统数据的对应关系；另一种思路是将行为数据转化为传统研究可以接受的形式，例如采用内容分析对部分行为数据进行人工编码以构造训练集，然后基于训练集数据构建机器学习模型，接下来使用训练好的模型对大数据进行预测（分类或者回归）。

第三，公众注意力已经成为数字世界的"货币"。信息和注意力都是传播研究中的重要概念。然而正如注意力经济研究所指出的，在全球数字时代信息过载，但是公众注意力却相对非常有限。从公众注意力角度思考信息扩散提供了一个新的研究角度。事实上，信息扩散也可以看作注意力的流动。信息扩散和注意力流动的方向是相反的。在日常使用互联网的过程中，个人会有选择地把注意力放在不同的网站和具体的信息上。在实践中，公众的注意力可以被自然地衡量，比如浏览量、转发、评论、收藏。因此，本书试图在扩散研究和注意力研究之间建立联系。例如，扩散渠道可以帮助学者理解公众注意力的爆发，而注意力的有限性可以帮助研究者解释信息扩散的暂时性。

第三节　研究局限

第一，本书的主要局限在于分析模型的不足。作为一个已经较为完善的研究领域，扩散现象已经历了很长时间的研究。除了统计分析之外，分析模型也被广泛应用于扩散研究中，如前述的巴斯扩散模型（Bass，1969，2004）和传染病模型（Keeling and Rohani，2011；Kermack and McKendarick，1927；Ross，1911）。然而，分析模型是基于自上而下的推论，它有可能偏离社会现实。信息传播的统计模型有助于获得洞见并了解扩散模式的潜在原则。本书的实证发现有助于为今后分析这些以及其他有关信息扩散的重要问题奠定基础。以前的分析模型主要关注通常由人际作用驱动的人与人之间的级联，例如说服和模仿。但是，外部影响（如系统推荐）在信息扩散中也起着重要作用，因此有必要将外部影响纳入分析模型。

第二，有必要注意信息扩散中的人际作用与行为传染的社会影响之间的差异。信息传播中的人际作用主要强调个人的自我暴露、意识和态度，而社会影响在社会传染中主要关注更高成本的其他行为变化，如采用新产品、参与社会动员等。社会影响在社会传染的研究中旨在通过区分同质性（Aral et al.，2009）、同时性（Godes and Mayzlin，2004）、未观察到的异质性（Van den Bulte and Lilien，2001）、其他背景和相关影响（Manski，1993）将相关关系与因果关系区分开来。对于信息传播而言，除了来自人际网络渠道的信息，网络个体也可能受到外部因素（如媒体效果）的影响。因此，通过网络门槛衡量的人际作用可能高估了社会影响。尽管准确估计在线信息传播过程中的社会影响已经超出了本书的研究范围，但它可能成为未来信息传播研究的关注点。

第三，本书的研究范围主要集中在信息共享网站上的信息扩散，还有必要追踪整个互联网上的信息扩散过程。例如，研究人员应该研究新闻媒体、博客、微博、在线社交网站上的信息分享，将扩散研究扩展到媒体间传播的范围。当然，这种情况下通常很难追踪精确的扩散网络，并且研究者将因研究涉及的数据规模庞大而面临更大挑战（Kim et al.，2013）。

第四，尽管本书是关于信息扩散的网络分析，但分析的侧重点依然是自我中心网络，因此社交网络的全局结构特性没有得到充分考虑。对于扩散网络的分析也存在类似的问题。另一个问题涉及社交网络和扩散网络之间的相互作用。虽然这些工作不是本书的重点，但鉴于具体的研究目的，仍然有必要将这种分析纳入未来的研究。

第五，本书的特点主要是研究失败的而非成功的信息扩散。成功的信息扩散是罕见的，因此采用随机的方法捕捉成功的信息扩散是无效的。换句话说，随机数据中的负样本太多，而正样本几乎看不到。必须同时分析成功和失败的案例，因此需要增加对成功的信息扩散案例的分析。在这方面，关于社交新闻网站 Digg 的研究、关于 YouTube 视频扩散的研究、关于推特上的"占领华尔街"运动的研究是有益的补充。对失败的研究当然也是有益的，至少让人们知道想要成功是非常困难的。然而，也许读者更关心的问题是如何才能让信息成功地扩散出去。

乔纳·伯杰（Jonah Berger）是宾夕法尼亚大学沃顿商学院的副教授，他的主要研究兴趣为口碑传播、社会影响、为什么事物会流行、病毒式营销和自然语言处理，最为知名的研究是分析为什么网上的内容会病毒式扩散。基于《纽约时报》的新闻数据，他发现新闻中的情绪可以影响病毒式扩散特性（Berger and Milkman，2012）。在《疯传：让你的产品、思想、行为像病毒一样入侵》（*Contagious：Why Things Catch On*）一书中，伯杰在引言提到了费城一家餐馆的做法：制造话题，让人们口口相传。这家餐馆制作了定价上百美元的费城牛肉芝士三明治，简单的三明治差不多卖五美元，然而他们通过引入高级食材和富有创意的搭配，使得三明治的味道大幅提升。这已经不仅是一个三明治，更是口口相传的谈资。即使食客没点这个三明治，也往往会提到它；没有去过这家餐馆的人也乐于谈论它。因为制造的话题极具新闻价值，餐馆被《今日美国》等多家媒体报道，还因此获得多项大奖，并拥有了大批忠实的粉丝。通常人们从品质、价格和广告三个维度来理解产品的流行，但社会传播往往发挥着更加关键的作用。伯杰总结了"疯传六原则"（STEPPS）：社交货币（social currency）[①]、诱因（triggers）、情绪（emotion）、公开性（public）、实用价值（practical value）、故事（stories）（Berger，2013）。

未来的信息扩散研究应该更加强调基于预测的模型比较和因果推断。在过去的几年里，信息扩散研究领域快速发展。一方面，扩散研究的发展得益于假新闻等话题成为研究热点（Vosoughi et al.，2018）；另一方面，这些新的研究热点也可能进一步模糊研究的焦点。伴随着大数据和人工智能时代的到来，计算传播产业取得了爆发式增长，尤其是基于个性化推荐系统的短视频服务开始爆发。人类的传播行为是否具有可计算的基因？在多大程度上人类行为是可以预测的？这是计算传播学发展面临的基础问题。Martin 等（2016）对推特上的信息扩散研究表明基于所有前期可以观察到的信息，机器学习的预测模型仅能解释不超过50%的方差。脸书研究团队分析了脸书上的照片转发数据，结果发现对于使用前50次转发

[①] 个体通过在社交网站中的特定行为（例如转发特定的信息和图片）实现印象管理的目的。社交货币是可以提升个人好评、印象的社交行为。谈资就是一种社交货币。一个产品或信息必须具有足够的话题性，这样才能成为谈资或社交货币。

的信息预测转发数量是否可以翻倍这一问题，机器学习模型的平均准确率可以超过 81%（Cheng et al.，2014）。关于信息扩散的社会科学理论和模型是否可以进一步增强预测的效果？脸书研究团队的研究表明临近预测或者说"窥视策略"为预测信息扩散提供了一个重要的研究方向。与预测紧密关联的问题是因果推断。机器学习模型往往被认为是"黑箱"。使用不当的话，有可能出现输入垃圾信息输出垃圾预测的问题。如果将这种未经过测试的模型部署到日常生活中，可能带来难以预测的问题，因而，如何打开机器学习的"黑箱"就成为一个重要的问题。现有的因果推断主要基于反事实的框架构建，将随机控制实验作为理想模型，改造和发展既有的统计分析方法，提出了诸如工具变量、面板数据的固定效应模型与随机效应模型、倾向值匹配或加权、双重差分、断点回归等解决方法（Angrist and Pischke，2009）。显然，对于信息扩散进行因果推断最好是采用实验方法，尤其是大规模互联网实验。Salganik（2006）关于音乐扩散的"音乐实验室"研究就是一个典型的例子。更系统的研究来自复杂传染领域，首推 Centola（2018）关于行为如何扩散的一系列研究。但是，也不应该局限于实验的方法。数字媒介上的信息扩散数据多数都具有时间戳，是天然的面板数据，可以考虑采用面板数据和其他分析方法。

第四节　展望：计算传播学

面对海量的互联网数据、持续困扰人类的重大社会问题、崭新的理论视角、诱人的物理学模型，在世界大战中发展起来的新闻传播学研究会走向什么地方？这构成了困扰人们的时代问题，而计算传播学正是试图回应这一时代叩问的一种尝试。

计算传播学的发展起源于计算传播现象和计算传播产业。计算传播是指数据驱动的、借助于可计算方法所进行的传播过程，而分析计算传播现象的研究领域就是计算传播学（王成军，2014，2016）。计算传播的应用有很多，例如数据新闻、计算广告、媒体推荐系统等，在过去的几年里产生了深远的影响。数据新闻风靡全球，重要的国际媒体和国内媒体纷纷采用数据新闻，以开放数据、数据挖掘、可视化的方式提供信息；计算广告备受瞩目，不管是门户网站、搜索引擎，还是社交媒体，纷纷将计算广告当作数据变现的重要渠道，以可计算的方法对广告进行拍卖，实现媒体、内容和用户三方的匹配；媒体推荐系统成为个性化信息获取的重要途径，既包括传统的社交新闻网站，也包括今日头条这种后起之秀，它们纷纷采用协同过滤的方法为用户提供信息，建立了新的信息把关模式。

计算传播作为一种具有重要现实影响的传播行为，起源相对较早。例如，网飞公司（Netflix）在 20 世纪 90 年代初以邮寄电影光盘作为商业模式，从传播的角度而言，这种商业模式使得用户可以更加自由地选择和观看视频内容，因而具有变革传统媒介消费行为的潜力。对于这个时期的网飞公司而言，很重要的一个问题就是邮寄时间的长短与用户的持续使用行为之间的关系。如果用户对于邮寄时间并不敏感，那么就可以将仓库建在地价低廉的郊区；如果用户对于邮寄时间非常敏感，那么就需要在可承担的范围内将仓库建在距离市区近的地方。而调整仓库的地理位置必须通过计算真实的用户数据才能决定。这仅仅是计算传播的一个例子。从更广义的视角来看，搜索引擎的基本社会功能也是计算传播。例如，谷歌的最根本的技术在于 PageRank 算法，其基本优化目标在于评估每一个网页内容的传播价值，而完成这一目标的根本方法就在于计算。反过来，经过计算所得到的搜索结果质量更高、传播效果更好。

驱动计算传播的数据主要来自人类使用数字媒介时记录下来的数字痕迹。数字媒介使得用户行为可以被详细记载，因而大量地累积了各种用户属性数据和行为数据。例如，当人们通过有线电视观看电视节目的时候、通过手机打电话的时候、通过互联网在网上冲浪的时候、查看微信朋友圈的时候，其行为都被电子媒体详细记录下来。数字化的信息不断地改变着传统的传播格局。有线电视服务提供商通过机顶盒获取用户行为数据，通过计算不同时间段的收视率而对电视节目进行评价。用户通过网飞网站订阅观看电影和电视节目的过程中，网飞记录了所有用户的详细数据，除了基本的用户信息、电视剧和电影信息，还包括用户的各种行为数据，例如对视频的订阅、观看、评价、搜索、收藏等。

计算方法使得沉睡的数据宝藏开始觉醒。随着计算技术的发展，人类计算能力不断提高，可以分析和挖掘的数据规模不断扩大。统计、机器学习、自然语言处理等数据挖掘技术更广泛地应用到计算传播的过程当中。仍然以网飞为例，基于所积累的丰富数据，网飞建立了高效的推荐系统。为了更有效地提高其推荐系统的推荐效果，网飞举办了两次轰动全球的百万大奖比赛。来自全世界 160 多个国家或地区的参赛者采用机器学习的方法对网飞的用户数据进行分析，经过三年时间成功地解决了一个巨大难题：为已有评级的网飞用户预测其对新影片的喜好。计算技术的提高有时候需要深入到模型的高度。例如，谷歌放弃了将一个个网页看作是孤岛的思维方式，转而将这些网页看作网络当中的节点，节点之间由超链接连接起来。PageRank 算法实质是一个崭新的网络模型。搜索引擎将全世界的网页构成的庞大网络作为数据。毫无疑问这种数据规模是非常大的，对这些数据进行计算所需要的计算量也非常大。但是与数据量和计算量相比，谷歌的例子表明建立一个高效的模型更加重要。计算传播作为一个崭新的研究领域，需要研究者投入更多的注意力。分析计算传播应用、从传播学的角度研究计算传播的实际问题具有不可忽略的意义。反过来讲，分析和总结计算传播学的研究方式，对于传播学自身的发展而言也具有重要意义。

虽然计算传播应用早已存在，但是作为一个概念，计算传播和计算传播学的提出主要源于计算社会科学的发展。直到计算社会科学成为研究热点之后，计算传播才作为一个概念正式被提出（王成军，2014，2016；祝建华等，2014，2018）。2009 年，社会科学研究者大卫·拉泽尔（David Lazer）与计算机科学家拉达·阿达密克（Lada Adamic）以及网络科学研究者艾伯特-拉斯洛·巴拉巴西（Albert-Laszlo Barabási）等在《科学》杂志上发表了一篇题为"计算社会科学"的论文，开启了计算社会科学的研究热潮（Lazer et al., 2009）。拉泽尔等指出随着用于研究的数据不断增多以及人类的计算能力的不断增强，采用计算作为研究手段的社会科学已经形成，尤其需要强调的是该研究领域的一个主要特点是采用网络科学的研究方法分析社会科学的研究问题。根据对"计算社会科学"一词的引文网络分析，研究者发现计算社会科学方兴未艾、处于指数增长的阶段（王成军，2014）。自从拉泽尔等 2009 年发表该重要论文后，计算社会科学类的论文数量和应用数量不断增长，且大多数论文发表在《科学》《自然》等综合性期刊以及各个学科最好的期刊上。就引文网络的结构而言，计算社会科学研究已经形成了一个紧密的研究领域。

无独有偶，在拉泽尔等 2009 年发表这篇文章之前，网络科学的另外一个主要研究者瓦茨于 2007 年就在《自然》杂志上发表题为"一个 21 世纪的科学"（"A twenty-first century science"）一文（Watts，2007）。瓦茨认为社会科学是 21 世纪最重要的科学，现代社会所面临的绝大多数问题是社会科学问题。社会科学研究者之所以没有发展出类似物理学和生命科学那样完善的理论框架是因为社会科学研究是最难的。社会现象卷入了海量异质性的个体的互动，以至于变得非常复杂。幸运的是网络科学的研究开启了一个新的研究方向，但是网络科学需要大量的实证数据，而基于互联网的传播恰好提供了两种新的研究方式：一种是各种各样的"数字足迹"（网络聊天、发博客、发微博、加标签、发邮件等），另外一种是互联网实验。基于以上理由，瓦茨提出"如果处理得当，基于互联网传播产生的数据和互动性将会变革人们对于人类集体行为的认识"（Watts，2007）。

可以从可计算程度或可计算性角度来理解不同学科的计算化发展逻辑。"可计算性"在计算机科学中被理解为可以有效解决问题的能力，需要确保解决问题的算法是存在的。例如，能用编程语言表达并运行通过的算法就具有可计算性；算法运行的时间越短，其可计算性越强。基于可计算性的概念，计算思维（computational thinking）成为可计算化研究的基础。首先需要明确优化目标，通过对数据进行组织和分析（如数学建模等方法）找到解决方法，然后根据优化目标对任务进行分解，并提供自动化的实现方式。然而，对于物理学等自然科学以及社会科学而言，可计算性的基础并不如此明确。

一般认为，在现有的学科当中，物理学具有最强的可计算性[①]（图 10-1）。物质世界的稳定性给物理学发展提供了得天独厚的条件，物理学家采用各种稳定的手段测量物理世界的状态：长度、面积、体积、质量、速度、时间、能量。从牛顿力学、经典电磁学到相对论、量子力学，物理学展现了理论和数据的高度统一：可以精确地知道桥梁的重量、地球到月球的距离和卫星发射的速度。这种成就在一开始就激励着科学（包括社会科学）的发展。生物学诞生之初，研究者（多是博物学家）忙着收集标本，区分生物所属的界、门、纲、目、科、属、种等类别。直到达尔文提出物种起源假说，生物学的发展依然备受限制。是什么使得生物学步入计算化的路径并实现新的飞跃？一个可能的答案是"基因"或者说分子生物学。抓住这个计算性的本源，生物学开始迅速崛起。这种计算性基础的本质在于提供一种可观测的机制性解释。社会科学则是另一番图景。为什么经济学是社会科学中发展较好的？答案或许是货币。用货币度量经济行为使经济学具有了天然的可计算性。其次是心理学，实验使得心理学具有了一种"模糊"的比较能力。而其他传统的社会科学（如传播学），则在摇摆当中缓慢发展。

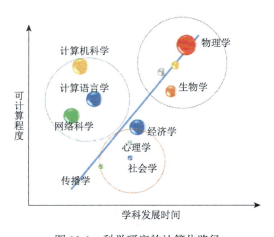

图 10-1　科学研究的计算化路径

值得注意的是三个迅速崛起的明星学科：计算机科学、统计语言学和网络科学。毋庸置疑，计算机科学是 20 世纪发展最快的学科之一，其中一个重要原因在于计算机科学所"对付"的对象是离散的 0 和 1。0 和 1 通过二进制的运算构成了现代计算机的基础，也使得计算机科学在诞生之初，"基因"当中就蕴含了强大

[①] 此处不考虑数学或者逻辑学，因为二者是形式科学，而非实证科学。多主体模型等计算机仿真方法在很大程度上也属于形式科学。应该根据具体的研究问题和情境来选择研究方法，而不必执着于某一类方法。当然，如果能够混合使用多种方法就更好了。

的可计算性。在此基础上，计算机科学可以相对容易地与数学相结合研究信息和通信问题，并借助计算性思维通过算法设计自动化地解决问题。统计语言学是传统语言学与计算机科学相互融合的结果。通过建立关于语言学的数学模型，并通过计算机来进行运算，统计语言学使得语言学在过去的三十年中取得长足进步，例如自然语言处理已经广泛地应用在互联网产业当中。网络科学对社会关系进行运算，借用统计物理的方法，很快发现复杂网络具有明显的小世界特征和无标度特征的机制性解释。

计算传播学的分析基础在于人类传播行为的可计算性基础。使用货币来衡量人类经济行为使得经济学具有可计算性，使用实验来做分组比较使得心理学获得可计算性，使用比特作为信息量的度量单位使得计算机科学具有可计算性，使用基因来分析生物的遗传和变异使得生物学具有可计算性，使用关系和矩阵来分析网络和语言分别使得网络科学和计算语言学具有可计算性。可计算性可以使得学科在短期飞跃发展，分子生物学如此，计算机科学如此，网络科学如此，计算语言学如此，计算社会科学也因此被寄予厚望。人类传播行为可计算性的基础是什么？寻找传播学的"货币"和"基因"是计算传播学的首要任务。

人类对自然现象中的很多规律已经非常了解，但对于社会现象的理解则非常有限。社会系统如生物系统、金融系统等是复杂系统，社会现象充满了复杂性，因而需要采用复杂性科学的视角进行分析。复杂网络是对复杂系统的一种表征。正因为人们总是生活在各种网络当中，采用网络科学的视角对于分析社会现象才具有重要意义，也正是基于这个原因，计算社会科学现阶段一个最主要的研究视角是网络科学。计算方法同社会科学的结合最初是通过计算机模拟（多主体建模）进行的（Gilbert，2008；Macy and Willer，2002；Wilensky and Rand，2015），网络科学出现之后，因其与真实的人类行为数据紧密结合而成为更重要的研究范式。

数字媒介使得大规模数据变得更为易得。第一，与其他需要数字化才能使用的数据不同，数字媒介所记录的人类行为数据本身就是数字化数据（digital data）；第二，这些数据规模一般很大，因此也被称为大数据（big data）；第三，这些行为数据往往具有清晰的时间戳信息，因此是一种纵向数据（longitudinal data 或 panel data）和时间序列数据（time series data）；第四，行为数据往往涉及各种各样的人类互动（如转发、点赞、评论），因此是关系数据（relational data）；第五，如同前几条反复强调的，这些数据通常为行为数据（behavioral data）；第六，数字媒介数据中包括了丰富的文本数据（text data），因而可以借助内容分析、自然语言处理、文本分析和质性比较分析等方法进行处理。此外，数字媒介每时每刻都在进行着各种各样的 AB 测试，是开展自然实验的理想平台，因而也是实验数据的重要来源；数字媒介上的用户一般对应真实的个体，因而可以与个人的人口统计变量和心理变量衔接起来。

　　当人类传播行为的数据构成了计算社会科学的重要基础时，深入认识计算传播学的时机终于到来。祝建华等总结了计算社会科学在传播学的各种应用（祝建华等，2014），王成军（2014）系统回顾了计算社会科学的发展，并给出了计算传播学的定义："计算传播学是计算社会科学的重要分支。它主要关注人类传播行为的可计算性基础，以传播网络分析、传播文本挖掘、数据科学等为主要分析工具，（以非介入的方式）大规模地收集并分析人类传播行为数据，挖掘人类传播行为背后的模式和法则，分析模式背后的生成机制与基本原理，可以被广泛地应用于数据新闻和计算广告等场景。"

　　计算传播学具有更强的问题导向。计算传播学试图从重大的社会问题出发，系统地收集并分析人类传播行为的数据，刻画数据背后的行为模式，探索模式背后的社会机制，试图上升到一般性的原理，达到更好地解释和预测人类传播行为的目的。一个好的理论应当尝试捕捉到这种普适性的原理，基于一般性的原理可以得到生成机制，基于因果机制可以解释行为模式，基于模式可以预测现实，最终回答重要的社会问题（图10-2）。计算传播学将传播学研究置于数据和计算方法的坚固基础上。数据作为一种新的"石油"，解放了社会科学家对于理论的过度依赖。随着数字媒介的发展，人类社会积累的人类传播行为数据的规模日趋庞大，详尽地记录了社会发展和人类互动的各种细节。运用这些生动的人类传播行为数据，可以从更细的颗粒度、更大的样本规模上捕捉社会的发展。毫无疑问，对于数据的挖掘依赖于人类计算能力的提高，依赖于跨学科的研究方法和研究视角。人类传播行为的"基因"恰恰隐藏在互动性当中，但这种人类传播行为的互动性本身也使得传播过程充满了复杂性。网络科学为捕捉到纷繁复杂的人类互动提供了一个很好的视角。从问题出发，借助于数据、计算方法和理论视角，可以更好

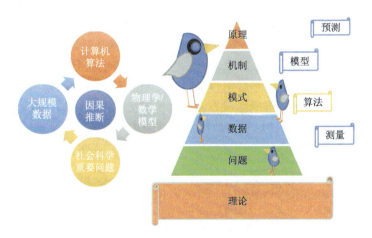

图10-2　计算传播学的理论构建

地刻画人类传播行为的模式和法则。需要指出的是，不管是模式还是法则，本身并不能回答所观察到的社会现实是由何种社会机制构成的，因而需要通过建构数学和物理模型的方式来解释社会机制并基于社会机制预测具体的社会现实。社会机制虽然可能非常复杂，但其背后的普适性原理却可以非常简单。

数据、模式、机制、原理构成了"科学的四重境界"[①]。在自然科学领域，可以拿引力科学作为例子对此进行说明（费曼，2012）。当人类追问地球和太阳谁才是宇宙的中心这一重要问题的时候，正反双方都提出自己的断言，并建立相应的假设和理论模型。哥白尼及其反对者对此各执一词，斗争激烈。为了论证各自理论的正确，需要收集大量的行星运行数据。其中最为杰出的数据收集者当数第谷。然而，仅仅有数据是不够的，必须经过分析，数据中隐藏的模式才能被发掘出来。第谷的继承者开普勒从行星运行数据中发现了三个重要的模式，也就是开普勒定律。虽然开普勒提出的三大定律捕捉到了行星运行的主要特征或者说模式，却没有办法解释生成这些模式的机制。牛顿的工作则清晰地解释了物体运动的机制：不管对于天上行星的运行还是地面物体的运动，都可以使用牛顿的理论进行解释。再加上爱因斯坦关于相对论的工作，引力科学就实现了横跨数据、模式、机制、原理的跃迁过程。科学的四重境界具有浓重的物理学特点。比如社会科学家认为只有社会物理学像物理学，只有从物理学的视角出发才会发现社会物理定律。普适性的原理也许并不适用于社会科学。[②]从社会科学关注的问题出发，往往不会与物理学的视角重合。社会物理学沉寂之后，社会科学在过去几十年的发展距离物理学越来越远。不过，复杂性科学（尤其是网络科学）在过去二十年的发展，具有让社会科学和物理学重新融合的潜力。除此之外，笔者认为好问题、因果推断和预测也应该被纳入其中。

社会科学普遍采用的是基于机制的研究。赵鼎新在题为"问题意识：发问的艺术与策略"的讲座中明确提出了科学研究的五种解释范式：统一法则、覆盖性法则、结构机制、一般机制、特殊机制（图10-3）。赵鼎新认为法则（或定律）和机制都是一组固定的因果关系，二者是一回事。二者的区别在于在非控制的自然状态下的适用性程度：定律是普适性的机制，机制是在理想条件下才成立的法则（赵鼎新，2015）。在自然科学领域存在两种类型的法则：①统一法则，主要存在于物理学领域，如牛顿定律；②覆盖性法则，主要存在于生物学领域，如进化论。

---

①科学的四重境界的提法来自深圳大学的王雄老师。笔者第一次听到这一说法是通过王雄在集智俱乐部的讲座。他曾写了一个手稿来阐述他对物理学的理解，这种理解可以归纳为科学的四重境界。笔者在香港城市大学读博士的时候，曾参加王雄和吴令飞组织的小规模系列讨论。后来，笔者听了费曼的视频讲座，又读了费曼写的《物理定律的本性》一书。费曼对物理学的理解与科学的四重境界的理解一致。

②虽然在社会科学当中，也能发现非常强的模式，比如异速生长定律（参见本书第六章），但社会科学家基本上反对这些模式背后对应普适性的原理。对此，下一节会有更多讨论。

对统一法则而言，其他机制仅仅是统一法则的不同表达形式，根据统一法则可以推导出其他法则并能解释具体的模式或现象；对覆盖性法则而言，同时还存在着大量的机制性规律，其他机制虽然不违背覆盖性法则，但不是覆盖性法则的不同表现形式。社会科学当中的机制又可以分为三种类型：结构机制、一般机制、特殊机制。首先，对于结构机制而言，存在结构性现象使得一些机制变得更加重要，因而可以围绕研究问题找到结构性现象和对应的机制；其次，对于一般机制而言，不存在对应的结构性现象，因而只能围绕研究问题寻找一般机制在经验层面的作用；最后，对于特殊机制解释而言，统一法则、结构性现象和一般机制都不存在，只能围绕研究问题寻找具有转折点意义的特殊事件或偶然因素。

图 10-3　科学研究中的机制解释

　　然而，社会科学与自然科学存在明显区别（赵鼎新，2015）：①人作为行动者破坏了社会的系统特征；②机制的运作方式受到人类控制；③结构和功能的关系可紧可松；④充满了各种正反馈机制；⑤还原论适用范围有限；⑥随机控制实验方法应用有限，演绎和归纳分离；⑦许多概念和问题缺乏本体论意义；⑧范式更加多元，范式交替而非范式转型……显然，人作为行动者扰乱了社会的系统特征和机制的运作方式。如果人类社会不具有系统特征，那么结构和功能之间就失去了明确的对应关系；一旦人们了解到了某种机制的运作逻辑，就可以修改机制。这些原因导致在社会科学中很少看到非常强的法则，不构成遵循统一法则的系统，因而主要采用的是基于机制的解释。此外，赵鼎新（2020，2021）还讨论了机制解释存在的问题以及应对方法。

　　计算传播学以发展理论或者说理解人类行为为根本目的，这种研究起源于重要的社会科学问题，其主要的驱动力则来自大规模数据和计算方法。因此，认为计算传播学主要是计算方法是一种常见的误解。计算方法以及大数据通常是外界给计算传播学研究者贴的标签，却不是计算传播学研究者认同的身份定位。与之类似的一个问题是：计算传播学如何思考理论或有什么理论贡献？事实上，这样的提问也有失公允。这让人想起霍华德·贝克尔（Howard Becker）在其名著《社会学家的窍门》（*Tricks of the Trade*）中讲到他的导师埃弗里特·休斯（Everett Hughes）的故事。当一群学生围着休斯请教该如何思考理论时，休斯气呼呼地瞪着学生们反问："关于什么的理论？"因为休斯认为宏大理论是没有价值的，理论是与具体的事物相关的。[①]计算传播直接对应的具体事物是计算传播现象和计算传播产业。比如，现在人们都在关注以推荐系统为主要特点的智能媒体对政治极化的影响。如果不去关注这些计算传播现象、不去追踪智能媒体上的人类传播行为、不去测量推荐系统所引入的偏见，就很难回答这种问题。再举一个例子，当大家都在谈论推特上的假新闻的扩散，并好奇真新闻和假新闻究竟在扩散过程中有什么区别时，如果不去收集新闻在推特上的扩散数据、构建扩散网络并细致地刻画扩散规模、扩散时间、扩散深度、扩散宽度、病毒式扩散特性、内容的新奇程度等特征，就很难给出具有说服力的答案。

第五节　结语：反思计算社会科学[②]

本书聚焦于从门槛模型的角度理解社交媒体上的信息扩散。本书涉及的一系列研究过程，恰好经历了计算社会科学兴起的十年时间。在此之前的另外一些浪潮包括复杂性科学、网络科学；与之同步的则是数据科学；稍晚一些的是人工智能。从复杂性科学、网络科学、计算社会科学、数据科学到人工智能虽然并不代表一种明确的学科演进，却清晰地展现了从物理学模型到数据的跃变过程。本书当中的各个章节都受到计算社会科学不同程度的影响。显然，如果将本书进行分类的话，希望它可以被放入计算社会科学或计算传播学的子类别当中。作为本书的结语，有必要从反思计算社会科学的角度切入。

计算社会科学自 2009 年被正式提出以来，在过去的十多年里经历了快速发展。尤其是伴随着大数据时代的到来和以深度学习为代表的人工智能技术的不断发展，计算社会科学获得了前所未有的发展机遇（陈浩等，2013；张小劲和孟天

---

① 对计算社会科学或计算传播学的宏大理论感兴趣的读者，推荐阅读下一节当中关于"计算中心"的部分。另外，也推荐阅读复杂性科学关于信息、计算、复杂性的讨论。

② 本部分的内容得益于2019年7月1日～6日吴令飞在南京大学新闻传播学院主讲的计算社会科学工作坊。这次工作坊除了讨论神经网络、知识图谱等技术内容，还对拉图尔的《科学在行动》一书进行了介绍。自从 2009 年开始，我一直在思考需要使用哪一种理论框架来理解计算社会科学。在上一节当中，我简要介绍了科学的四重境界的思路（数据、模式、机制、原理）及其拓展（强调问题驱动、预测和因果推断）。在这一节当中要介绍拉图尔所提出的"计算中心"的理论框架。这两部分合在一起，构成了理解计算社会科学和计算传播学的主要逻辑线索。

广，2017；Lazer et al.，2009；Watts，2007）。计算社会科学的发展为中国正在进行的新文科建设提供了理想的模板（季卫东，2020；王震宇等，2020）。但是，正如瓦茨（Watts，2013）所言："尽管在计算社会科学领域发表了大量的论文，但人们在导致金融危机的风险、复杂组织中的问题、疾病扩散的动力学、社会运动等重要问题方面所取得的进展是有限的。"大数据的产生、收集和分析是一个黑箱，构成计算社会科学的方法论挑战（韩军徽和李正风，2018a；Salganik，2019）。计算社会科学面临的挑战来自大数据的融合、治理、隐私、透明方面和人机悖论方面（孟小峰和张祎，2019）。因此，亟须从整体的理论层面理解计算社会科学的发展逻辑，以便更好地理解计算社会科学研究所面临的问题（韩军徽和李正风，2018b；Lazer et al.，2020）。

拉图尔的科学知识社会学，尤其是他所提出的"计算中心"（center of calculation）的概念，有助于分析计算社会科学发展的困境。拉图尔采用人类学的方式分析了科学家在实验室中的实际研究工作。在《科学在行动》（*Science in Action*）一书当中，他区分了正在形成的科学（science in action）和完成的科学（ready made science）。正在迅速发展中的计算社会科学为研究者把握"正在形成的科学"提供了一个理想的分析对象。通过回顾计算社会科学的缘起和介绍拉图尔的"计算中心"概念，有助于建立一个整体性的理论框架来分析计算社会科学所面临的问题，并提出可能的解决方案。

一、作为新范式的计算社会科学

计算社会科学的发展起源于人们对传统社会科学研究的不满。自然科学领域的研究者通常会诟病社会科学研究对于普适性法则毫无兴趣。例如，物理学家理查德·菲利普·费曼（Richard Phillips Feynman）认为社会科学虽然有科学的形式，却没有科学的实质内容，即对于法则的追求。[①]事实上，社会科学的早期奠基者的确试图模仿自然科学方式，比如"社会物理学"概念的提出就是一个例子。在此之前，托马斯·霍布斯（Thomas Hobbes）被认为是第一位涉足社会物理学的研究者（菲利普·鲍尔，2010）。霍布斯致力于建立一种如同欧几里得几何学一般的政治系统。为此，他使用物理学的概念来描述人类本性，将人看作是具有思维和计算能力的复杂机器。霍布斯认为人类对权力的渴求永无止境，并因此陷入无政府的动乱状态，因而，他提出基于民主的方式将所有个体的力量和意志凝聚起来，汇聚成为一个集体的、强大的、抽象的主体，也就是"利维坦"。威廉·配

---

① 费曼的想法基本上可以使用"科学的四重境界"的标准来进行理解，参见上一节的讨论。对此感兴趣的读者，推荐阅读费曼的《物理定律的本性》一书。

第（William Petty）继承了霍布斯的思想，提出"政治算术"的想法，主张使用统计学来研究政治经济问题。与之类似，天文学家兰伯特·凯特莱（Lambert Quetelet）基于统计学进行社会学研究，使用均值（或平均人）来表征包括犯罪等各种社会现象。此后，社会科学进入学科化建制发展的阶段，统计学作为各个学科定量研究方法的一部分被内化吸收。研究者对基于机械论和还原论的早期社会物理学进行了大量的反思（谢宇，2012）。与此同时，社会物理学开始沉寂，直到复杂性科学、网络科学和大数据时代的到来再次将其唤醒（王飞跃，2005）。

数字化浪潮使得模式发现重新成为社会科学的热点。拉泽尔等指出人类生活在网络当中，当人们发邮件、打电话、刷公交卡、使用信用卡的时候产生了大量的数字痕迹，收集这些大规模的数据，并借助于计算方法进行数据分析，可以揭示个体和群体行为的模式（Lazer et al.，2009）。2020年，拉泽尔等再次在《科学》杂志上发表题为"计算社会科学：障碍与机遇"（"Computational social science：Obstacles and opportunities"）的观点性文章，然而这一次主要讨论的是计算社会科学所面临的挑战和问题（Lazer et al.，2020）。

人类社会面临的许多重大问题，例如宗教冲突、经济危机、全球变暖、大规模疾病扩散，从本质上来讲都是社会科学的问题。但是，社会现象当中卷入了海量异质性的个体以及他们之间的互动，具有非常高的复杂性，使得采用传统的研究方法很难把握。瓦茨提出"基于互联网的传播和互动性可以变革我们对于群体人类行为的理解"（Watts，2007）。他认为来自数字媒介的数据、人类计算能力的提高和基于万维网的实验方法，为计算社会科学的发展提供了重要机遇。

计算社会科学在过去的十几年里取得突飞猛进的发展，产生了一系列重要的研究成果。社会科学家开始大量地使用社交媒体数据（Miller，2011）。Dodds 等（2011）开发了名为"快乐测量仪"的工具，实时采集并计算推特中的情感状态；Bollen 等（2011）发现推特中的情感可以较好地预测股票市场。各大互联网公司，尤其是谷歌、推特和脸书，纷纷开始使用各自的用户数据预测美国总统选举，并准确预测了2012年总统选举的结果。来自谷歌的研究者 Ginsberg 等（2008）开发了谷歌流感趋势的算法，使用搜索引擎检索数据来预测流感的暴发，成为大数据在社会科学当中的典型应用。Bond 等（2012）基于脸书对 6100 万人进行了大规模在线实验，分析了信息类消息和社交类消息对于政治动员（参加美国大选）的影响，发现社交类信息可以起到更好的效果。Eagle 等（2010）研究了英国人们之间相互打电话的网络关系，发现城市的传播多样性制约了社会经济的发展。Blumenstock 等（2015）发现手机行为数据可以较好地预测贫富状况。Jean 等（2016）采用深度学习算法分析了卫星图片日光数据和夜光数据，进一步提高了贫富预测的精度。Vosoughi 等（2018）分析了 2006 年到 2017 年 12.6 万条信息在推特上被300 万人转发的信息扩散网络，发现假新闻比真新闻扩散得更远、更快、更深、更广，假新闻的新颖性更强，让人更恐惧、厌恶和惊奇，人类（而非社交机器人）是假新闻扩散的主要原因。

　　就计算社会科学的研究体系而言，可以根据研究路径大致分为三种类型或脉络。第一种是社会物理学类型的研究，主要参与者为物理学家，主要采用统计物理的模型和思路来理解社会科学的问题，其论文主要发表于物理学期刊和综合性期刊。社会物理学类型的典型案例是瓦茨等关于小世界问题的研究（Watts and Strogatz，1998）和瓦茨模型（Watts，2002）。其中，瓦茨模型是对格兰诺维特所提出的门槛模型（Granovetter，1978）的拓展。第二种是计算机科学类型的研究，参与者主要是计算机科学家，主要采用计算机科学的算法来解决社会科学问题，其论文主要发表于计算机科学领域的会议和综合性期刊。如关于小世界网络可导航性问题的研究（Kleinberg，2000）、谷歌研究者关于谷歌流感趋势预测的研究（Ginsberg et al.，2008）。第三种是社会科学类型的研究，参与者主要是社会科学研究者，他们对于数据科学感兴趣，致力于将计算方法、统计方法和本领域的专业问题结合起来，其论文主要发表于社会科学期刊和综合性期刊。例如，Salganik（2016）关于音乐市场中的乐队花车效应的研究。在社会科学领域，基于多主体仿真的方式在 2000 年前是计算范式的主流；但 2000 年后，随着数字媒介的发展，越来越多的大数据资源出现，研究者直接使用实证数据开展计算社会科学研究。

　　计算社会科学的现阶段发展在描述社会现象等模式发现方面更为有力，在各种各样的预测任务当中也非常抢眼，但基于大规模行为数据所做的研究往往无法提供有效的因果解释。事实上，对社会科学的一个重要的批评集中于对因果机制的探索（赫斯特洛姆，2010）。在自然科学领域，可以采用演绎式的逻辑，将需要解释的现象归总到某个因果律之下。例如，提出如下三段论：所有的 A 都是 B，因为 X 是 A，所以 X 是 B。然而在社会科学里面，却很少能找到类似于"所有的A 都是 B"的一般断言，更多的是"大部分 A 是 B"之类的断言。这导致了实际上社会科学的发展探索的因果机制是一种统计学解释。对于机制的统计学解释试图寻找统计学上的关系，采用类似于决策树或者回归模型的方法。赫斯特洛姆（2010）在分析了以上因果机制的基础上，提出了机制性的因果解释方法，但是这种方法更多的是基于社会模拟或仿真的方式，限制了其应用范围。梁玉成和贾小双（2021）将因果研究分为横向因果与纵向因果两种类型，指出二者各有利弊，二者需要结合起来。当然，计算社会科学的方法并不局限于大数据和计算机仿真两种方法。随着数字媒介的发展，大规模在线实验开始普及（Bond et al.，2012；Watts，2007）。随机控制实验为社会科学理解因果关系打开了一扇大门，但实验室内部的实验往往被诟病缺乏外部效度。在线实验一方面有效地解决了外部效度的问题，另一方面还可以有效地研究效果的异质性。

　　除此之外，计算社会科学的发展还面临其他困境。瓦茨将社会科学研究遇到的问题归咎为过多地依赖常识来思考问题，而忽略了对于预测的重视（Watts，2014）。瓦茨认为当社会科学研究者过于热衷于讲故事的时候，往往会伤害科学用来解释因果关系的标准。社会科学已经进入了"理论的丛林"：用于解释同一个问题存在众多理论，但是这些理论之间的基本假设并不一致或者相互矛盾。如果一个理论观点在社会现实当中难以复现，也就很难是真实的；如果解释力有限，也就很难是重要的。在此基础上，瓦茨提出预测应当作为因果解释的必需部分（Watts，2017）。对于因果解释与预测的分野，韩军徽（2020）指出计算社会科学应该以解决问题为导向，在这个过程中实现因果解释与预测的融合。不同于瓦茨的论断，基于"计算中心"的理论框架认为商业主导的计算中心模式才是计算社会科学发展的最大问题。

二、计算中心的理论框架

知识的增长表现为知识网络的扩张。知识网络当中的节点是概念，节点与节点之间的连接为各种各样的逻辑关系。在拉图尔（2005）的论述当中，技术性科学（technoscience）本身就是一个网络。科学知识的增长需要在不同概念之间建立有效的逻辑关系。首先，人类的知识是全局化的。其次，与知识的全局性相比，人类的存在本身局限于有限的时空当中，或者说具有较强的在地性。基于在地性形成的知识本身被局限为地方知识，缺乏形成理论所必需的全局性链接。知识网络的全局性特点与人类存在的在地性之间形成鲜明的矛盾。科学研究者的使命在于突破局部的时空限制，将一个一个散落的地方知识联系起来，让人类的知识空间具备小世界网络的特性。人类的发展历史证明，只有建立更有效的信息存储和传播的平台才能实现构建全局化知识网络的目的，拉图尔将这种平台称为"计算中心"。基于拉图尔关于计算中心的洞见，可以构建一个用来分析计算社会科学的理论框架：计算中心的逻辑（图 10-4）。

大航海时代使得欧洲迅速转变为全球的计算中心，开启了此后的全球贸易和殖民扩张，深刻地影响了整个世界的版图（Latour，1987）。拉图尔通过 1787 年法国测绘太平洋航海图的例子介绍了"计算中心"的概念（Latour，1987：215-257）。考察船在库页岛登陆，试图回答欧洲地理学家正在争论的问题：那里究竟是一个半岛，还是一个岛屿？岛屿的形状是什么样子？海峡的水深是多少？限于资源和时间，考察船只能求助于库页岛的土著居民[①]。土著居民世代生活在那里，对于岛屿的信息非常了解，按照比例尺绘制了库页岛的地理信息。当考察船返回欧洲，各种地方性知识被汇聚到计算中心。土著民的地方性知识转变为地图制作者的普

---

① 注：库页岛的土著居民系中国东北居民。

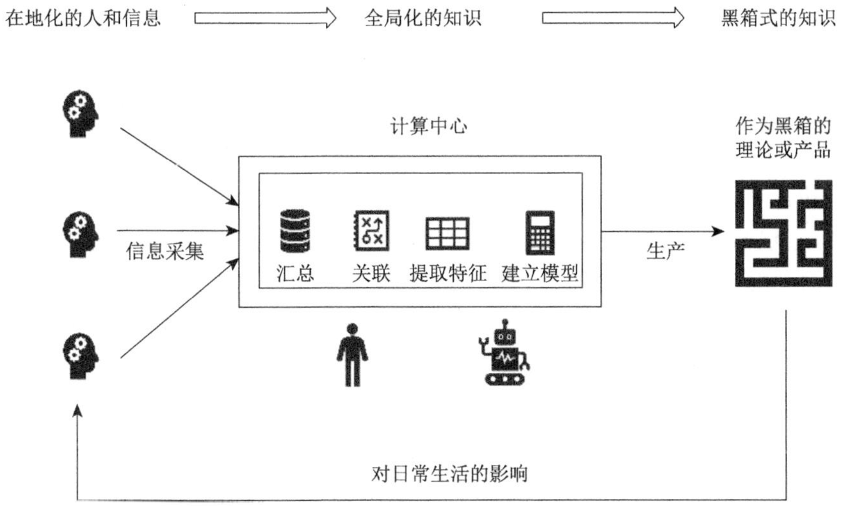

在地化的人和信息　⟹　全局化的知识　⟹　黑箱式的知识

图 10-4　计算中心的逻辑

遍知识。探险者与土著之间的知识不对称快速增加。计算中心的建立需要动员大批资源收集者，使用先进的测量工具和统一的表格，并招募资深的计算人员。其中，计算人员处于计算中心的中心。计算中心通过对分布在知识网络边缘的资源进行收集、汇总、建立连接和计算，实现了对边缘的远程支配。当野性思维被驯化为系统知识，处于计算中心的人开始成为最强大的人，因为他们所了解的知识不仅比土著居民要多，也比四处航行的船长要多。同时，古老的地图绘制变成"累加式学科"，并带来"哥白尼式革命"，欧洲作为世界中心的地位被建构起来。类似的例子，Latour（1987）还提到石油勘探、第谷的天文观测、植物标本采集、水力学实验室、人口统计、门捷列夫整理化学元素周期表等诸多案例。

　　需要指出的是，拉图尔是在 1987 年的《科学在行动》一书中提出"计算中心"的概念的。那时候计算机和数字媒介（如万维网）还没有得到大范围的使用。拉图尔所分析的计算中心的例子往往也与计算机没有直接联系。他所使用的计算一词对应的英文是 calculation，而不是 computation。拉图尔提出计算中心的概念描绘了知识生产的空间或场所（Jons，2011）。通过循环运动（circulatory movement）的形式将不同的场所连接起来，实现从其他场所到某一场所的资源累积。通过这种形式，这一场所或空间成为知识生产的中心。汇总到计算中心的资源需要经过进一步的分析和挖掘，在拉图尔所分析的案例当中，这种分析和挖掘主要通过人类来进行。例如，开普勒基于对第谷收集的海量天文数据的分析和计算提出了行星运行三大定律；沃森和克里克收集来自全球研究者关于 DNA 结构的最新研究并提出双螺旋结构的想法（沃森，2006）。

　　基于以上分析，计算社会科学作为一种人类知识生产的方式，适用于拉图尔所提出的计算中心的理论框架。拉图尔为理解计算社会科学的发展提供了一个作为图景的理论（Xiang，2016）。这种图景式的理论框架概括了计算社会科学现在的发展逻辑，更重要的是刻画了未来的图景。首先，计算社会科学更加强调对于在地化信息的获取和构建全局性的关联，这符合拉图尔的计算中心逻辑。其次，需要构建计算中心来对汇总的信息进行分析。最后，分析的结果一旦产生，行动中的科学就变成完成的科学，所生产的理论也就变成了一个黑箱。如果说前面两点构成对计算社会科学现状的描述，理论的黑箱化则构成了一种对计算社会科学未来方向的刻画。计算社会科学在已有研究范式的基础上，又增加了计算的方法，进一步增强了计算中心的能力。伴随着计算机科学技术的发展，越来越多的计算开始基于计算机软件、算法、模型来进行，即采用计算科学（computational science）和计算社会科学的方式进行。计算机增强了人类的计算能力，同时进一步强化了计算中心的垄断地位。但是，机器学习等计算方法在可解释性方面的问题可能进一步加剧理论的黑箱化危机。如果传统科学的发展是在理论被构建出来之后进入黑箱，那么计算社会科学有可能在研究过程中就（因所采用的计算方法）过早地进入黑箱。

三、数字媒介主导的计算中心

形形色色的数据库、维基百科、社交网站是当代社会孕育的计算中心。计算社会科学的发展所依赖的数据来源于人类使用数字化媒体的过程中产生的数字化指纹。这些数字化指纹被公司和研究者收集起来，通过计算发掘数据背后隐藏的人类行为的模式，服务于商业和研究目的。数字媒介公司（而不是研究者或者受众）构成计算中心的主导者。数字媒介主导的计算中心模式带来了一系列难解的问题，尤其对于计算社会科学研究而言。

数字媒介构建的计算中心以商业目的为主导，而非科学研究为主导（Salganik，2019）。因为数据被数字媒介公司所垄断，研究者的数据获取受限于数字媒介的商业逻辑和数据霸权。数字媒介建设计算中心的首要目是为用户提供服务。例如，使用微博服务，用户可以分享信息，可以相互关注，可以对信息进行评论或点赞。与此同时，微博从各个用户那里获取各种信息，可能包括手机号码、头像、生日、性别、城市、职业等方面。每一个用户的数据都按照统一的格式被存储在数据库当中。微博通过计算就可以对用户进行人物画像，给用户打标签，以方便进行广告信息推送。数字媒介的使用者正如库页岛上的土著民一般，为了交换铁器或免费服务，向计算中心提供了大量的注意力和信息。而数字媒介则将这些注意力和信息收集起来，通过计算打包出售。购物网站、智能媒体等公司愿意购买这种用户画像数据，来解决自身平台新用户的"冷启动"问题。数字媒介公司可以使用手机号码、电子邮箱或者 cookie 作为链接记录,将不同平台的用户数据结合起来。

处于计算中心的数字媒介负责制定游戏规则,包括数据的类别和格式,进而实现对使用者和研究者的支配。数字媒介可以根据自身利益,策略性地选择对公众和研究者开放数据(一般通过 API 接口)或者不开放数据。就社会科学而言,获取一批随机样本的信息至关重要。例如,研究者往往需要获取某一个数字媒介用户的朋友列表和发帖列表、某一条信息的转发列表。可以比较一下微博和推特开发者平台的 API 接口对以上数据的支持情况。这两个平台目前都需要研究者基于 OAuth2.0 进行认证。使用推特开发者平台(https://developer.twitter.com/),研究者可以相对较方便地获得一个推特用户的发帖列表、朋友列表,通过使用推特提供的 API 接口获得信息被转发的情况;然而,在新浪微博开放平台(https://open.weibo.com/),研究者在认证之后依然无法获取以上信息。对相关研究者的无结构访谈结果进一步表明,2013 年是新浪微博数据开放的一个分水岭:2013 年之前,研究者可以很方便地获得以上数据;在此之后则无法获取。数字媒介还会限制开放数据的类别、格式、范围。瓦茨指出受到剑桥分析等事件的影响,学术界现在更难从商业公司获得数据,这成为计算社会科学发展的一大挑战(韩军徽和李正风,2018a),因而,研究者拿到的数据往往是一种经过删减的二手数据,研究者需要适应这种数据,通过改变自己的研究设计来回答研究问题。但是,很多研究者需要控制的变量并未被直接测量,因而采用这种数据的研究容易遗漏重要变量,进而造成混杂效应,使得研究结果难以解释。

实际上,因果解释的问题在计算中心更为严重。当商业主导的计算中心与人工智能算法相结合,已有的计算本身成为一个黑箱。正如拉图尔认为已经形成的理论变成了一个黑箱一般(Latour,1987:1-17),已经训练好的机器学习模型也变成了一个黑箱。对于这个黑箱而言,只要有一个输入,就可以得到一个输出。但问题是,人们对于机器学习到了什么机制并不完全理解。尤其是新数据和训练集数据具有明显差异的时候,作为黑箱的机器学习模型预测出错的概率就会增加。虽然计算机科学家已经开始着手研究可解释的机器学习框架,但到目前为止,还看不到较好的解决方案。当人们把算法部署到社会的各个角落,社会也会变成一个黑箱(Kubler,2016)。

基于计算中心的决策使得权力从人类逐渐转移到机器(或者说算法),并可能带来一系列不易察觉的错误。一方面,越来越多的社会活动开始通过算法进行组织。计算中心不仅输出理论而且输出产品。一个典型的例子是汽车上的实时导航。今天,即使是经验丰富的出租车司机也不得不依靠车载导航。人们已经在不知不觉当中将选择道路的任务转移到机器身上。再比如,基于已有的用户行为就可以构建基于深度学习的推荐系统,并为新用户推荐信息或商品。机器学习算法从人类的语言和行为中学习,可能学习到其中的偏见。因此,嵌入到产品当中的算法可能针对不同用户自动化地执行歧视行为。

　　另一方面，机器开始取代人类从事众多的工作。人工智能大幅度地降低了工作内容的难度，留给人类的工作变得越来越容易，专家和工匠的作用越来越小。人类不再需要从事专业性的工作或者说这种工作越来越少。在机器和算法的帮助下，普通人也可以做原本专家做的事情。进而，所有的人或者至少大部分人，都可以被机器取代。一项基于实证数据的研究表明，接近一半的就业岗位本身的可计算化概率很高，很容易被机器取代（Frey and Osborne，2017）。如果机器可以正确地进行预测，或许还好一些。然而已有的研究表明机器也会犯错。大数据和人工智能服务公众的一个典型案例是谷歌流感趋势，然而根据拉泽尔等的研究，谷歌流感趋势在 2012 至 2013 年的预测是美国疾病控制与预防中心实际检测到的数据的两倍（Lazer et al.，2014）。当机器的权力越来越大，而人的专业能力不断下降时，就更难察觉到机器犯下的错误。

　　除此之外，数字媒介主导的计算中心非常多，几乎任意一个数字媒介公司都是一个计算中心。计算社会科学研究者需要追踪数量众多的数字媒介才能全面地了解一个人的数字媒介使用行为。伴随着智能手机、5G、虚拟现实等崭新技术的到来，从数字媒介获取信息的难度越来越大、可能性越来越小。另外，挑战不仅仅来自数据方面，层出不穷的算法也使得计算社会科学研究者面临不小的压力。当然，还有来自硬件方面的挑战。研究者需要不断更新计算设备，就目前而言购买基于 GPU 计算的机器已经成为使用深度学习算法的基本条件。对于远离中心的研究者而言，想要做出卓越贡献的可能性要小很多（Ma and Uzzi，2018）。

　　最后，还有一个根本性的问题，即在多大程度上人类行为是可以计算的？计算中心的概念倾向于假设万物皆可计算，只要找到合适的操作化方法。Salganik 等（2006）关于"音乐实验室"研究表明社会影响增加了音乐本身流行程度的不可预测性；Martin 等（2016）的关于推特信息扩散的研究表明基于已有的关于推特用户和推特内容只能解释不超过 50%的方差。现实世界本身可以被预测的程度是有限的，这就需要计算社会科学研究者重新反思已有的研究逻辑（Hofman et al.，2017）。至少，承认这一研究范式具有明显的边界。当然，如果知道一些扩散过程的实际信息，例如根据一段时间信息转发的情况预测最终的信息扩散规模是否可以翻倍，准确度可以高达 90%以上（Cheng et al.，2014）。

四、计算社会科学的发展方向

　　综上，基于拉图尔的计算中心概念构建理论框架有助于理解计算社会科学的内在逻辑和发展困境。计算社会科学的发展本身虽然具有很多便利条件，但也面临一系列挑战。为了应对这些挑战，计算社会科学研究者需要追踪各种各样的数字媒介、掌握崭新的算法、搭建更强大的硬件设备、建立更强的社会联系，尤其重要的是需要建立属于自己的计算中心来更好地探索全局化的知识。

拉图尔主要强调的是知识生产过程中的累积循环过程（cycle of accumulation），以及这一过程的艰险。这样的循环被拉图尔概括为出走、穿过别人的路径、返回三个部分。其中很多人无法返回到计算中心。例如，大航海时代的探险往往会伴随着大量的失败，为了将在地化的信息送回计算中心，探险者甚至可能付出生命，拉彼鲁兹的船队在造访库页岛之后来到了澳大利亚，他们遭遇了暴风，只有少数人幸免于难。今天计算社会科学的发展依然会遭遇类似的问题。例如，传统的调查研究方法遭遇拒访率越来越高的困境，使得汇总到计算中心的数据实际上已经不是概率抽样，因而需要发展非概率抽样的研究方法（Salganik，2019）。

计算社会科学发展早期就提倡与数字媒介公司的合作。事实上，在 2007 年瓦茨就倡导研究社会科学重大问题需要研究者和主导数据收集的互联网公司进行合作（Watts，2007）。因为对数据的依赖性更强，计算社会科学首先出现在大的互联网公司和政府部门当中。需要警惕的是，数字媒介等商业主导的计算中心的建设本身缺乏计算社会科学家的参与，计算社会科学研究者并不占据计算中心的位置。拉泽尔等在 2009 年的论文中也曾警告"计算社会科学可能成为私营公司和政府机构的专有领域"（Lazer et al.，2009）。因为独占数据，容易形成一群具有特权的学术研究人员，他们基于独占的数据生产无法被批评或复制的论文，这种做法"不符合积累、核实和传播知识的长期公共利益"。

2013 年，瓦茨进一步提出计算社会科学取得大的突破需要建造一个"社会超级对撞机"，用来汇总关于个体属性和行为的大规模数据（Watts，2013）。比如，基于脸书的行为数据和大五人格问卷调查数据，研究发现个体特征和属性可以从数字化痕迹中预测出来（Michal et al.，2013），基于计算机的人格判断比人类的判断更准确（Wu et al.，2015），并且这种方法可以有效地应用到大众说服当中（Matz et al.，2017）。瓦茨认为很多重要的社会问题没有被计算社会科学触及到的一个重要原因是已有数据源的局限。研究者不仅仅需要单一数字媒介上的用户行为数据，还需要其他平台上的数据以及个体的属性。同时，他意识到即使合并两个平台的数据也并不容易，更何况背后还有用户隐私等各种问题的限制。

另外一条道路是建设在线的大规模实验平台，瓦茨称之为虚拟实验室（Watts，2013）。已有的众包平台，如亚马逊的土耳其机器人（Amazon Mechanical Turk）平台为招募参与实验的被试提供了便利的条件，通过构建虚拟实验室，对被试进行随机分组并施加实验刺激，同时收集用户的人口统计学变量和心理学变量。虚拟实验室一方面延续了"音乐实验室"的研究思路（Salganik et al.，2006），另一方面可以借助众包平台招募被试。为此，瓦茨和他的研究团队发起了 TurkServer 项目（https:// github.com/TurkServer）。TurkServer 是一个搭建互联网行为实验的软件平台，可以支持更长时间、更多人之间发生更复杂的交互，适合用来设计更为现实的行为实验。基于 TurkServer，瓦茨及其研究者研究了团队规模与团队合作的关系以及有限次重复的囚徒困境问题（Mao et al.，2016，2017）。

建立透明的开放科学有利于研究者们将各自的地方性知识汇聚起来、经过计算中心的计算成为普遍知识。一种可行的策略是招募志愿者参加研究计划并共享数据。比如，Wagner 等（2014）发起的"设备分析器"（Device Analyzer）研究项目致力于研究智能手机应用使用行为，3 万多人通过安装研究者开发的手机应用自愿参与了这一研究项目，积累了大量的智能手机应用使用行为数据。

计算社会科学发展的主要挑战不仅包括信息采集，还包括对计算中心内部的分析和预测。按照未来就业的研究，科学研究者的地位是相对安全的，不会被机器很快取代（Frey and Osborne，2017）。虽然人类到目前为止依然是计算中心的主角，但机器和算法开始在计算中心中发挥着越来越重要的作用。过去计数器、尺子、表格、标签构成计算中心的主要工具；今天计算机和互联网开始扮演更加重要的角色。计算设备变得越现代化和复杂化，设计和制造机器的文档等背景性知识就变得越来越多，变成一个越来越难以理解的黑箱（Latour，1987）。事实上，拉图尔已经开始思考大数据的问题。他区分了处于外围的问卷调查者和计算中心的数据分析者。面对 1 亿份调查问卷，统计局局长要做的第一件事是将问卷转化为统计数据。但是这种数据量依然因为非常庞大而难以把握，需要将其转化为无数个统计表格。通过这种对数据资料的不断转换，处于计算中心的研究者开始获得更多的科学洞察。其中，一个典型的案例是门捷列夫设计元素周期表，他把每个元素记录在纸牌上，不断洗牌并试图发现内在的模式。今天，计算社会科学则试图采用计算的方法解决来自大数据的挑战。

进一步拓展拉图尔的计算中心理论，处于不同区域和学科的研究者群体也构成了不同的计算中心。目前计算社会科学研究的前沿依然以美国和欧洲为主，关于计算社会科学的国内研究正处于快速起步阶段。例如使用"计算社会科学"作为关键词在中国知网中检索，仅能找到 104 篇中文期刊论文。在一个国家内部，若对这些计算社会科学研究进行细分，人们马上就会发现两个明显的主要特点：跨学科化和学科化。跨学科化容易理解，因为计算社会科学就方法论而言强调采用多种学科方法来解决社会科学当中的问题；学科化则是指计算社会科学研究仍然可以对应到具体的学科，例如计算政治学、计算传播学、计算社会学等。计算社会科学开始内化为已有子学科的分支，并逐步开始建制化发展，因而，实际上计算社会科学的计算中心是分布式对应到不同的国家和学科当中的。如果说理论是一片森林，其中有参天大树，有灌木，有藤蔓，甚至有杂草，那么生产理论的计算中心就是众多的群体，并且这些计算中心制造理论的能力差异巨大。对此，拉泽尔等认为需要重组大学以鼓励跨学科研究，具体措施包括多个学院联合聘任教师、重新设计本科生和研究生课程、奖励跨学科合作使得不同领域的研究者可以坐在一起、为计算社会科学研究提供伦理审查（Lazer et al.，2020）。

数字媒介产业和大学作为两类不同的计算中心对研究者构成了双重吸引力，研究者可以在不同类型的计算中心之间流动。如前文所述，计算社会科学的发展仍然可以分为社会物理学、计算机科学、社会科学三种研究路径或体系。一方面，计算社会科学为其他学科的研究者进入社会科学提供了机遇，有利于学科的融合和思想的碰撞。例如，物理学背景的研究者瓦茨在 1997 年博士毕业之后，先后在哥伦比亚大学拉扎斯菲尔德社会科学中心、圣塔菲研究所、麻省理工学院斯隆管理学院做博士后研究，从 2000 年开始在哥伦比亚大学社会学院做助理教授，2003 年成为长聘副教授，2006 年成为教授。另一方面，产业界也为计算社会科学研究提供了机会。瓦茨 2007 年加入雅虎研究院，2012 年加入微软纽约研究院。2019 年，瓦茨又重新回到大学，同时受聘于宾夕法尼亚大学传播学院、计算机与信息科学系、沃顿商学院。如果大学作为计算中心失去相对吸引力，研究者就容易流失到产业当中。

综上，拉图尔关于"计算中心"的概念为理解计算社会科学的发展逻辑及困境提供了一个理论框架。基于这一理论框架，研究发现：数字媒介等商业主导的计算中心是限制计算社会科学发展的重要原因。虽然互联网公司与研究者合作的可能性依然存在，但是采用现有的模式，数字媒介处于支配地位，容易出现数据霸权等一系列问题。推动计算社会科学的进一步发展需要建立以计算社会科学研究者为核心的计算中心。显然，这不是一件容易的事情，需要考虑用户隐私和伦理等多方面的问题，但依然值得尝试。最后，围绕数据霸权的问题存在几种可能的解决方案：综合不同来源的数据、发展大规模线上实验、招募志愿者共同参与的开放科学、在不同的计算中心之间流动。

参 考 文 献

艾伯特-拉斯洛·巴拉巴西. 2012. 爆发: 大数据时代预见未来的新思维. 马慧译. 北京: 中国人民大学出版社.

边沁. 2000. 道德与立法原理导论. 时殷弘译. 北京: 商务印书馆.

布鲁诺·拉图尔. 2005. 科学在行动: 怎样在社会中跟随科学家和工程师. 刘文旋, 郑开译. 北京: 东方出版社.

查尔斯·蒂利. 2020. 为什么: 社会生活中的理由. 李钧鹏译. 上海: 上海文化出版社.

陈浩, 乐国安, 李萌, 等. 2013. 计算社会科学: 社会科学与信息科学的共同机遇. 西南大学学报 (社会科学版), 39 (3): 87-93.

丹尼斯·麦奎尔, 斯文·温德尔. 1990. 大众传播模式论. 祝建华, 武伟译. 上海: 上海译文出版社.

菲利普·鲍尔. 2010. 预知社会: 群体行为的内在法则. 暴永宁译. 2 版. 北京: 当代中国出版社.

费曼. 2012. 物理定律的本性. 关洪译. 长沙: 湖南科学技术出版社.

葛岩, 秦裕林, 赵汗青. 2020. 社交媒体必然带来舆论极化吗: 莫尔国的故事. 国际新闻界, 42 (2): 67-99.

韩军徽. 2020. 计算社会科学中 "守旧" 与 "维新" 的方法论探讨, 理论探索, (4): 11-17.

韩军徽, 李正风. 2018a. 计算社会科学的方法论挑战. 自然辩证法研究, 34 (4): 14-19.

韩军徽, 李正风. 2018b. 计算社会科学: 涵义、特点与前景——对美国计算社会科学专家的访谈. 科学学研究, 36 (10): 1729-1736, 1743.

赫斯特洛姆. 2010. 解析社会: 分析社会学原理. 陈云松, 范晓光, 朱彦, 等译. 南京: 南京大学出版社.

胡丹. 2010. "公共议题" 参与主体的互动传播: 析 "番禺垃圾焚烧选址" 事件. 新闻爱好者, (5) (下半月): 4-5.

季卫东. 2020. 新文科的学术范式与集群化. 上海交通大学学报 (哲学社会科学版), 28 (1): 11-14.

加里·金, 罗伯特·基欧汉, 悉尼·维巴. 2014. 社会科学中的研究设计. 陈硕译. 上海: 格致出版社.

梁玉成, 贾小双. 2021. 横向因果与纵向因果——计算社会科学的范式探讨. 天津社会科学, (1): 15-19.

孟小峰, 张祎. 2019. 计算社会科学促进社会科学研究转型. 社会科学, (7): 3-10.

强韶华, 吴鹏. 2014. 突发事件网络舆情演变过程中网民群体行为仿真研究. 现代图书情报技术, (6): 71-78.

沈郊, 徐剑. 2020. 互联网使用是否导致极化现象?——基于英文量化研究的元分析. 西南民族大学学报 (人文社会科学版), 41 (9): 140-145.

王成军. 2014. 计算传播学: 作为计算社会科学的传播学. 中国网络传播研究, (1): 193-206.

王成军. 2016. 计算传播学的起源、概念与应用. 编辑学刊, (3): 59-64.

王飞跃. 2005. 关于社会物理学的意义及其方法讨论. 复杂系统与复杂性科学, (3): 13-22.

王震宇, 薛妍燕, 邓理. 2020. 跨越边界的思考: 新文科视角下的社会科学实验室探索. 中国高教研究, (12): 61-68.

沃森. 2006. 双螺旋: 发现 DNA 结构的故事. 北京: 科学出版社.

谢宇. 2012. 社会学方法与定量研究. 北京: 社会科学文献出版社.

新浪财经. 2021. 热点＋社交优势叠加 微博 Q3 日活跃用户达 2.48 亿. https://finance.sina.com.cn/tech/2021-11-11/doc-iktzqtyu6742348.shtml, (2021-11-11)[2022-03-29].

伊曼努尔·康德. 2004. 纯粹理性批判. 邓晓芒译. 北京: 人民出版社.

佚名. 2021. 微博发布 2020 年第四季度及全年财报. https://finance.sina.com.cn/stock/usstock/c/2021-03-18/doc-ikkntiam4887520.shtml, (2021-03-18)[2022-03-29].

张小劲, 孟天广. 2017. 论计算社会科学的缘起、发展与创新范式. 理论探索, (6): 33-38.

赵鼎新. 2015. 社会科学研究的困境: 从与自然科学的区别谈起. 社会学评论, 3 (4): 3-18.

赵鼎新. 2020. 论机制解释在社会学中的地位及其局限. 社会学研究, 35 (2): 1-24, 242.

赵鼎新. 2021. 什么是社会学. 北京: 生活·读书·新知三联书店.

周葆华. 2014. 社会化媒体时代的舆论研究: 概念、议题与创新. 南京社会科学, (1): 115-122.

祝建华, 黄煜, 张昕之. 2018. 对谈计算传播学: 起源、理论、方法与研究问题. 传播与社会学刊, (44): 1-24.

祝建华, 彭泰权, 梁海, 等. 2014. 计算社会科学在新闻传播研究中的应用. 科研信息化技术与应用, 5 (2): 3-13.

Acemoglu, D., Ozdaglar, A. & Yildiz, E. 2011. Diffusion of innovations in social networks. The 50th IEEE Conference on Decision and Control and European Control Conference: IEEE, 2329-2334.

Ackland, R. & O'Neil, M. 2011. Online collective identity: The case of the environmental movement. *Social Networks*, *33* (3): 177-190.

Ajzen, I. 2015. The theory of planned behaviour is alive and well, and not ready to retire: A commentary on sniehotta, presseau, and araújo-soares. *Health Psychology Review*, *9* (2), 131.

Allen, T. J. 1977. *Managing the Flow of Information*. Cambridge, MA: MIT Press.

Allport, F. H. 1937. Toward a science of public opinion. *Public Opinion Quarterly*, *1* (1), 7-23.

Alshaabi, T., Adams, J. L., Arnold, M. V., et al. 2021. Storywrangler: a massive exploratorium for sociolinguistic, cultural, socioeconomic, and political timelines using Twitter. Science advances, 7 (29), eabe6534.

Alstott, J., Bullmore, E. & Plenz, D. 2014. Powerlaw: A Python package for analysis of heavy-tailed distributions. *PLoS One*, *9* (1), e85777.

Anderson, R. M. & May, R. M. 1992. *Infectious Diseases of Humans: Dynamics and Control*. Oxford: Oxford University Press.

Angrist, J. D. & Pischke, J.-S. 2009. *Mostly Harmless Econometrics*. Princeton: Princeton University Press.

Aral, S. & Walker, D. 2011. Creating social contagion through viral product design: A randomized trial of peer influence in networks. *Management Science*, *57* (9), 1623-1639.

Aral, S., Muchnik, L. & Sundararajan, A. 2009. Distinguishing influence-based contagion from homophily-driven diffusion in dynamic networks. *Proceedings of the National Academy of Sciences*, *106* (51), 21544-21549.

Ardon, S., Bagchi, A., Mahanti, A., et al. 2013. Spatio-temporal and events based analysis of topic popularity in Twitter. Proceedings of the 22nd ACM international conference on Information & Knowledge Management CIKM '13. 19-228.

Axelrod, R. & Hamilton, W. D. 1981. The evolution of cooperation. *Science, 211* (4489), 1390-1396.

Baker, N. (2019, November 6). A network of science: 150 years of Nature papers. Nature. https://doi. org/10.1038/d41586-019-03325-6, [2021-06-20].

Bakshy, E., Hofman, J. M., Mason, W. A., et al. 2011. Everyone's an influencer: Quantifying influence on Twitter. Proceedings of the fourth ACM international conference on Web search and data mining, USA, 11, 65-74.

Bakshy, E., Karrer, B. & Adamic, L. A. 2009. Social influence and the diffusion of user-created content. Proceedings of the 10th ACM conference on electronic commerce, USA. 10, 325-334.

Bala, V. & Goyal, S. 1998. Learning from neighbours. *The Review of Economic Studies, 65* (3), 595-621.

Banavar, J. R., Maritan, A. & Rinaldo, A. 1999. Size and form in efficient transportation networks. *Nature, 399* (6732), 130-132.

Barabási, A. L. 2005. The origin of bursts and heavy tails in human dynamics. *Nature, 435*, 207-211.

Barabási, A. L. 2010. *Bursts: The Hidden Pattern Behind Everything We Do*. New York: Penguin Group.

Barabási, A. L. & Albert, R. 1999. Emergence of scaling in random networks. *Science, 286* (5439), 509-512.

Baran, S. J. & Davis, D. K. 2011. *Mass Communication Theory: Foundations, Ferment, and Future*. 6th ed. Boston: Wadsworth Publishing Company.

Barley, S. R. 1990. The alignment of technology and structure through roles and networks. *Administrative Science Quarterly, 35* (1), 61-103.

Barnett, G. A. & Choi, Y. 1995. Physical distance and language as determinants of the international telecommunications network. *International Political Science Review, 16* (3), 249-265.

Bass, F. 1969. A New Product Growth Model for Consumer Durables. *Management Science, 15* (5), 215-227.

Bass, F. 2004. Comments on"A new product growth for model consumer durables": The Bass Model. *Management science, 50* (12), 1833-1840.

Berger, J. 2013. *Contagious: Why Things Catch On*. New York: Simon and Schuster.

Berger, J. & Milkman, K. L. 2012. What makes online content viral?. *Journal of Marketing Research, 49* (2), 192-205.

Bernoulli, D. 1760. Essai d'une nouvelle analyse de la mortalite causee par la petite verole. In. *Memoires de Mathematiques et de Physique* (pp. 1-43). Paris: Acadademie Royale Sciences.

Bikhchandani, S., Hirshleifer, D. & Welch, I. 1992. A theory of fads, fashion, custom, and cultural change as informational cascades. *Journal of Political Economy, 100* (5), 992-1026.

Blumenstock, J., Cadamuro, G. & On, R. 2015. Predicting poverty and wealth from mobile phone metadata. *Science, 350* (6264), 1073.

Boguná, M., Pastor-Satorras, R. & Vespignani, A. 2003. Absence of epidemic threshold in scale-free networks with degree correlations. *Physical Review Letters, 90* (2), 28701.

Bollen, J., Mao, H. & Zeng, X. 2011. Twitter mood predicts the stock market. *Journal of Computational Science, 2* (1), 1-8.

Bond, R. M., Fariss, C. J., Jones, J. J., et al. 2012. A 61-million-person experiment in social influence and political mobilization. *Nature, 489* (7415), 295-298.

Bordogna, C. M. & Albano, E. V. 2007. Statistical methods applied to the study of opinion formation models: A brief overview and results of a numerical study of a model based on the social impact theory. *Journal of Physics: Condensed Matter, 19* (6), 06514401-06514416.

Borge-Holthoefer, J., Baños, R., González-Bailón, S., et al. 2013. Cascading behaviour in complex socio-technical networks. *Journal of Complex Networks, 1* (1), 3-24.

Bowen, F. & Blackmon, K. 2003. Spirals of silence: The dynamic effects of diversity on organizational voice. *Journal of Management Studies, 40* (6), 1393-1417.

Bowman, S. & Willis, C. 2003. We media: How audiences are shaping the future of news and information. *The American Press Institute. Reston, VA.*

Boxell, L., Gentzkow, M. & Shapiro, J. M. 2017. Greater Internet use is not associated with faster growth in political polarization among US demographic groups. *Proceedings of the National Academy of Sciences, 114* (40), 10612-10617.

Boyd, R. L., Blackburn, K. G. & Pennebaker, J. W. 2020. The narrative arc: Revealing core narrative structures through text analysis. *Science Advances, 6* (32), eaba2196.

Braddock, R. 1958. An extension of the "Lasswell Formula". *Journal of Communication, 8* (2), 88-93.

Brockmann, D. & Helbing, D. 2013. The hidden geometry of complex, network-driven contagion phenomena. *Science, 342* (6164), 1337-1342.

Brosius, H. B. & Kepplinger, H. M. 1990. The agenda-setting function of television news: Static and dynamic views. *Communication Research, 17* (2), 183-211.

Budd, R. W., MacLean Jr, M. S. & Barnes, A. M. 1966. Regularities in the diffusion of two major news events. *Journalism Quarterly, 43* (22), 221-230.

Bullnheimer, B., Dawid, H. & Zeller, R. 1998. Learning from own and foreign experience: Technological adaptation by imitating firms. *Computational & Mathematical Organization Theory, 4* (3), 267-282.

Burt, R. 1992. *Structural holes: The social structure of competition.* Cambridge: Harvard University Press.

Burt, R. S. 1987. Social contagion and innovation: Cohesion versus structural equivalence. *American Journal of Sociology, 92* (6), 1287-1335.

Campbell, J. 1949. *The Hero with a Thousand Faces.* Princeton: Princeton University Press.

Carpini, M. X. D., Cook, F. L. & Jacobs, L. R. 2004. Public deliberation, discursive participation, and citizen engagement: A review of the empirical literature. *Annual Review of Political Science, 7,* 315-344.

Castellano, C., Fortunato, S. & Loreto, V. 2009. Statistical physics of social dynamics. *Reviews of Modern Physics, 81* (2), 591-646.

Castells, M. 1996. *The Rise of the Network Society.* Massachusetts: Blackwell Publishing.

Castells, M. 2007. Communication, power and counter-power in the network society. *International*

Journal of Communication, 1 (1), 238-266.

Castells, M. 2009. *Communication Power*. New York: Oxford University Press.

Centola, D. 2010. The spread of behavior in an online social network experiment. *Science, 329* (5996), 1194-1197.

Centola, D. 2018. *How Behavior Spread*. Princeton: Princeton University Press.

Centola, D. & Macy, M. 2007. Complex contagions and the weakness of long ties. *American Journal of Sociology, 113* (3), 702-734.

Cha, M., Benevenuto, F., Haddadi, H., et al. 2012. The World of Connections and Information Flow in Twitter. IEEE Transactions on Systems Man and Cybernetics—Part A Systems and Humans, 42 (4), 991-998.

Cha, M., Kwak, H., Rodriguez, P., et al. 2007. I tube, you tube, everybody tubes: Analyzing the world's largest user generated content video system. *Proceedings of the 7th ACM SIGCOMM conference on Internet measurement*, 1-14.

Chaffee, S. 1975. The diffusion of political information. In S. Chaffee (Ed.), *Political communication: issues and strategies for research* Vol. 4. (pp. 85-128). Beverly Hills: Sage.

Chamley, C. 2004. *Rational herds: Economic models of social learning*. Cambridge: Cambridge University Press.

Chen, F. F. & West, S. G. 2008. Measuring individualism and collectivism: The importance of considering differential components, reference groups, and measurement invariance. *Journal of Research in Personality, 42* (2), 259-294.

Cheng, J., Adamic, L., Dow, P. A., et al. 2014. Can cascades be predicted?. Proceedings of the 23rd international conference on World wide web (WWW '14): ACM. 925-936.

Choi, H. & Varian, H. 2012. Predicting the present with Google Trends. *Economic Record, 88*, 2-9.

Choi, J. H. & Danowski, J. A. 2006. Making a global community on the net–global village or global metropolis?: A network analysis of usenet newsgroups. *Journal of Computer-Mediated Communication, 7* (3), JCMC735.

Chowdhury, S. & Landoni, M. 2006. News aggregator services: User expectations and experience. *Online Information Review, 30* (2), 100-115.

Christakis, N. A. & Fowler, J. H. 2007. The spread of obesity in a large social network over 32 years. *New England Journal of Medicine, 357* (4), 370-379.

Christakis, N. A. & Fowler, J. H. 2008. The collective dynamics of smoking in a large social network. *New England Journal of Medicine, 358* (21), 2249-2258.

Chung, J. E. 2011. Mapping international film trade: Network analysis of international film trade between 1996 and 2004. *Journal of Communication, 61* (4), 618-640.

Clauset, A., Shalizi, C. R. & Newman, M. E. J. 2009. Power-law distributions in empirical data. *SIAM Review, 51* (4), 661-703

Coleman, J. S. 1990. *Foundations of Social Theory*. Cambridge: The Belknap Press of Harvard University Press.

Coleman, J. S., Katz, E. & Menzel, H. 1966. *Medical Innovation: A Diffusion Study*. New York: Bobbs-Merrill Company.

Colizza, V., Flammini, A., Serrano, M. A., et al. 2006. Detecting rich-club ordering in complex networks. *Nature Physics, 2* (3), 110-115.

Conover, M. D., Ratkiewicz, J., Francisco, M., et al. 2011. Political polarization on Twitter. *Proceedings of the International AAAI Conference on Weblogs and Social Media, 5* (1), 89-96.

Cooper, S. D. 2006. *Watching the watchdog: Bloggers as the fifth estate*. Spokane: Marquette Books.

Crane, R. & Sornette, D. 2008. Robust dynamic classes revealed by measuring the response function of a social system. *Proceedings of the National Academy of Sciences, 105* (41), 15649-15653.

Davenport, T. H. & Beck, J. C. 2001. *The attention economy: Understanding the new currency of business*. Boston: Harvard Business School Press.

De Klepper, M., Sleebos, E.,Van de Bunt, G., et al. 2010. Similarity in friendship networks: Selection or influence?The effect of constraining contexts and non-visible individual attributes. *Social Networks, 32* (1), 82-90.

Deaux, K. & Martin, D. 2003. Interpersonal networks and social categories: Specifying levels of context in identity processes. *Social Psychology Quarterly, 66* (2), 101-117.

DeFleur, M. L. 1987. The growth and decline of research on the diffusion of the news, 1945-1985. *Communication Research, 14* (1), 109-130.

DeFleur, M. L. & Cronin, M. M. 1991. Completeness and accuracy of recall in the diffusion of the news from a newspaper vs. a television source. *Sociological Inquiry, 61* (2), 148-166.

Dewey, J. 1927. *The Public and Its Problem*. New York: Holt, Rinehart & Winston.

Dodds, P. S., Harris, K. D., Kloumann, I. M., et al. 2011. Temporal Patterns of Happiness and Information in a Global Social Network: Hedonometrics and Twitter. *PLoS One, 6* (12), e26752.

Domingo, D., Quandt, T., Heinonen, A., et al. 2008. Participatory journalism practices in the media and beyond. *Journalism practice, 2* (3), 326-342.

Donsbach, W. & Traugott, M. W. 2007. *The SAGE Handbook of Public Opinion Research*. London: Sage Publications Ltd.

Dowling C. 1981. *The Cinderella Complex: Women's Hidden Fear of Independence*. New York: Pocket Books.

Dreyer, O. 2001. Allometric scaling and central source systems. *Physical Review Letters, 87* (3), 038101.

Dunbar, R. I. 1992. Neocortex size as a constraint on group size in primates. *Journal of Human Evolution, 22* (6), 469-493.

Dutton, W. H. 2009. The fifth estate emerging through the network of networks. *Prometheus, 27* (1), 1-15.

Eagle, N., Macy, M. & Claxton, R. 2010. Network diversity and economic development. *Science, 328* (5981), 1029-1031.

Easley, D. & Kleinberg, J. 2010. *Networks, Crowds, and Markets: Reasoning about a Highly Connected World*. Cambridge: Cambridge University Press.

Entman, R. M. 2009. *Projections of Power*. Chicago: University of Chicago Press.

Fabrega, J. & Paredes, P. 2013. Social Contagion and Cascade Behaviors on Twitter. *Information, 4* (2), 171-181.

Falkinger, J. 2007. Attention economies. *Journal of Economic Theory, 133* (1), 266-294.

Festinger, L. 1957. *A Theory of Cognitive Dissonance*. Stanford: Stanford University Press.

Figueiredo, F., Benevenuto, F. & Almeida, J. M. 2011. The tube over time: Characterizing popularity growth of YouTube videos. Proceedings of the fourth ACM international conference on Web search and data mining, New York: ACM. 745-754.

Finamore, A., Mellia, M., Munafò, M. M., Torres, R., et al. 2011. YouTube everywhere: Impact of device and infrastructure synergies on user experience. Proceedings of the 2011 ACM SIGCOMM conference on Internet measurement conference, 345-360.

Fowler, J. H. & Christakis, N. A. 2008. The dynamic spread of happiness in a large social network. *British Medical Journal, 337*, a2338.

Frey, C. B. & Osborne, M. A. 2017. The future of employment: How susceptible are jobs to computerisation?. *Technological Forecasting & Social Change, 114*, 254-280.

Frey, D. 1986. Recent research on selective exposure to information. In L. Berkowitz (Ed.), *Advances in Experimental Social Psychology*. Vol. 19 (pp. 41-80). Orlando: Academic Press.

Freytag, G. 1896. *Freytag's Technique of the Drama: An Exposition of Dramatic Composition and Art*. Chicago: S. C. Griggs & Company.

Fu, W. W. 2012. Selecting online videos from graphics, text, and view counts: The moderation of popularity bandwagons. *Journal of Computer-Mediated Communication, 18* (1), 46-61.

Fu, W. W. & Sim, C. C. 2011. Aggregate bandwagon effect on online videos' viewership: Value uncertainty, popularity cues, and heuristics. *Journal of the American Society for Information Science and Technology, 62* (12), 2382-2395.

Funkhouser, G. R. & McCombs, M. E. 1971. The rise and fall of news diffusion. *The Public Opinion Quarterly, 35* (1), 107-113.

Gans, H. J. 1979. *Deciding what's News: A Study of CBS Evening News, NBC Nightly News, Newsweek, and Time*. New York: Pantheon Books.

Gantz, W. & Bradley, S. D. 2005. Review and criticism—Bradley S. Greenberg: Advancing communication research, making a difference. *Journal of Broadcasting & Electronic Media, 49* (1), 135-146.

Gardner, M. 1970. Mathematical games: The fantastic combinations of John Conway's new solitaire game "life". *Scientific American, 223* (4), 120-123.

Garlaschelli, D., Caldarelli, G. & Pietronero, L. 2003. Universal scaling relations in food webs. *Nature, 423* (6936), 165-168.

Gerrig, R. J. 1993. *Experiencing Narrative Worlds: On the Psychological Activities of Reading*. United States: Yale University Press.

Gilbert, G. N. 2008. *Agent-based models*. London: Sage Publications, Inc.

Ginsberg, J., Mohebbi, M. H., Patel, R. S., et al. 2008. Detecting influenza epidemics using search engine query data. *Nature, 457* (7232), 1012-1014.

Gladwell, M. 2000. *The Tipping Point: How Little Things Can Make a Big Difference*. Boston: Little, Brown & Company.

Glasgow, K. & Fink, C. 2013. Hashtag lifespan and social networks during the London riots. In W. G.

Kennedy & N. D. Bos (Eds.), *Social computing, Behavioral-Cultural Modeling and Prediction* (pp. 311-320). Verlag Berlin Heidelberg: Springer.

Glynn, C. J. & McLeod, J. M. 1984. Public opinion du jour: An examination of the spiral of silence. *Public Opinion Quarterly, 48* (4), 731-740.

Glynn, C. J. & Park, E. 1997. Reference groups, opinion intensity, and public opinion expression. *International Journal of Public Opinion Research, 9* (3), 213-232.

Godes, D. & Mayzlin, D. 2004. Using online conversations to study word-of-mouth communication. *Marketing Science, 23* (4), 545-560.

Goel, S., Anderson, A., Hofman, J., et al. 2016. The structural virality of online diffusion. *Management science, 62* (1), 180-196.

Goldhaber, M. H. 1997. The attention economy and the net. *First Monday, 2* (4). https://doi.org/10.5210/fm.v2i4.519

Gonçalves, B., Perra, N. & Vespignani, A. 2011. Modeling users' activity on Twitter networks: Validation of dunbar's number. *PLoS One, 6* (8), e22656.

González-Bailón, S., Borge-Holthoefer, J., Rivero, A., et al. 2011. The dynamics of protest recruitment through an online network. *Scientific Reports, 1* (1), 1-7.

Goode, L. 2009. Social news, citizen journalism and democracy. *New Media & Society, 11* (8), 1287-1305.

Goodreau, S. M., Handcock, M. S., Hunter, D. R., et al. 2008. A statnet Tutorial. *Journal of Statistical Software, 24* (9), 1-26.

Goodreau, S. M., Kitts, J. A. & Morris, M. 2009. Birds of a feather, or friend of a friend? Using exponential random graph models to investigate adolescent social networks. *Demography, 46* (1), 103-125.

Grabowicz, P. A., Ramasco, J. J., Moro, E., et al. 2012. Social features of online networks: The strength of intermediary ties in online social media. *PLoS One, 7*, e29358.

Granovetter, M. 1973. The strength of weak ties. *American Journal of Sociology, 78* (6), 1360-1380.

Granovetter, M. 1978. Threshold models of collective behavior. *American Journal of Sociology, 83* (6), 1420-1443.

Granovetter, M. & Soong, R. 1983. Threshold models of diffusion and collective behavior. *The Journal of Mathematical Sociology, 9* (3), 165-179.

Granovetter, M. & Soong, R. 1986. Threshold models of interpersonal effects in consumer demand. *Journal of Economic Behavior and Organization, 7* (1), 83-99.

Granovetter, M. & Soong, R. 1988. Threshold models of diversity: Chinese restaurants, residential segregation, and the spiral of silence. *Sociological Methodology, 18* (6), 69-104.

Green, M. C. & Brock, T. C. 2000. The role of transportation in the persuasiveness of public narratives. *Journal of Personality and Social Psychology, 79* (5), 701-721.

Green, M. C., Brock, T. C. & Kaufman, G. F. 2004. Understanding Media Enjoyment: The Role of Transportation Into Narrative Worlds. *Communication Theory, 14* (4), 311-327.

Greenberg, B. S. 1964a. Diffusion of news of the Kennedy assassination. *Public Opinion Quarterly, 28* (2), 225-232.

Greenberg, B. S. 1964b. Person to person communication in the diffusion of a news event. *Journalism Quarterly*, *41* (3), 489-494.

Griffin, E. 2009. *A First Look at Communication Theory*.7th ed. New York: Mcgraw-Hill.

Guo, L. 2012. The application of social network analysis in agenda setting research: A methodological exploration. *Journal of Broadcasting & Electronic Media*, *56* (4), 616-631.

Guo, L. & McCombs, M. 2016. *The Power of Information Networks: New Directions for Agenda Setting*. New York: Routledge.

Guo, L., Lou, X., Shi, P., et al. 2015. Flow distances on open flow networks. *Physica A: Statistical Mechanics and Its Applications*, *437*, 235-248.

Haines, V. A. 1988. Social network analysis, structuration theory and the holism-individualism debate. *Social Networks*, *10* (2), 157-182.

Headen, R. S., Klompmaker, J. E. & Rust, R. T. 1979. The duplication of viewing law and television media schedule evaluation. *Journal of Marketing Research*, *16* (3), 333-340.

Heider, F. 1946. Attitudes and cognitive organization. *The Journal of Psychology*, *21* (1), 107-112.

Hethcote, H. W. 2009. The basic epidemiology models: Models, expressions for R_0, parameter estimation, and applications. In S. Ma & Y. Xia (Eds.), *Mathematical Understanding of Infectious Disease Dynamics*. Singapore: World Scientific Publishing Company.

Hofman, J. M., Sharma, A. & Watts, D. J. 2017. Prediction and explanation in social systems. *Science*, *355* (6324), 486-488.

Hovland, C. I. & Weiss, W. 1951. The influence of source credibility on communication effectiveness. *Public Opinion Quarterly*, *15* (4), 635-650.

Huang, H. 2005. A cross-cultural test of the spiral of silence. *International Journal of Public Opinion Research*, *17* (3), 324-345.

Huberman, B. A. 2008. Crowdsourcing and attention. *Computer*, *41* (11), 103-105.

Huberman, B. A., Romero, D. M. & Wu, F. 2009. Social networks that matter: Twitter under the microscope. *First Monday*, *14* (1), https://firstmonday.org/article/view/2317/2063.

Hyman, H. 1942. The psychology of subjective status. *Psychological Bulletin*, *39*, 473-474.

Im, Y. H., Kim, E., Kim, K., et al. 2011. The emerging mediascape, same old theories? A case study of online news diffusion in Korea. *New Media & Society*, *13* (4), 605-625.

Iribarren, J. L. & Moro, E. 2009. Impact of human activity patterns on the dynamics of information diffusion. *Physical Review Letters*, *103* (3), 387021-387024.

Ivković, Z. & Weisbenner, S. 2007. Information diffusion effects in individual investors' common stock purchases: Covet thy neighbors' investment choices. *Review of Financial Studies*, *20* (4), 1327-1357.

Jamieson, K. H. & Cappella, J. N. 2008. *Echo Chamber: Rush Limbaugh and the conservative Media Establishment*. Oxford: Oxford University Press.

Jean, N., Burke, M., Xie, M., et al. 2016. Combining satellite imagery and machine learning to predict poverty. *Science*, *353* (6301), 790-794.

Jons, H. 2011. Centre of calculation. In J. Agnew & D. N. Living-stone (Eds.), *The SAGE Handbook of Geographical Knowledge* (pp. 158-170). London: Sage Publications.

Kadushin, C. 2006. Personal influence: A radical theory of action. *The Annals of the American Academy of Political and Social Science, 608* (1), 270-281.

Kahneman, D. 1973. *Attention and Effort*. Englewood: Prentice-Hall.

Karsai, M., Kivela, M., Pan, R. K., et al. 2011. Small but slow world: How network topology and burstiness slow down spreading. *Physical Review E, 83* (2), 025102.

Katz, E. 1957. The two-step flow of communication: An up-to-date report on an hypothesis. *Public Opinion Quarterly, 21* (1), 61-78.

Katz, E. & Lazarsfeld, P. F. 1955. *Personal Influence: The Part Played by People in the Flow of Mass Communications*. New York: Free Press.

Keeling, M. J. & Rohani, P. 2011. *Modeling Infectious Diseases in Humans and Animals*. Princeton: Princeton University Press.

Kelley, H. 1952. Two functions of reference groups. In G. Swanson, T. Newcomb & E. Hartley (Eds.), *Society for the Psychological Study of Social Issues: Readings in Social Psychology* (pp. 410-414). New York: Holt.

Kennamer, J. D. 1990. Self-serving biases in perceiving the opinions of others: Implications for the spiral of silence. *Communication Research, 17* (3), 393-404.

Kermack, W. O. & McKendarick, A. G. 1927. A contribution to the mathematical theory of epidemics. *Proceedings of the Royal Society of London. Series A, 115* (772), 700-721.

Kim, M., Newth, D. & Christen, P. 2013. Modeling dynamics of diffusion across heterogeneous social networks: News diffusion in social media. *Entropy, 15* (10), 4215-4242.

Kim, S. H., Han, M., Shanahan, J., et al. 2004. Talking on "Sunshine in North Korea": A test of the spiral of silence as a theory of powerful mass media. *International Journal of Public Opinion Research, 16* (1), 39-62.

Kincaid, D. L. 1979. The convergence model of communication. In. Honolulu: East-West Communication Institute.

Klamer, A. & van Dalen, H. P. 2002. Attention and the art of scientific publishing. *Journal of Economic Methodology, 9* (3), 289-315.

Kleiber, M. 1947. Body Size and Metabolic Rate. *Physiological Reviews, 27* (4), 511-541.

Kleinberg, J. M. 2000. Navigation in a small world. *Nature, 406* (6798), 845.

Koontz, H. 1961. The management theory jungle. *The Journal of the Academy of Management, 4* (3), 174-188.

Kossinets, G. & Watts, D. J. 2006. Empirical analysis of an evolving social network. *Science, 311* (5757), 88-90.

Krassa, M. A. 1988. Social groups, selective perception, and behavioral contagion in public opinion. *Social Networks, 10* (2), 109-136.

Kubler, K. 2016. The Black Box Society: the secret algorithms that control money and information. *Information, Communication & Society, 19* (12), 1727-1728.

Lang, A. 1995. Defining audio/video redundancy from a limited-capacity information processing perspective. *Communication Research, 22* (1), 86-115.

Lang, A. 2006. Using the limited capacity model of motivated mediated message processing to design effective cancer communication messages. *Journal of Communication, 56* (s1), S57-S80.

Larsen, O. N. & Hill, R. J. 1954. Mass media and interpersonal communication in the diffusion of a news event. *American Sociological Review, 19* (4), 426-433.

Lasica, J. D. 2003. What is participatory journalism. *Online Journalism Review.* http://www.ojr.org/ojr/workplace/1060217106.php

Lasswell, H. D. 1948. The structure and function of communication in society. In Bryson (Ed.), *The Communication of Ideas*. New York: Harper and Brothers.

Latour, B. 1987. *Science in Action*. Cambridge: Harvard University Press.

Lazarsfeld, P. F. & Franzen, R. H. 1945. Prediction of political behavior in America. *American Sociological Review, 10* (2), 261-273.

Lazarsfeld, P. F., Berelson, B. & Gaudet, H. 1944. *The people's Choice: How the Voter Makes up His Mind in a Presidential Campaign*. New York: Duell, Sloan and Pearce.

Lazer, D. M., Pentland, A., Watts, D. J., et al. 2020. Computational social science: Obstacles and opportunities. *Science, 369* (6507), 1060-1062.

Lazer, D., Kennedy, R., King, G., et al. 2014. The parable of Google Flu: Traps in big data analysis. *Science, 343* (6176), 1203.

Lazer, D., Pentland, A., Adamic, L., et al. 2009. Computational social science. *Science, 323* (5915), 721-723.

Lee, W., Detenber, B. H., Willnat, L., et al. 2004. A cross-cultural test of the spiral of silence theory in Singapore and the United States. *Asian Journal of Communication, 14* (2), 205-226.

Lehmann, J., Gonçalves, B., Ramasco, J. J., et al. 2012. Dynamical classes of collective attention in Twitter. Proceedings of the 21st international conference on World Wide Web: ACM. 251-260.

Lerman, K. & Ghosh, R. 2010. Information contagion: An empirical study of the spread of news on Digg and Twitter social networks. Proceedings of 4th International Conference on Weblogs and Social Media, Washington D.C., 90-97.

Leskovec, J., Singh, A. & Kleinberg, J. 2006. Patterns of influence in a recommendation network. Proceedings of the 10th Pacific-Asia conference on Advances in Knowledge Discovery and Data Mining, Heidelberg, 10, 380-389.

Lewin, K. 1943. Forces behind food habits and methods of change. *Bulletin of the National Research Council, 108*, 35-65.

Lewin, K. 1947. Frontiers in group dynamics II: Channels of group life; Social planning and action research. *Human Relations, 1*, 143-153.

Lewis, K. 2011. The co-evolution of social network ties and online privacy behavior. In S. Trepte & L. Reinecke (Eds.), *Privacy Online: Perspectives on Privacy and Self-Disclosure in the Social Web* (pp. 91-109). London: Springer.

Lewis, K., Gonzalez, M. & Kaufman, J. 2012. Social selection and peer influence in an online social network. *Proceedings of the National Academy of Sciences, 109* (1), 68-72.

Lewis, T. G. 2011. *Network Science: Theory and Applications*. Hoboken: Wiley.

Lippmann, W. 1922. *Public Opinion*. New York: Harcourt, Brace and Company.

Lohmann, S. 1994. The dynamics of informational cascades: The Monday demonstrations in Leipzig,

1989-1991. *World Politics*, *47* (1), 42-101.

Lorenz, J., Rauhut, H., Schweitzer, F. , et al. 2011. How social influence can undermine the wisdom of crowd effect. *Proceedings of the National Academy of Sciences*, *108* (22), 9020-9025.

Lou, T. & Tang, J. 2013. Mining structural hole spanners through information diffusion in social networks. Paper presented at the International World Wide Web Conference, Rio de Janeiro, Brazil.

Lusher, D. & Ackland, R. 2011. A relational hyperlink analysis of an online social movement. *Journal of Social Structure*, *12* (1), 1-49.

Lyytinen, K. & Damsgaard, J. 2001. What's wrong with the diffusion of innovation theory. In M. A. Ardis & B. L. Marcolin (Eds.), *Diffusing Software Products and Process Innovations* (pp. 173-190). Norwell, Massachusetts: Springer.

Ma, Y. & Uzzi, B. 2018. The Scientific Prize Network Predicts Who pushes the boundaries of science. *Proceedings of the National Academy of Sciences*, *115* (50), 12608-12615.

Macy, M. W & Willer, R. 2002. From factors to actors: Computational sociology and agent-based modeling. *Annual Review of Sociology*, *28*, 143-167.

Mandelbrot, B. B. 1953. An information theory of the statistical structure of language. In W. Jackson (Ed.), *Communication Theory* (pp. 503-512). New York: Academic Press.

Mani, A., Mullainathan, S., Shafir, E. , et al. 2013. Poverty impedes cognitive function. *Science*, *341* (6149), 976-980.

Manski, C. F. 1993. Identification problems in the social sciences. *Sociological Methodology*, *23*, 1-56.

Mao, A., Dworkin, L., Suri, S., et al. 2017. Resilient cooperators stabilize long-run cooperation in the finitely repeated Prisoner's Dilemma. *Nature Communications*, *8*, 13800.

Mao, A., Mason, W., Suri, S., et al. 2016. An Experimental Study of Team Size and Performance on a Complex Task. *PLoS One*, *11* (4), e0153048.

Markus, M. L. 1987. Toward a "critical mass" theory of interactive media: Universal access, interdependence and diffusion. *Communication Research*, 14 (5), 491-511.

Martin, T., Hofman, J. M., Sharma, A., et al. 2016. Exploring limits to prediction in complex social systems. Paper presented at the International Conference on World Wide Web. Montreal, Quebec, Canada.

Matz, S. C., Kosinski, M., Nave, G., et al. 2017. Psychological targeting as an effective approach to digital mass persuasion. *Proceedings of the National Academy of Sciences*, *114* (48), 12714-12719.

McAdam, D., Tarrow, S. & Tilly, C. 2001. *Dynamics of contention*. Cambridge: Cambridge University Press.

McCombs, M. 1981. The agenda-setting approach. *Handbook of political communication*, 121-140.

McCombs, M. & Shaw, D. L. 1972. The agenda-setting function of mass media. *Public Opinion Quarterly*, *36* (2), 176-187.

McCombs, M. & Zhu, J. H. 1995. Capacity, diversity, and volatility of the public agenda. *Public Opinion Quarterly*, *59* (4), 495-525.

McDonald, D. G., Glynn, C. J., Kim, S. H., et al. 2001. The spiral of silence in the 1948 presidential election. *Communication Research, 28* (2), 139-155.

McQuail, D. & Windahl, S. 1993. *Communication Models for the Study of Mass Communication.* 2nd ed. New York: Addison Wesley Longman.

Merton, R. K. 1949. *Social theory and Social Structure*: Free Press.

Michal, K., David, S. & Thore, G. 2013. Private traits and attributes are predictable from digital records of human behavior. *Proceedings of the National Academy of Sciences, 110* (15), 5802-5805.

Michel, J.-B., Shen, Y. K., Aiden, A. P., et al. 2011. Quantitative analysis of culture using millions of digitized books. *Science, 331* (6014), 176-182.

Miller, D. C. 1945. A research note on mass communication: How our community heard about the death of President Roosevelt. *American Sociological Review, 10* (5), 691-694.

Miller, G. 2011. Social scientists wade into the Tweet stream. *Science, 333* (6051), 1814-1815.

Mills, C. W. 1956. *The Power Elite.* New York: Oxford University Press.

Mills, C. W. 1959. *The Sociological imagination.* New York: Oxford University Press.

Monge, P. R. & Contractor, N. S. 2003. *Theories of Communication Networks.* New York: Oxford University Press.

Mooijman, M., Hoover, J., Lin, Y., et al. 2018. Moralization in social networks and the emergence of violence during protests. *Nature Human Behaviour, 2* (6), 389-396.

Moshtagh N. 2005)Minimum volume enclosing ellipsoid. *Convex Optimization,* 111: 1-9.

Moy, P., Domke, D. & Stamm, K. 2001. The spiral of silence and public opinion on affirmative action. *Journalism and Mass Communication Quarterly, 78* (1), 7-25.

Neuman, W. R. 1990. The threshold of public attention. *Public Opinion Quarterly, 54* (2), 159-176.

Neumann, J. & Burks, A. W. 1966. *Theory of Self-Reproducing Automata.* London: University of Illinois Press.

Neuwirth, K. & Frederick, E. 2004. Peer and social influence on opinion expression. *Communication Research, 31* (6), 669-703.

Newcomb, T. M. 1953. An approach to the study of communicative acts. *Psychological Review, 60* (6), 393-404.

Noelle-Neumann, E. 1974. The spiral of silence: A theory of public opinion. *Journal of Communication, 24* (2), 43-51.

Noelle-Neumann, E. 1993. *The spiral of silence: Public opinion—our social skin.* 2nd ed. Chicago: The University of Chicago Press.

Noelle-Neumann, E. 1994. Are we asking the right questions? Developing measurement from theory: The Influence of the spiral of silence on media effects research. In C. J. Hamelink & O. Linné (Eds.), *Mass Communication Research: On problems and Policies* (pp. 97-120). Norwood: Ablex Publishing Company.

Norman, D. A. & Bobrow, D. G. 1975. On data-limited and resource-limited processes. *Cognitive Psychology, 7* (1), 44-64.

Nowak, A., Szamrej, J. & Latane, B. 1990. From private attitude to public opinion: A dynamic theory of social impact. *Psychological Review, 97* (3), 362-376.

Oliveira, J. G. & Barabási, A. L. 2005. Human dynamics: Darwin and Einstein correspondence patterns.

Nature, 437 (7063), 1251.

Onnela, J.-P. & Reed-Tsochas, F. 2010. Spontaneous emergence of social influence in online systems. *Proceedings of the National Academy of Sciences, 107* (43), 18375-18380.

Onnela, J.-P., Saramäki, J., Hyvönen, J., et al. 2007. Structure and tie strengths in mobile communication networks. *Proceedings of the National Academy of Sciences, 104* (18), 7332-7336.

Opsahl, T., Colizza, V., Panzarasa, P., et al. 2008. Prominence and control: The weighted rich-club effect. *Physical Review Letters, 101* (16), 168702.

Oshagan, H. 1996. Reference group influence on opinion expression. *International Journal of Public Opinion Research, 8* (4), 335-354.

Pariser, E. 2011. *The filter bubble: What the Internet is hiding from you.* London: Penguin Press.

Pastor-Satorras R. & Vespignani A. 2001. Epidemic spreading in scale-free networks. *Physical Review Letters, 86* (14), 3200-3203.

Pollmann, T. 1998. On forgetting the historical past. *Memory & Cognition, 26* (2), 320-329.

Price, V. 1992. *Communication Concepts 4: Public Opinion.* Newbury Park, CA: Sage.

Prior, M. 2005. News vs. entertainment: How increasing media choice widens gaps in political knowledge and turnout. *American Journal of Political Science, 49* (3), 577-592.

Rainie, L. & Wellman, B. 2012. *Networked: The New Social Operating System.* Cambridge: MIT Press.

Ratkiewicz, J., Fortunato, S., Flammini, A., et al. 2010. Characterizing and modeling the dynamics of online popularity. *Physical Review Letters, 105* (15), 158701.

Reagan, AJ., Mitchell, L., Kiley, D., et al. 2016. The emotional arcs of stories are dominated by six basic shapes. *EPJ Data Science, 5* (1): 1-12.

Robins, G., Pattison, P. & Woolcock, J. 2005. Small and other worlds: Global network structures from local processes. *American Journal of Sociology, 110* (4), 894-936.

Robins, G., Snijders, T., Wang, P., et al. 2007. Recent developments in exponential random graph (p*)models for social networks. *Social Networks, 29* (2), 192-215.

Roehner, B., Sornette, D. & Andersen, J. 2004. Response functions to critical shocks in social sciences: An empirical and numerical study. *International Journal of Modern Physics C, 15* (6), 809-834.

Rogers, E. M. 1983. *Diffusion of Innovations.* 3rd ed. New York: The Free Press.

Rogers, E. M. 1997. *A History of Communication Study: A Biographical Approach.* New York: Free Press.

Rogers, E. M. 2000. Reflections on news event diffusion research. *Journalism & Mass Communication Quarterly, 77* (3), 561-576.

Rogers, E. M. 2003. *Diffusion of Innovations.* 5th ed. New York: The Free Press.

Rogers, E. M. & Bhowmik, D. K. 1970. Homophily-heterophily: Relational concepts for communication research. *Public Opinion Quarterly, 34* (4), 523-538.

Rogers, E. M. & Kincaid, D. L. 1981. *Communication Networks: Toward a New Paradigm for Research.* New York: Free Press.

Romero, D. M., Meeder, B. & Kleinberg, J. 2011. Differences in the mechanics of information diffusion across topics: Idioms, political Hashtags, and complex contagion on Twitter. Proceedings of the 20th international conference on World Wide Web, Hyderabad, India, 695-704.

Rosenberg, V. 1967. Factors affecting the preferences of industrial personnel for information gathering methods. *Information Storage and Retrieval, 3* (3), 119-127.

Rosenkopf, L. & Abrahamson, E. 1999. Modeling reputational and informational influences in threshold models of bandwagon innovation diffusion. *Computational & Mathematical Organization Theory, 5* (4), 361-384.

Ross, R. 1911. *The Prevention of Malaria.* 2th ed. London: Murray.

Ryan, B. & Gross, N. C. 1943. The diffusion of hybrid seed corn in two Iowa communities. *Rural Sociology, 8* (1), 15-24.

Salganik, M. J. 2019. *Bit by Bit: Social Research in the Digital Age.* Princeton: Princeton University Press.

Salganik, M. J., Dodds, P. S. & Watts, D. J. 2006. Experimental study of inequality and unpredictability in an artificial cultural market. *Science, 311* (5762), 854-856.

Salmon, C. T. & Kline, F. G. 1983. The spiral of silence ten years later: An examination and evaluation. Paper presented at the Annual Meeting of the International Communication Association, Dallas, USA.

Salmon, C. T. & Oshagan, H. 1990. Community size, perceptions of majority opinion, and opinion expression. *Public Relations Research Annual, 2,* 157-171.

Salwen, M. B., Lin, C. & Matera, F. R. 1994. Willingness to discuss "official English" : A test of three communities. *Journalism Quarterly, 71* (2), 282-290.

Schelling, T. C. 1971. Dynamic models of segregation. *The Journal of Mathematical Sociology, 1* (2), 143-186.

Scheufele, D. 2008. Spiral of silence theory. In W. Donsbach & M. W. Traugott (Eds.), *The SAGE Handbook of Public Opinion Research* (pp. 175-183). London: SAGE Publications Ltd.

Scheufle, D. A. & Moy, P. 2000. Twenty-five years of the spiral of silence: A conceptual review and empirical outlook. *International Journal of Public Opinion Research, 12* (1), 3-28.

Schramm, W. & Osgood, C.1954. How communication works. In W. Schramm (Ed.), *The Process and Effects of Mass Communication.* Urbana: University of Illinois Press.

Scott, J. 1988. Social network analysis. *Sociology, 22* (1), 109-127.

Scott, S. L. & Varian, H. R. 2014. Predicting the present with Bayesian structural time series. *International Journal of Mathematical Modelling and Numerical Optimisation, 5* (1-2), 4-23.

Serrano, M. A. 2008. Rich-club vs rich-multipolarization phenomena in weighted networks. *Physical Review E, 78* (2), 026101.

Shalizi, C. R. & Thomas, A. C. 2011. Homophily and contagion are generically confounded in observational social network studies. *Sociological Methods & Research, 40* (2), 211-239.

Shannon, C. E. & Weaver, W. 1949. *The Mathematical Theory of Communication.* Urbana: University of Illinois Press.

Shao, J., Havlin, S. & Stanley, H. E. 2009. Dynamic opinion model and invasion percolation. *Physical Review Letters, 103* (1), 18701.

Shaw, D. L. & Hamm, B. J. 1997. Agendas for a public union or for private communities? How individuals are using media to reshape American society. In M. E. McCombs, D. L. Shaw & D. H.

Weaver (Eds.), *Communication and Democracy: Exploring the Intellectual Frontiers in Agenda-Setting Theory* (pp. 209-230). Mahwah: Lawrence Erlbaum Associates.

Shi, P. T., Luo, J. F., Wang, P. H., et al. 2013. Centralized flow structure of international trade networks for different products. 2013 International Conference on Management Science and Engineering 20th Annual Conference Proceedings: IEEE. 91-99.

Shiller, R. J. 2017. Narrative Economics. *American Economics Review, 107* (4), 967-1004.

Shiller, R. J. 2020. *Narrative Economics: How Stories Go Viral and Drive Major Economic Events.* Princeton: Princeton University Press.

Shoemaker, P. 1991. *Gatekeeping.* Newbury Park: Sage.

Shoemaker, P. J. & Vos, T. P. 2009. *Gatekeeping theory.* New York: Routledge.

Shoemaker, P., Johnson, P., Seo, H., et al. 2010. Readers as gatekeepers of online news: Russia, China and the United States. In E. Vartanova (Ed.), *Content, Channels and Audiences in the New Millennium: Interaction and Interrelations* (pp. 73-103). Moscow: Lomonosov Moscow State University.

Shoemaker, P., Vos, T. P. & Reese, S. D. 2008. Journalists as gatekeepers. In K. Wahl-Jorgensen & T. Hanitzsch (Eds.), *Handbook of Journalism Studies* (pp. 73-87). New York: Routledge.

Shorter, E., Tilly, C. 1974. Strikes in France, 1930-1968. Cambridge: Cambridge University Press.

Shumate, M. 2010. Communication power. *Journal of Communication, 60* (2), E1-E5.

Sklar, E. 2007. NetLogo, a multi-agent simulation environment. *Artificial Life, 13* (3), 303-311.

Sniehotta, F. F., Presseau, J. & Araújo-Soares, V. 2014. Time to retire the theory of planned behaviour. *Health Psychology Review, 8* (11), 1-7.

Snijders, T. A. B., Van de Bunt, G. G. & Steglich, C. E. G. 2010. Introduction to stochastic actor-based models for network dynamics. *Social Networks, 32* (1), 44-60.

Sohn, D. & Geidner, N. 2015. Collective dynamics of the spiral of silence: The role of ego network size. *International Journal of Public Opinion Research, 28* (1), 25-45.

Song, H. & Boomgaarden, H. G. 2017. Dynamic Spirals Put to Test: An Agent-Based Model of Reinforcing Spirals Between Selective Exposure, Interpersonal Networks, and Attitude Polarization. *Journal of Communication, 67* (2), 256-281.

Sornette, D. & Helmstetter, A. 2003. Endogenous versus exogenous shocks in systems with memory. *Physica A: Statistical Mechanics and its Applications, 318* (3-4), 577-591.

Sornette, D., Deschâtres, F., Gilbert, T., et al. 2004. Endogenous versus exogenous shocks in complex networks: An empirical test using book sale rankings. *Physical Review Letters, 93* (22), 228701.

Steeg, G. V., Ghosh, R. & Lerman, K. 2011. What stops social epidemics?. *Proceedings of the 5th International Conference on Weblogs and Social Media, Spain, 5,* 377-384.

Strang, D. & Macy, M. W. 2001. In search of excellence: Fads, success stories, and adaptive emulation. *American Journal of Sociology, 107* (1), 147-182.

Sun, E., Rosenn, I., Marlow, C. A., et al. 2009. Gesundheit! Modeling contagion through Facebook news feed. Proceedings of the Third International Conference on Weblogs and Social Media, 3, 146-153.

Sundar, S. S., Oeldorf-Hirsch, A. & Xu, Q. 2008. The bandwagon effect of collaborative filtering technology. The proceedings of CHI ' 08 Extended Abstracts on Human Factors in Computing Systems, 3453-3458.

Sunstein, C. R. 2006. *Infotopia: How Many Minds Produce Knowledge*. Oxford: Oxford University Press.

Suo, S. & Chen, Y. 2008. The dynamics of public opinion in complex networks. *Journal of Artificial Societies and Social Simulation, 11* (42), Retrieved from https://www.jasss.org/11/4/2.html.

Takhteyev, Y., Gruzd, A. & Wellman, B. 2012. Geography of Twitter networks. *Social Networks, 34* (1), 73-81.

Taylor, D. G. 1982. Pluralistic ignorance and the spiral of silence: A formal analysis. *Public Opinion Quarterly, 46* (3), 311-335.

Tewksbury, D. 2005. The seeds of audience fragmentation: Specialization in the use of online news sites. *Journal of Broadcasting & Electronic Media, 49* (3), 332-348.

Tilly C. 1973. Does Modernization Breeds Revolution?.*Comparative Politics, 5* (3): 425-477.

Tilly, C. 1977. Getting it together in Burgundy, 1675-1975. *Theory and Society, 4* (4): 479-504.

Tilly, C. 2006. *Why?What Happens When People Give Reasons... and Why*. Princeton: Princeton University Press.

Tilly, C. 2008. *Contentious Performance*. Cambridge: Cambridge University Press.

Tonkin, E., Pfeiffer, H. D. & Tourte, G. 2012. Twitter, information sharing and the London riots?. *Bulletin of the American Society for Information Science and Technology, 38* (2), 49-57.

Toubia, O., Berger, J., Eliashberg, J. 2021. How quantifying the shape of stories predicts their success. *Proceedings of the National Academy of Sciences. 118* (26): e2011695118.

Treisman, A. M. 1964. Selective attention in man. *British Medical Bulletin, 20* (1), 12-16.

Treisman, A. & Fearnley, S. 1969. The Stroop test: Selective attention to colours and words. *Nature, 222 (5192)*, 437-439.

Tumasjan, A., Sprenger, T. O., Sandner, P. G., et al. 2011. Election forecasts with Twitter: How 140 characters reflect the political landscape. *Social Science Computer Review, 29* (4), 402-418.

Turner, J. C. & Oakes, P. J. 2011. The significance of the social identity concept for social psychology with reference to individualism, interactionism and social influence. *British Journal of Social Psychology, 25* (3), 237-252.

Ugander, J., Backstrom, L., Marlow, C., et al. 2012. Structural diversity in social contagion. *Proceedings of the National Academy of Sciences, 109* (16), 5962-5966.

Valente, T. W. 1993. Diffusion of innovations and policy decision-making. *Journal of Communication, 43* (1), 30-45.

Valente, T. W. 1995. *Network models of the diffusion of innovations*. Cresskill: Hampton Press.

Valente, T. W. 1996. Social network thresholds in the diffusion of innovations. *Social Networks, 18* (1), 69-89.

Van den Bulte, C. & Lilien, G. L. 2001. Medical innovation revisited: Social contagion versus marketing effort. *American Journal of Sociology, 106* (5), 1409-1435.

VanderWeele, T. J. 2011. Sensitivity analysis for contagion effects in social networks. *Sociological*

Methods & Research, 40 (2), 240-255.

Varian, H. R. 2007. Position auctions. *International Journal of Industrial Organization, 25* (6), 1163-1178.

Vázquez, A., Oliveira, J. G., Dezsö, Z., et al. 2006. Modeling bursts and heavy tails in human dynamics. *Physical ReviewE, 73* (3), 036127.

Vonnegut, K. 2005. *A Man Without a Country.* New York: Seven Stories Press.

Vosoughi, S., Roy, D. & Aral, S. 2018. The spread of true and false news online. *Science, 359* (6380), 1146-1151.

Wagner, D. T., Rice, A. & Beresford, A. R. 2014. Device analyzer: large-scale mobile data collection. *Acm Sigmetrics Performance Evaluation Review, 41* (4), 53-56.

Wang, C. J. & Wu, L. 2016. The scaling of attention networks. *Physica A : Statistical Mechanics & Its Applications, 448,* 196-204.

Wang, C. J. & Zhu, J. J. H. 2019. Jumping onto the Bandwagon of Collective Gatekeepers: Testing the Bandwagon Effect of Information Diffusion on Social News Website, Telematics and Informatics. 41: 34-45.

Wang, C. J. & Zhu, J. J. H. 2021. Jumping over the network threshold of information diffusion: testing the threshold hypothesis of social influence. *Internet Research, 31* (5): 1677-1694.

Wang, C.J., Wang, P. P. & Zhu, J. J. 2013. Discussing occupy wall street on Twitter: Longitudinal network analysis of equality, emotion, and stability of public discussion. *Cyberpsychology, Behavior, and Social Networking, 16* (9), 679-685.

Wang, C.-J., Wu, L., Zhang, J., et al. 2016. The Collective Direction of Attention Diffusion. *Scientific Reports, 6* (1), 34059.

Wasserman, S. & Faust, K. 1994. *Social network analysis: Methods and applications.* New York: Cambridge University Press.

Waters, R. D., Burnett, E., Lamm, A., et al. 2009. Engaging stakeholders through social networking: How nonprofit organizations are using Facebook. *Public Relations Review, 35* (2), 102-106.

Watson, J. D. & Crick, F. H. 1953. Molecular structure of nucleic acids: a structure for deoxyribose nucleic acid. *Nature, 171* (4356), 737-738.

Watts, D. J. 2002. A simple model of global cascades on random networks. *Proceedings of the National Academy of Sciences, 99* (9), 5766-5771.

Watts, D. J. 2004. The "new" science of networks. *Annual Review of Sociology, 30* (3), 243-270.

Watts, D. J. 2007. A twenty-first century science. *Nature, 445* (7127), 489.

Watts, D. J. 2011. *Everything Is Obvious: Why Common Sense Is Nonsense.* New York: Crown Business.

Watts, D. J. 2013. Computational Social Science: Exciting Progress and Future Directions. *The Bridge on Frontiers of Engineering, 43* (4), 5-10.

Watts, D. J. 2014. Common sense and sociological explanations. *American Journal of Sociology, 120* (2), 313-351.

Watts, D. J. 2017. Should social science be more solution-oriented?. *Nature Human Behaviour, 1* (1), 1-5.

Watts, D. J. & Dodds, P. S. 2007. Influentials, networks, and public opinion formation. *Journal of Consumer Research, 34* (4), 441-458.

Watts, D. J. & Dodds, P. S. 2009. Threshold models of social influence. In P. Hedström & P. S. Bearman (Eds.), *The Oxford Handbook of Analytical Sociology* (pp. 475-497): Oxford University. Press.

Watts, D. J. & Strogatz, S. H. 1998. Collective dynamics of small world networks. *Nature, 393* (6684), 440-442.

Webster, J. G. 1985. Program audience duplication: A study of television inheritance effects. *Journal of Broadcasting & Electronic Media, 29* (2), 121-133.

Webster, J. G. 2005. Beneath the veneer of fragmentation: Television audience polarization in a multichannel world. *Journal of Communication, 55* (2), 366-382.

Webster, J. G. 2011. The duality of media: A structurational theory of public attention. *Communication Theory, 21* (1), 43-66.

Webster, J. G. 2014. *The Marketplace of Attention: How Audiences Take Shape in a Digital Age* . Cambridge: MIT Press.

Webster, J. G. & Ksiazek, T. B. 2012. The dynamics of audience fragmentation: Public attention in an age of digital media. *Journal of Communication, 62* (1), 39-56.

Weimann, G. & Brosius, H. B. 1994. Is there a two-step flow of agenda-setting?. *International Journal of Public Opinion Research, 6* (4), 323-341.

Weisbuch, G., Deffuant, G. & Amblard, F. 2005. Persuasion dynamics. *Physica A: Statistical Mechanics and Its Applications, 353*, 555-575.

Weisbuch, G., Deffuant, G., Amblard, F., et al. 2002. Meet, discuss, and segregate. *Complexity, 7* (3), 55-63.

Weiss, A. 2005. The power of collective intelligence. *Networker, 9* (3), 16-23.

Wellman, B. 2001. Physical place and cyberplace: The rise of personalized networking. *International Journal of Urban and Regional Research, 25* (2), 227-252.

Wellman, B. 2002. Little boxes, glocalization, and networked individualism. In M. Tanabe, P. V. D. Besselaar & T. Ishida (Eds.), *Digital Cities Ⅱ: Computational and Sociological Approaches* (pp. 10-25). Berlin Heidelberg: Springer.

Weng, L., Menczer, F. & Ahn, Y.-Y. 2013. Virality prediction and community structure in social networks. *Scientific Reports, 3*, 2522.

West, G. B. 2017. *Scale: The Universal Laws of Growth, Innovation, Sustainability, and the Pace of Life in Organisms, Cities, Economies, And Companies.* New York: Penguin.

West, G. B., Brown, J. H. & Enquist, B. J. 1997. A general model for the origin of allometric scaling laws in biology. *Science, 276* (5309), 122-126.

West, G. B., Brown, J. H. & Enquist, B. J. 1999. The fourth dimension of life: fractal geometry and allometric scaling of organisms. *Science, 284* (5420), 1677-1679.

Westley, B. H. & MacLean, M. S. 1957. A conceptual model for communications research. *Journalism & Mass Communication Quarterly, 34* (1), 31-38.

White, D. M. 1950. The "gate keeper": A case study in the selection of news. *Journalism Quarterly, 27* (4), 383-391.

Wilensky, U. & Rand, W. 2015. *An Introduction to Agent-Based Modeling: Modeling Natural, Social and Engineered Complex Systems With Netlogo.* Cambridge: MIT Press.

Woolley, A. W., Chabris, C. F., Pentland, A.,et al. 2010. Evidence for a collective intelligence factor in the performance of human groups. *Science, 330* (6004), 686-688.

Wu, F. & Huberman, B. A. 2007. Novelty and collective attention. *Proceedings of the National Academy of Sciences, 104* (45), 17599-17601.

Wu, L. & Zhang, J. 2013. The decentralized flow structure of clickstreams on the web. *The European Physical Journal B, 86* (6), 266.

Wu, L., Wang, D. & Evans, J. A. 2019. Large teams develop and small teams disrupt science and technology. *Nature, 566* (7744), 378-382.

Wu, S., Hofman, J. M., Mason, W. A., et al. 2011. Who says what to whom on Twitter. *Proceedings of the 20th international conference on World Wide Web, India,* 705-714.

Wu, Y., Kosinski, M. & Stillwell, D. 2015. Computer-based personality judgments are more accurate than those made by humans. *Proceedings of the National Academy of Sciences, 112* (4), 1036-1040.

Xiang, B. 2016. Theory as vision. *Anthropological Theory, 16* (2-3), 213-220.

Xu H., Zhang Z., Wu L., et al. 2019. The Cinderella Complex: Word embeddings reveal gender stereotypes in movies and books. *PLoS One, 14* (11): e0225385.

Xu, X. K., Zhang, J. & Small, M. 2010. Rich-club connectivity dominates assortativity and transitivity of complex networks. *Physical Review E, 82* (4), 046117.

Xu, X. K., Zhang, J., Li, P., et al. 2011. Changing motif distributions in complex networks by manipulating rich-club connections. *Physica A: Statistical Mechanics & Its Applications, 390* (23), 4621-4626.

Yan, X. F. & Wang, C. J. 2021. With greater popularity comes less responsibility: The popularity fallacy of big vs' public participation on sina weibo. *Chinese Journal of Communication,* 14 (4): 430-450.

Yu, L., Asur, S. & Huberman, B. A. 2011. What trends in Chinese social media. Paper presented at the 5th SNA-DD Workshop San Diego, CA, USA.

Zhang, J. & Guo, L. 2010. Scaling behaviors of weighted food webs as energy transportation networks. *Journal of Theoretical Biology, 264* (3), 760-770.

Zhang, J. & Wu, L. 2013. Allometry and dissipation of ecological flow networks. *PLoS One, 8* (9), e72525.

Zhang, J., Liu, B., Tang, J., et al. 2013. Social influence locality for modeling Retweeting behaviors. The 23rd International Joint Conference on Artificial Intelligence. August 3-9.

Zhang, Z. K., Liu, C., Zhan, X. X., et al. 2016. Dynamics of information diffusion and its applications on complex networks. *Physics Reports, 651,* 1-34.

Zhou, S. & Mondragón, R. J. 2004. The rich-club phenomenon in the Internet topology. *IEEE Communications Letters, 8* (3), 180-182.

Zhu, J. H. 1992. Issue competition and attention distraction: A zero-sum theory of agenda-setting. *Journalism Quarterly, 69* (4), 825-836.

Zhu, J. J. H., Mo, Q., Wang, F., et al. 2011. A Random Digit Search (RDS)Method for Sampling of Blogs and Other User-Generated Content. *Social Science Computer Review, 29* (3), 327-339.

Zipf, G. K. 1949. *Human Behavior and the Principle of Least Effort: An Introduction to Human Ecology*. New York: Addison-Wesley.

Zlatic, V., Bianconi, G., Díazguilera, A., et al. 2009. On the rich-club effect in dense and weighted networks. *Physics of Condensed Matter, 67* (3), 271-275.

后记：站在沙堆旁边的人

"如果处理得当，基于互联网上面的传播和互动数据可以变革我们对人类群体行为的理解。"

邓肯·瓦茨（Watts，2007）

毫无疑问，寻找一个好的研究问题对于做研究而言至关重要。爱因斯坦老年时在一个自述中讨论了为什么他念了物理没有念数学。他说："在数学领域里，我的直觉不够，不能辨别哪些是真正重要的研究，哪些只是不重要的。在物理领域里，我很快学到怎样找到基本的问题来下功夫。"处于数字媒介浪潮之中的时代议题是什么？我们应该研究一些什么问题？2010 年 9 月，当我第一次来到香港城市大学，费尽全力拉着沉重的行李箱沿着山路踽踽而行的时候，显然没有意识到自己所面临的困境。

社交网站是一座无形的桥梁。2010 年 9 月我与一个朋友同时来到香港城市大学读博，事实上我们在北京读研的时候就认识了。一个在人大，一个在北大，距离虽近却久未谋面。真正让我们两个所处的空间交叠的是社交媒体。豆瓣作为中国社交媒体中的重要一员，深刻地改变了很多人的生活。因为标记读过的书、写书评、写豆瓣日记、写豆瓣广播、玩豆瓣小组、参加线上和线下活动，很多有趣的人在豆瓣提前相遇，关系从线上延伸到线下。十年过去了，很多朋友已经离开豆瓣。但我直到今天依然在使用豆瓣，被固化在豆瓣的书影音之中，尤其非常活跃地使用豆瓣小组[①]。

在社交网络的使用过程中，人们也在不断积累和传递社会资本。相比于直接的物质资源，信息通过社交网络快速流动。从社会网络的角度分析人们的社交网站使用与社会资本的关系构成了 2008 至 2010 年我主要关注的问题。我完成了一篇"厚厚的"硕士论文《SNS：一条无形的桥梁》。此时，基于 PageRank 算法创业的谷歌已经存在了十余年，距离瓦茨发表他的小世界网络论文也已经过去了十余年。此时，正是拉泽尔等一批资深研究者在《科学》杂志上发表口号文章《计算社会科学》的时候。那个时候的人人网还叫校内网，正处于如日中天却即将快速衰落的阶段。与脸书不同，人人网未能褪去学生气进入中老年人的视野。正是

[①] 欢迎大家关注笔者负责维护的计算传播学豆瓣小组 https://www.douban.com/group/webmining/，这是本书隐藏的一个彩蛋，感谢你耐心地读到了这里。当然，笔者也知道很多读者最开始读的也是后记。

这一阶段，网络科学的浪潮已经席卷而至。虽然那个时候我一直在看的是社会网络的理论和方法，但复杂网络已经成为一个重要的讨论话题。恰好在此时，复杂性科学裹挟着社会物理学也开始成为我关注的重点。我经常关注北京师范大学张江老师所创建的集智俱乐部网站，也通过豆瓣关注了集智举办的很多线下活动。后来，自己也作为听众参加了几次。

在阅读社会网络的文献时，我注意到了格兰诺维特关于门槛模型的理论。1978 年格兰诺维特在《美国社会学杂志》发表了他的第一篇介绍门槛模型的论文。在这篇论文当中，他提出了门槛的概念：当一个人做出某一个决策的时候，需要其他所有人做出相同决策的数量或比例。只有当周围人的参与比例高于某一个门槛值的时候，个体才会愿意参与其中。行动就面临着成本和风险。个体需要确保行动所带来的收益至少不小于成本或风险。从门槛理论出发分析人类传播行为对我具有天然的吸引力。事实上，瓦伦特在 20 世纪 90 年代就已经开始采用这种方法分析网络门槛对于创新扩散的影响。瓦茨在 2002 年发表的一篇题为"随机网络全局级联的一个简单模型"（A simple model of global cascades on random networks）的论文提出了基于网络门槛的 Watts 模型。对于数字媒介上的信息扩散是否可以采用相似的思路？这为本书的写作埋下了种子。扩散是自然世界和生活世界当中最为普遍而重要的现象。它广泛地存在于各个学科中，并几乎都成为最重要也是研究得最彻底的、最吸引人注意力的领域。我自己对于扩散有着超乎寻常的兴趣。借用古希腊哲学家的话"万物皆流，万物皆变"。身在浩浩汤汤洪流中的个体很容易对"流"产生兴趣，因而，我将研究"流"的扩散，更具体地说是信息的扩散，作为了自己博士阶段研究的主要工作。在博士论文开题的过程中，往往面对诸多挑战，很多人会不断变换题目。我却非常笃定地坚持了下来，一直围绕着这个题目不断耕耘。

在人们还没有注意到的时候，数字媒介的新一波浪潮已然来到，微博作为一种新的社交网络的形式开始出现。2010 年到 2013 年或许可以看作互联网发展的黄金阶段。当我 2010 年 9 月第一次走出九龙塘地铁站的时候，或许在记忆中有一刻，我站在炽热的阳光下，感到晕眩。香港城市大学媒体与传播系汇聚了一批重要的华人传播学研究者，但我们第一年所上的课程却仍然是传统的传播学理论和数据分析方法。老先生们执着地带领我们阅读经典，苦口婆心地希望我们安心学好传播学本领域的知识。他们深知本领域的衣钵传承才是研究者安身立命的根本。但是，网络科学、社会物理学、大数据时代、计算社会科学等诸多名词早已经随风潜入夜，让台下的年轻人坐不住了。

跨越学科首先面对的挑战是两种文化之间的冲击。有些人坐住了，他们只关注自己做的东西，非常快乐；有些人站起来了，他们不再满足于自己做的东西，充满痛苦。那个时候集智俱乐部在香港城市大学有两个重要的成员，一个是媒体与传播系的"计算士"吴令飞，另一个是电子工程系的"爱因思谈"王雄。王雄在他的一个手稿中详细地介绍了科学的四重境界的观点，从引力科学的角度介绍科学理论需要跨越数据、模式、机制、普适性的原则。这种物理学对于理论的理解自然不是独出心裁的自创，比如费曼在他的系列讲座和后来出版的《物理学的本质》（*The Character of Physical Law*）一书中均有提及。如同后牛顿时代人们所看的物理学大厦一般，科学的四重境界具有异常坚固的结构，对于已经开始背弃传播学理论的年轻人而言更是充满蛊惑力。快乐的人手捧米尔斯的《社会学的想象力》（*The Sociological Imagination*），左拳击打宏大理论，右掌格挡抽象实证主义，沿着默顿大师规划好的中层理论的道路前进；痛苦的人皱着眉头阅读网络科学的一篇篇最新的论文，试图建立自己的物理学模型。两者之间几乎不存在中间道路。

我在走的似乎正是一条中间道路。游走在两个庞大的社区的边缘，试图寻找一个可以彼此对话的桥梁。想要成为桥节点并不容易，因为桥的下面是坑，一个庞大的"结构坑"。桥节点通常被认为是"结构洞"，似乎穿越这个"洞穴"你就可以到达一个崭新的世界。桥节点立于两大社区之间，因而具有了信息优势。然而桥节点也面对着来自两个社区的压力。这显然并不容易，我实际上远远低估了这些问题。2012 年 5 月 16 日，在读过了《大自然如何工作》一书后，我写下了一篇读书笔记，名为"重返沙堆：通往理解信息扩散的实在之路"。在笔记中，我写道："任何一个学科都需要从其他学科学习其精髓，对于在走向可计算化道路的社会科学，尤其是传播学而言，这种开放性更是时代的压力和必然的结果。网络时代的到来带来传播关系的变革、数字化的行为痕迹、大规模的网络数据，推动了学科的变革。对于传播学而言，这无疑是一个必须抓住的机遇。"

后记的标题虽然是"站在沙堆旁边的人"，但在本书的写作过程中，我抑制着朝向沙堆模型的叙事。在沙堆模型当中，巴克等提出自组织临界性的概念。巴克曾说自己对自组织临界性的理解是压力的释放。比如，向沙堆上加沙子，推动系统重新演化到平衡状态。这种释放压力的系统被称为耗散系统（dissipative system）。这是一个很好的概念和视角，沙堆模型试图解释跨越自然与社会的各种纷繁复杂的现象。森林火灾、地震、河流涌动、信息传播、树叶中的营养输送，均可以之概括。流的规模分布和时间分布都具有幂律特征。在《大自然如何工作》一书当中，巴克写了一句抱怨的话："令我困惑的是，地球物理学家对他们科学的基本原理不感兴趣。也许他们想当然地认为地球是如此的复杂和混乱以至于没有一般的原则适用。"或许，这句话是留给社会科学家的。不要仅仅停留在表象，要深入到模式背后的普适性法则当中去。

事实上，费曼就曾在一次谈话中明确批评社会科学徒有科学的形式但缺乏科学的实质。但是，费曼的批评并不公允。人类生活世界内部的复杂性远高于物理世界或者说自然世界。人类社会不是石头等物体，人类有思想、有意识，可以对世界做出快速反应。这使得理解人类行为变得远比理解自然更加复杂。但长期以来，社会科学家并没有太好的、研究人类行为的工具。实验室内部的实验、问卷调查和访谈构成了我们理解人类社会的主要方式。整个社会科学的发展历史也非常短暂，所投入的资源更难以同物理学等自然科学相媲美。想象一下人类在引力波研究方面的投入，再看一下在信息扩散研究方面的投入，不难理解二者之间的差距。另外，自然科学的发展思路依然严格遵循柏拉图的理念论。在理念论的视角下，最为完美的是理念世界或者说数学世界，而生活世界只是对理念世界不完美的模仿！这恰恰是社会科学家所不能容忍的。我想请大家在合上这本书的时候可以回到苏格拉底，重新开始或者更加关注我们所居住的城市和乡村，关注活生生的人。事实上，如果每个人都如同理念一般是完美的、没有任何差异的，那么一次自然选择就会让整个人类种群覆灭。

计算社会科学是目前看来最好的中间道路。不必着急去否认生活世界不存在明确的模式和法则，也不要为了追求普适性的法则而回避生活世界当中的重要问题。从重要的问题出发，收集和分析多种来源、不同类型、大规模的数据，采用计算机算法进行测量，通过数学和物理学模型进行建模，更好地回答人们关心的问题。如有可能，不仅仅将数据背后的模式讲清楚，而且试图给出机制性的解释。这条道路当然不容易。正如瓦茨所抱怨的，社会科学内部存在太多相互矛盾的假设，而社会科学家过于依赖常识。事实上很多理论内部相互攻讦，令人莫衷一是，宛若进入了理论的丛林，反而照不到一丝理论的阳光。有没有什么好的解决方法？瓦茨的建议是做预测！当然，计算社会科学远非彻底的范式转型，更不是所谓数据驱动的简单相关，但它的确为解决众多现实问题和理论问题提供了更多的选择。更加重要的是，越是开展计算社会科学的研究，就越会重视内容分析的编码和问卷调查。传统的研究方法和计算的方法互为裨益。

本书只能看作一次初步的尝试，虽然用到了一些计算的方法，但远没有达到上述的理想。事实上，距离完成博士论文已经过去整整六年了，而从我开始关于信息扩散的研究算起，整整十年时间已经过去。在过去几年，我个人加入了推动计算传播学发展的洪流当中，目睹了计算传播产业在数字时代的崛起和计算传播研究的发展。本书第六章对公众注意力的研究使得我开始更多关注信息扩散背后的注意力流动网络，尤其是社会结构如何影响人类在数字媒介中的注意力流动。第七章则逐渐从信息扩散、注意力流动转向计算叙事。数字媒介的演化依然让人看不到边际，智能媒体已经呼之欲出。会有更多有趣的话题出现，有更多重要的数据需要分析。虽然存在诸多挑战，我依然愿意相信瓦茨的乐观预见。

整本书在最后的写作阶段，也逐渐从煎熬变成了一种自我反思的快乐。我开始偏离刻板的学术写作的方式，将对自我研究脉络的总结以及未来研究方向的可能性放了进来。因此，这本书最终变成了一种认识自我的方式。每个人内心当中都有一座"万神殿"。我也在误打误撞当中找到了我自己的"YYDS"（永远的神）——苏格拉底。两千多年前，苏格拉底来到德尔斐神庙，目睹着断壁残垣。立柱上尘封已久的铭文仍清晰可见："认识你自己。"苏格拉底深爱着自己所在的城市，曾三次参军并且作战英勇。但他更喜欢与人讨论问题，尤其是向别人提问、追问、反问、修正、总结。他常常站在雅典城邦的广场上思考重要的问题，比如什么是正义。后人将这种认识世界、传授知识的方式称为"精神助产术"。然而，他却因为不敬神和腐蚀青年思想的罪名被捕，迫于多数人暴力而饮下毒酒。苏格拉底成为殉道者。我希望可以建立一个苏格拉底学园，引导人们认识自己、热爱智慧并点燃内心的火焰。

王成军

2021 年 7 月 25 日于南京